미친
독서

인생을 확 바꾸는
미친 독서

초 판 1쇄 2019년 10월 23일
초 판 2쇄 2019년 12월 02일

지은이 권혁재
펴낸이 류종렬

펴낸곳 미다스북스
총괄실장 명상완
책임편집 이다경
책임진행 박새연, 김가영, 신은서
본문교정 최은혜, 강윤희, 정은희

등록 2001년 3월 21일 제2001-000040호
주소 서울시 마포구 양화로 133 서교타워 711호
전화 02) 322-7802~3
팩스 02) 6007-1845
블로그 http://blog.naver.com/midasbooks
전자주소 midasbooks@hanmail.net
페이스북 https://www.facebook.com/midasbooks425

© 권혁재, 미다스북스 2019, *Printed in Korea*.

ISBN 978-89-6637-722-0 03190

값 15,000원

인생을 확 바꾸는

미친
독서

권혁재 지음

미다스북스

인생을 가장 빠르고 효과적으로 바꿔주는 독서

운동하고 체험하는 것을 좋아했던 나는 20대 초반까지 책을 10권도 읽지 않은 책과는 거리가 먼 사람이었다. 초등학교 때는 축구선수를 준비했고 축구를 그만둔 중학교 때에도 하루에 4시간씩 축구를 하고 동네를 돌아다녔다. 중학교 때 본격적으로 공부하면서 몇 권의 책을 읽었지만 흥미를 느끼지 못한 채 입시 공부만 했었다. 고등학교를 졸업하고 대학에 가서도 책에 대해서 그리 흥미를 느끼지 못했다. 그렇게 대학교 4학년 1학기를 마치고 군대에 들어갔다.

나는 사회에서 복무를 하게 되었다. 복무지는 초등학교였다. 그곳에서 나는 몸이 조금 불편하지만 천재 같은 6학년 강신우라는 친구를 만나게 됐다. 나는 신우를 1:1로 돌보는 임무를 맡았다. 책을 좋아하고 즐겨 읽던 신우를 돌보다 보니 자연스럽게 도서관과 친해지게 되고 책과도 친해지게 되었다. 2년 동안의 군 복무 기간에 큰 성장을 이루고 싶었던 나는 책을 접하고 나서 책이 인생을 바꿀 가장 빠르고 효과적인 도구라는 사실을 깨달았다. 그때부터 목숨을 걸고 책을 읽기 시작했다. 책이 내 삶에 큰 변화들을 일으킬 것이라 믿고 책에 미친 듯이 빠져들었다.

눈이 아프고 속도 불편했지만 포기하지 않고 하루하루 끊임없이 책을 읽어나갔다. 10권, 20권 책을 점점 더 읽어갈수록 독서를 통해 인생이 크게 성장할 것이라는 확신이 들었다. 그렇게 50권이 넘고 70권이 넘고 100권이 되자 내안에 큰 변화들이 일어났다. 세상을 바라보는 시각이 완전히 달라지고 의식과 사고의 수준은 급격하게 성장했다. 사람들을 이해하고 사랑할 수 있는 법을 배워갔다. 살아가는 목적과 의미를 발견하여 확신을 가지고 최선을 다하는 삶으로 변화되기 시작했다. 소박하고 좁은 꿈에서 크고 가치 있는 꿈을 꾸기 시작하고 그것을 이루어나가고 있다. 정직과 성실이 얼마나 중요한지 깨닫고 삶에서 실천하고 있다. 책을 읽고 내면이 변화되면서 외면적 변화는 자연스럽게 따라왔다. 누구보다 성실하고 정직하게 일하는 모습에 주위 사람들이 인정해주기 시작했고 열심히 일하며 집안의 빚도 청산하게 되었다. 또 여러 좋은 사람들과의 관계도 이루어지고 삶의 좋은 기회들이 찾아오기 시작했다. 책을 읽으며 내 인생이 완전히 바뀌었다고 나는 자신 있게 말할 수 있다.

어려운 환경과 심각한 문제에 빠져 좌절하고 있다든가 힘든 세상에서

갈 길을 잃고 헤매고 있다면 바로 책을 읽어야 할 때이다. 독서가 인생의 외적인 것들을 바꿔줄 수 있느냐고 반문할 수도 있지만 결국 인생의 문제는 근본의 문제라는 것을 안다면 독서의 힘을 인정할 것이다. 근본의 문제를 해결하지 못하면 모든 자잘한 방법들은 임시방편일 뿐이다. 내면의 생각과 자세, 삶의 태도와 가치관을 바꾸지 않으면 삶의 획기적인 변화는 평생 기대할 수 없다. 1년간의 미친 독서를 통해 근본에 변화가 일어난다면 외적인 문제들과 상황이 풀리게 되고 지금과는 완전히 다른 인생을 맞이할 것이다.

책은 사람의 인생을 가장 빠르고 효과적으로 바꿔주는 도구이다. 나는 이 책을 읽는 모든 이들이 1년간의 미친 독서 프로젝트에 참여해서 삶이 바뀌는 기적을 경험하기를 간절히 바란다. 이전과는 차원이 다른 생각과 의식으로 새로운 꿈을 꾸며 세상을 품고 즐거우며 성공하기까지 하는 그런 눈부신 인생으로 나아가길 간절히 바란다.

한국에 책을 읽지 않는 사람들이 많다. 하지만 책은 읽어도 되고 안 읽어도 되는 선택사항이 아니다. 자신에게 주어진 삶을 지금과는 다른 수준으로 바꾸기 위해서는 반드시 책을 읽어야 한다. 책속에 길이 있고 지혜가 있고 인생이 있다. 책을 읽지 않는 것은 독서의 중요성이나 즐거움과 맛을 모르기 때문이다. 독서를 아직 하고 있지 않거나, 독서를 해야 되는 것은 알지만 동기부여가 되지 않아 독서습관이 자리 잡지 못한 그런 사람들에게 책의 맛을 느끼게 해주고 책의 위력을 느끼게 해주고 싶어 이 책을 쓰게 되었다.

이 책이 사람들에게 독서하고 싶은 마음을 불러일으키고 독서에 빠져들어 인생을 바꾸고 풍요로운 인생을 살도록 이끌어준다면 더없이 좋겠다. 독서에 흥미를 느끼지 못하는 초보 독서가와 예비 독서가들이 독서의 맛을 느끼고 독서에 큰 관심을 갖게 되기를 바란다.

삶이 힘들고 막막할수록 책을 붙잡아야 한다. 일이 풀리지 않고 앞길이 보이지 않는다면 독서해야 할 때다. 미친 독서를 하면 사고가 바뀌고 의식은 남다르게 커질 것이다. 1년 동안 미친 독서에 빠져든다면 기적 같은 변화와 성장이 일어날 것이다. 자신이 누군지 발견하게 되고 자신 안에 있는 진짜 꿈을 발견하게 될 것이다. 그곳으로 달려갈 용기도 얻게 될 것이다. 삶에 좋은 여러 기회들은 자연스럽게 찾아오게 될 것이다. 미친 독서에 빠져보자!

나를 지으신 이시며 나의 목적과 나의 길이 되시며 나의 모든 것 되시는 하나님께 먼저 감사드린다. 나를 위해 기도하고 응원해주신 모든 분들께도 감사 인사를 전한다. 장사할 때, 또 택배할 때 저를 막 대하고 홀대하셨던 모든 분들에게도 감사의 마음을 전한다. 그분들이 있어 나는 세상을 알게 되었고 더욱 강해질 수 있었다. 마지막으로 나를 낳아주시고 길러주신 부모님께 감사드린다.

목차

1장

독서가
나를
살렸다

01.

나는 5평짜리
시장 가게에서 자랐다

인간사에는 안정된 것이 하나도 없음을 기억하라.
그러므로 성공에 들뜨거나 역경에 지나치게 의기소침하지 마라.

- 소크라테스

사기당해 집안이 무너지다

"당신은 어떤 학창 시절을 보냈는가?"

'인생이란 경기에서 12분밖에 지나지 않은 초등학교 5학년!' 집안이 사기를 당해 폭삭 무너졌다. 평범한 회사에서 관리자로 근무하시던 아버지는 당시 회사에서 부하 직원에게 사기를 당해 재판까지 가게 되었다. 긴 재판으로 인해 우리 집은 점점 무너져갔다. 재판을 위해 비싼 변호사를 고용하며 많은 돈이 지출되었고 재판이 길어지면서 몇 달 뒤 들어가기로 한

새 아파트까지 날리는 상황이 되었다. 아버지는 회사에서 퇴직하셔야 했고, 이제는 집도, 돈도 없는 빈털터리가 되었다. 간신히 작은 지하방을 얻었다. 그리고 빚을 내어 집 앞에서 작은 슈퍼를 시작했다.

당시 집안에 '있는 돈', '없는 돈' 모두 끌어다 재판에 쏟아 부었다. 결국 재판에서 패하게 되었고 그때부터 우리 집은 빚더미에 앉게 되었다. 그때 사기를 주도하던 부하 직원은 자주 우리 슈퍼에 찾아와 모든 물건들을 다 부수고 아버지와 실랑이를 벌이고 갔다. 그 작은 가게 안에서 격렬하게 싸움이 났었다. 그때의 공포와 두려움은 정말이지 아직도 잊혀지지 않는다.

아버지는 재판에서 패하고 시골 할머니 댁에 잠깐 쉬러간다고 하시며 집을 몇 달간 비우셨다. 당시는 아버지가 망연자실해서 조용한 시골에서 쉬고 오시는 줄만 알았다. 아버지가 아직도 정확히 말해주시지 않았지만 지금 생각해보면 아버지는 분명 당시 같은 팀에서 사기를 주도했던 직원의 모든 혐의를 뒤집어쓰고 법적 처벌을 받으신 것 같다.
아버지가 집에 계시지 않는 동안 가끔 장문의 편지가 왔다.

"혁재야, 아빠에게 편지가 왔어! 같이 읽어보자."

엄마는 나와 형을 불러 모아 편지를 읽어주셨다. 가끔 아버지에게서 편지가 올 때면 어머니는 눈물을 흘리시며 편지를 읽으셨다. 그런 어머니의 모습을 볼 때면 가슴이 참 먹먹했다. 어린 나이였기에 이러한 일들이 내게는 너무 충격적이었다. '앞으로 내 인생은 어떻게 되는 걸까?' 하며 속으로 많이 좌절했었다.

슈퍼를 시작하고 아버지께서 기저귀와 분유 등을 싸게 떼어오셨고, 주위 신혼부부 집에 배달하면서 장사는 꽤 잘되기 시작했다. 그러던 어느 날 몇 개의 슈퍼만 있던 작은 동네에 거대한 '할인 마트'가 들어섰다. 그러자 작은 슈퍼들은 견뎌내지를 못했다. 장사가 힘들어지자 부모님은 너무 힘들어하셨다. 그때 아버지, 어머니와 함께 열심히 기도원에 다녔던 기억이 난다. 삶이 너무 힘들었던 부모님은 신앙을 놓지 않았고 하나님을 간절히 의지하며 그 기간을 잘 버티셨다.

서울에는 어머니 둘째 동생인 '옥희 이모'가 혼자 살고 계셨다. 우리 집안의 딱한 사정을 알게 되자 자신이 아파트에 혼자 살고 있으니 같이 살자고 제안해주셨다. 우리 가족은 그때부터 이모의 집에 얹혀살게 되었다. 이로써 내 인생 험난한 '서울 살이'는 막을 열게 되었다. 부모님은 의정부에 있는 슈퍼를 정리하셔야 했고 형과 나를 먼저 이모 댁으로 보냈다. 부모님은 주말에만 이모 댁에 오셔서 우리와 하루를 보내고 다시 의정부로 돌아가셨다. 부모님이 의정부에서 가게를 정리하시는 동안 형과 나는 부모님 없이 이모와 1년 정도를 살았다. 내가 초등학교 6학년에 올라가자마자 서울로 이사했고, 아파트 바로 앞에 있는 초등학교로 전학을 갔다. 친구들은 영어 학원, 수학 학원에 학원 다니며 공부하기 바빴지만 나는 돈이 없어 학원은 꿈도 꾸지 못했다.

그 시절 이모는 형과 나를 정말 잘 챙겨주셨다. 용돈도 자주 주시고, 가끔 외식도 시켜주시며 우리를 자식처럼 따뜻하게 잘 키워주셨다. 그래서 '옥희 이모'는 내게 제 2의 엄마다. 그 시절 이모의 사랑과 관심이 없었더라면 지금의 나도 없었을 것이다. 사기당해 빚만 잔뜩 있던 그때 아무 대가 없이 우리를 보살펴준 이모에게 이제는 크게 보답하고 싶다!

학원이 아니라 시장에서 보낸 학창 시절

약 1년 뒤 부모님은 의정부에 있는 가게를 정리하셨고 이모 집으로 들어오셨다. 부모님은 서울에서도 장사를 하고자 하셨다. 시장 중심에 있는 목이 좋은 가게 자리를 좋은 조건으로 빌렸다. 처음에는 슈퍼로 시작했지만 거기에 아이템을 더해서 '핫바' 장사를 같이 하게 되었다. 어묵으로 만든 핫바를 파는 가게들이 거의 없었기 때문에 당시 시장에서 인기가 많았다. 부모님은 핫바 말고도 닭꼬치, 오뎅, 떡볶이 등 인기 있는 길거리 음식을 총동원해서 장사를 하셨다. 붕어빵, 고구마빵, 피자빵, 국화빵, 와플 등 빵이란 빵은 다 팔아본 것 같다.

부모님과 함께 그 어린 시절 정말 수많은 길거리 음식을 만들어 팔았다.

가게는 시장 중앙에 있는 건물 코너에 있었다. 5평 정도 되는 가게였지만 유동인구가 많았고 꽤 장사가 잘되었다. 그렇지만 시장에서 장사하는 것이 쉽지만은 않았다. 문이 없고 그냥 개방된 형태의 가게라 여름에는 미친 듯이 더웠고, 겨울은 또 미친 듯이 추웠다. 한여름에는 170도의 기름이 있는 핫바 기계 앞에서 엄청난 더위를 선풍기 하나로 이겨내야 했다. 겨울에는 불어오는 바람을 전부 다 맞으며 추위에 떨며 장사를 했다. 그렇게 부모님은 하루에 15시간씩 365일을 6년 동안 하루도 쉬지 않고 일을 하셨다. 나는 어디 가서 우리 가족이 고생의 '고' 자는 경험했다고 당당히 말할 수 있다. 그만큼 시장에서의 삶은 정말 힘들었다. 그렇게 부모님과 함께 숱한 고생을 하며 학창 시절을 보냈다.

당시 거의 매일 부모님을 도와 장사를 했다. 학교에 갔다 와서 공부를 조금 하면 시장에 나갈 시간이 된다. 해가 질 때쯤 되면 가게로 나가 부모님과 함께 슈퍼에서 여러 물건과 길거리 음식들을 팔았다. 마감 시간이 되면 쓰레기봉투를 아끼기 위해 널널하게 내놓은 쓰레기봉투를 찾으러 어두운 시장을 돌아다녔다. 시장에서는 항상 사람들 간에 싸움이 많이 일어났다. 우리도 장사를 하며 이상한 사람들과 많이 싸웠고 많은 싸움들을 목격했다. 사람들의 더러운 꼴도 많이 보았다. 시장에서 술에 취해 행패를 부리는 사람부터 부모님을 열심히 도와준다고 용돈 주는 사람까지 수많은 종류의 사람들을 만났고, 수많은 일들을 경험했다. 학창 시절 나는 또래들이 하지 못하는 인생의 여러 경험들을 하며 힘겹게 그 시절을 보냈다. 학교와 학원이 아닌 '시장'에서 말이다.

우리 가게는 보통 저녁 12시쯤 장사를 마쳤다. 저녁 11시쯤 되면 주위 학원들에서 수업이 끝나 집으로 귀가하는 또래 학생들이 핫바와 닭꼬치를 많이 사먹었다. 또래 친구들은 학원에 다니며 열심히 공부하는데 나는 시장에서 꼬치를 팔고 있었고, 수많은 사람들을 상대하며 밤에는 쓰레기봉투를 찾으러 다니고 있었다. 집으로 가는 그들을 보면서 '쟤네들은 비싼 학원 다니며 열심히 공부하는데 나는 지금 이 시장바닥에서 뭐하는 거지?'라는 생각을 많이 했다. 그들을 볼 때마다 괴리감이 들었다. '나는 왜 이러한 인생을 살아야 하는 거지?'라며 속으로 묻곤 했다. 비교의식이 강하게 들 때도 있었지만 장사가 잘되어야 빚도 갚고 먹고살 수 있었기 때문에 그런 생각에 빠져 있을 그럴 여유조차도 없었다.

그렇게 또래 학생들이 공부하며 열심히 미래를 준비할 때 나는 부모님과 시장에서 장사하며 그 시절을 보냈다. 그들이 교과서, 시험문제와 씨름할 때 나는 시장에서 술에 취한 아저씨들과 싸웠고 많은 종류의 사람들과 씨름했다. 가슴을 아프게 하는 많은 일들 가운데 눈물도 많이 흘렸고 셀 수 없이 좌절했다. 지금 돌이켜보면 사람을 알고, 세상을 배우는 귀한 시간들이었다. 그렇지만 누군가 내게 "다시 그 시절로 돌아가고 싶냐?"라고 묻는다면 나는 "돈을 줘도 절대 돌아가고 싶지 않습니다."라고 말할 것이다. 돈 주고도 살 수 없는 인생의 경험들을 시장에서 배웠지만 이제는 정말 돈을 준다고 해도 그 시절로 돌아가고 싶지 않다. 그렇게 나의 험난한 학창 시절 스토리는 남들과 다르게 시장에서 만들어졌다.

02. 날마다 뛰는데
왜 앞날은 캄캄한가?

> 삶은 공평하지 않다. 다만 죽음보다는 공평할 뿐이다.
> - 윌리엄 골드먼

열심히 달려도 앞이 보이지 않았다

말 그대로 내 인생은 날마다 뛰는 인생이었다. 사기당한 뒤 내 학창 시절은 항상 가난의 연속이었다. 시장에서 장사하면서도 사기당해 생긴 빚을 갚기에 정신이 없었다. 중학교 때부터 우리 집에는 빚 독촉 전화가 많이 왔었다. 빚 갚느라 여러 생활비를 카드 현금 서비스로 받아써야 했다. 가게에 돈이 잘 돌지 않을 때에는 카드 비용이 연체가 되어 아버지께 독촉 전화가 왔었다. 이로 인해 아버지는 엄청난 스트레스를 받으셨다. 장사에 대한 스트레스와 빚 독촉으로 인한 스트레스로 인해 아버지는 항상 속이 좋지 않으셨다. 그래서 속을 안정시키는 약을 달고 사셨다.

남들은 주말마다 쉬며 일했지만 우리 가족은 하루에 15시간씩 찌는 더위에서 하루도 쉬지 않고 365일을 죽어라 일했다. 그러나 집안 사정은 결코 나아지지 않았다. 주말 휴일 쉬지 않고 날마다 열심히 달렸지만 앞이 전혀 보이지 않았다. 우리 가족은 '쉬는 날', '여유'라는 것을 잊고 살았다. 남들 다 쉬는 추석과 설날에도 절대 쉬지 못했다. 추석과 같은 명절에는 시장의 거의 모든 가게가 문을 닫았고 우리 가게가 높은 매출을 올릴 수 있는 기회였다. 그때는 아침부터 모든 가족이 나가 저녁까지 쉬지 않고 닭꼬치를 튀기며 장사를 했다.

고등학교 때는 학비와 급식비를 내야 하는데 그럴 형편이 되지 않아 국가의 지원을 받아야만 했다. 학원을 다니지 못했던 나는 고등학교 때 야자 (야간자율학습)를 뺄 수 없었다. 학교에서 하루에 두 끼의 식사를 해야 했다. 그만큼 급식비도 많이 나왔다. 급식비도 낼 수 없는 형편이 되자 급식 지원 요청서를 작성하여 학교에다 갖다 냈고, 학교에서 급식비를 지원해 주었다. 그때는 장사가 어느 정도 되긴 했지만 나가는 돈이 너무 많았다. 그래서 학비와 급식비조차 낼 수 없었다. 학원도 다니지 않았지만 공부도 나름대로 열심히 했고, 부모님의 일도 정말 열심히 도와드렸다. 무엇이든지 매사에 열심히 노력했는데도 불구하고 우리 집 사정은 결코 나아지지 않았다. 우리 가족 모두 365일을 죽어라 일하고 노력해도 날마다 집에는 돈이 부족했고, 집안에서 돈 걱정은 끊이지 않았다.

시장 경기가 어려워지자 쉬지 않고 장사를 해도 마이너스가 되었다. 몇 달 뒤 가게를 닫았고 결국 시장에서의 험난한 삶이 막을 내렸다. 우리 가족은 365일 열심히 일을 했지만 여유로운 삶은커녕 빚도 갚기 힘들었다. 장사를 접고 나서 부모님은 일을 구하셨지만 마땅히 할 일이 없었다. 어느 곳에서도 쉽게 일하자는 연락이 오지 않았다. 어머니는 유치원에 취직해서 적게나마 생활비를 버셨지만 아버지는 일을 구하기가 힘드셨고 공백 기간이 길어졌다. 수입이 마땅치 않았던 우리 가족은 빚도 갚아야 했기에 공백기에는 금전적으로 정말 힘든 시간들을 보냈다. 그나마 가게를 정리한 뒤 가지고 있던 작은 돈도 공백기가 길어지게 되면서 전부 다 소진됐다. 정말 내일 먹을 것을 걱정해야 하는 시기가 찾아왔다. 어머니가 벌어오시는 몇십만 원으로 생계를 유지해야 했다. 밖에서 음료수 하나 사먹는 것도 많은 시간 고민해야 했다. 그때 우리 가족 모두는 내일 뭘 먹을지에 대한 걱정을 했고 또 더불어 앞으로 인생을 어떻게 살아야 할지 정말 많은 고민을 했다.

험난한 택배 인생이 시작됐다

"띵동"

"누구세요?"

"택배 왔습니다."

고3 말쯤에 아버지는 택배일을 시작하셨다. 이제는 시장에서 하는 '장사'가 아니라 '택배'로 종목이 바뀐 것이다. 그렇게 언제 끝날지 모르는 '택배 인생'이 시작되었다. 당시 아버지는 차도 없었고, 기본 자금도 없으셔서 택배 영업소에 직원으로 들어가 회사 트럭으로 일을 했고 190만 원의 월급을 받으셨다. 하루에 몇 백 개가 되는 물건을 각 집에 배송해야 했다. 아버지는 처음해보는 일이었고 혼자서는 그 많은 택배 양을 감당할 수 없었다. 그래서 나는 고3 때 학교가 끝나면 바로 야간(야간자율학습)을 빼먹고 아버지를 도우러 달려갔다. 학교가 끝나고 택배 하러 나가면 1톤 트럭은 택배 상자들로 가득 차 있었다. 택배 상자를 가지고 계단을 오르고 올라도 끝이 보이지 않았다. 너무 힘들었다. 숨 쉬는 동작부터 걷는 것까지 모든 동작을 빠르게 하며 뛰어 다녀도 저녁 10시에 끝날 때가 다반사였다.

정신없이 배송하다 보면 금방 날이 어두워진다. 택배 상자를 짊어지고 불도 잘 들어오지 않는 어두운 빌라 계단들을 힘겹게 올랐다. 그 어두운 계단을 오르며 '정말 내 삶은 어디로 흘러가는 걸까?' 수없이 속으로 묻곤 했다. 땀을 뻘뻘 흘리며 무거운 물건을 지고 높은 계단을 오르고 또 올랐다. 어둡고 냄새나는 빌라들도 많았다. 무섭기도 했고 남의 집의 문을 두드리는 것이 부끄럽기도 했다. 무거운 박스를 나르다 보면 손이 날카로운 곳에 베는 것은 다반사고 찍히고 많이 부딪히기도 했다. 저녁이 되면 어둡기 때문에 계단에서 많이 다치기도 했다. 어떤 사람들은 짐 나르는 나를 무시하고 막 대하기도 했다. 어린 나이라서 그런지 무거운 물건을 배달해 줘도 욕을 하고 막 대하는 사람들이 많았다. 주소를 잘못 써놓고도 적반하장 화부터 내는 사람도 있었고 자신이 원하는 시간에 맞춰서 안 가져오면 경찰에 신고한다는 사람도 있었다. 택배를 받아놓고 안 받았다고 거짓말하고 돈을 물어내라고 하는 사람도 있었다. 택배기사를 종이나 잡부처럼 보는 사람이 참 많았다. 택배하며 사람들의 무시와 냉대를 수도 없이 경험해야 했다. 무거운 물건을 지고 계단을 많이 오르면 얼마나 몸이 고된지 모른다. 게다가 사람들과의 언쟁으로 인해 정신적으로도 너무 힘들었다. 그렇게 수많은 박스와 사람들과 싸우다 집에 돌아오면 녹초가 되어 아무 일도 할 수가 없었다. 내 나이 고3! 아직 사회에 발을 딛기도 전인 나는 인생의 고단함을 몸소 경험해야 했다.

지금은 이렇게 맨날 뛰면서 고생하지만 곧 우리 집안 형편이 좋아지고, 팔자가 필 날이 올 줄로 생각했다. 그런데 1년이 지나고 2년이 지나고 5년이 지나고 대학을 졸업해도 택배 생활은 끝이 나질 않았다. 나는 대학교 때도 많은 시간 아버지의 택배일을 도왔다. 한창 대학에 들어가 친구들과 놀러 다니며 여러 경험들을 해야 할 때 나는 아버지와 함께 동네 골목들을 뛰어다니며 배달을 해야 했다. 방학 때는 새벽부터 물류 터미널에 나가 택배 상하차를 해야 했다. 점심 때쯤 분류가 끝나면 바로 동네로 나가 배송을 시작했다. 방학 때는 어디 놀러가지도 못하고 택배일만 해야 했다. 매일매일 무거운 짐을 지고 계단 오르는 일을 무한 반복해야 했다. 활발하고 모험심이 많았던 나는 똑같은 시간에 똑같은 지역의 똑같은 건물 계단을 오르는 것이 너무 지겨웠다. 성경에서 이스라엘 백성이 광야를 40년 동안 돌았듯이 똑같은 동네를 매일매일 무거운 짐을 지고 돌아다녔다. 땀은 비 오듯이 쏟아지고 몸은 고되고 머리는 멍해졌다. 그렇게 고되고 힘든 나날은 계속됐다.

아버지와 나는 적은 돈을 벌기 위해 하루 종일 뛰어다녔지만 빚을 갚는 속도는 늘어나지 않았다. 그저 입에 풀칠하기도 바빴다. 정말 허무했다. 아무리 열심히 일을 하고, 성실히 살아도 삶은 나아질 기미가 보이지 않았다. 지금의 상황이 두려웠다기보다 한 치 앞도 보이지 않는 것이 나를 두렵게 했다. 계단을 오르고 또 오르면서 내 안에 이런 생각이 올라왔다. '내 인생 언제까지 계단만 오를 것인가?', '계속 이렇게 살 수는 없어! 어떻게 해서라도 이 인생을 바꿔야 해!'

나는 어떻게 해서든 이 고단하고 앞이 보이지 않는 힘든 삶을 바꾸고 싶었다. 열심히 뛰는 인생을 살아도 가난하고 힘든 삶이 계속되자 내 안에

강한 오기가 생겼다.

'지금은 학교를 다니기 때문에 다른 일을 할 수 없지만 나중에는 정말 내가 하고 싶은 일을 하며 가치 있는 멋진 인생을 살아갈 거야!'

정말 이 힘들고 고달픈 삶을 돌파하고 싶었다. 상황과 환경을 보면 지금처럼 평생을 살아야 할 것 같았지만 나는 지금처럼 평생을 살고 싶지 않았다. 내가 하고 싶은 일을 하며 성공하고 사람들을 살리며 선한 영향력을 끼치는 그런 인생을 살고 싶었다. 그렇지만 여전히 앞은 보이지 않았다. 내가 오르던 어두운 빌라 계단처럼 어두컴컴하기만 했다.

03. 인생의 단맛, 쓴맛, 신맛까지 보다

인생은 하나의 치명적 통증이며 아주 전염성이 강한 통증이다.
- 올리버 웬델 홈스

제주도에서의 인생 수업

'혼저옵서예~'

22살! 또래들이 대학교를 휴학하고 군대를 갈 때 나는 군대를 갈지 호주 워킹 홀리데이를 갈지 고민하고 있었다. '이 각박한 서울의 삶을 잠시 접어두고 멋진 자연이 있는 호주로 떠나보자!' 나는 호주로 워킹 홀리데이를 떠나고자 마음먹었다. 이 힘든 삶의 굴레에서 벗어나 누구의 간섭 없이 자유롭게 혼자 살아보고 싶었다. 아버지와의 불화도 떠나는 데 한몫했다.

원래 엄하셨던 아버지는 삶이 힘드셨는지 항상 집에 오시면 예민하셨고 화도 자주 내셨다. 자연스럽게 아버지와의 관계도 나빠졌다.

나는 좁은 집도 싫었고, 항상 돈에 허덕이는 가정도, 맨날 박스를 매고 뛰어다니는 피곤한 삶도 너무 싫었다. 다 내려놓고 어디론가 떠나고 싶었다. 그런데 막상 준비를 하다 보니 영어도 안 되고 모아둔 돈도 없었다. 그러던 중에 문득 '그럼 호주 같은 멋진 자연이면서 한국말은 통하는 제주도로 떠나볼까?'라는 생각이 들었다. 제주도에는 아는 지인이나 친척이 아무도 없었다.

"엄마, 제주도에 1년만 살다 올게요!"
"갑자기? 네가 진짜 미쳤구나!"

어머니는 극구 반대하셨다. 하지만 내가 죽어도 간다고 하니 막을 수 없었다. 일일 알바를 하며 비행기값 8만 원을 모았다. 가는 데 4만 원, 오는 데 4만 원 딱 돌아올 수 있는 비행기값만 가지고 1월 1일 제주도행 비행기에 몸을 실었다. 눈이 엄청 오는 날이었는데 새벽에 혼자 공항에 앉아 결항될지도 모르는 비행기를 기다렸다. 지금까지도 그 순간은 정말 잊을 수가 없다. 눈이 엄청나게 쏟아지는 상황이 정말 한 치 앞도 보이지 않던 내 삶과 너무 똑같았다. 어떤 미래가 펼쳐질지 모르고 그렇게 나는 제주도로 '나'를 던졌다.

낯선 제주도의 삶은 정말 쉽지 않았다. 내가 취직한 곳은 제주시 애월 바다 앞에 있는 한 펜션이었다. 내가 좋아하는 제주 바다 바로 앞이었기에 신나게 일할 수 있을 것 같았다. 아니 그 당시는 밥과 잠자리만 제공해 줘도 무조건 열심히 일해야 했다. 나는 하루에 12시간 이상을 펜션에 머물며 낮에는 문짝 고치기, 침대 고치기, 변기 뚫기, 손님맞이 등 잡다한 모든 일을 했다. 내가 일복이 많아서 그런 것일까. 내가 취직하자마자 사장님은 펜션 옆에 또 다른 펜션 한 동을 짓기 시작했다. 몇 명의 형들과 나는 그곳에 투입되어 시멘트와 타일을 날랐다. 시멘트와 타일을 매고 2층, 3층까지 올라가는 일은 정말 힘들었다. 아침에 일어나면 허리뿐만 아니라 전신이 쑤셨다.

낮에 큰 작업들을 마치고 저녁에는 손님을 맞이했다. 방을 안내하며 손님들의 요구 사항을 처리해줬다. 넓은 바다가 한눈에 보이는 것과 파도치는 소리가 좋았지만 캄캄한 밤에 혼자 남아 펜션을 지키는 것이 무섭기도 하고 외롭기도 했다. 하지만 눈을 뜨면 어디서든 바다를 볼 수 있는 것이 너무 좋았다. 일이 정말 힘들었지만 쉬는 날에는 여행도 다니며 자유롭게 살았다.

펜션 사장은 인건비를 아끼기 위해 남자 직원들을 투입해 신축 공사장에서 계속 일을 시켰고 불만은 쌓여갔다. 그러던 중 펜션 2인자인 실장님과도 불화가 생겼고 나는 일을 그만두었다. 그렇게 제주도에서 첫 번째 직장은 좋지 않게 약 2달 만에 끝이 났다. 그렇게 백수가 되어 제주시에 있는 저렴한 게스트 하우스에서 지냈다. 2주 뒤 제주시 바다 앞에 있는 콘도에 찾아가 면접을 봤다.

"저희가 숙식을 제공하되 월급은 수습이기 때문에 90만 원입니다. 괜찮으신가요?"
"네? 90만 원이요? 네. 알겠습니다. 열심히 하겠습니다."

그곳은 직원들도 꽤 많았고 바다도 바로 앞에 있어 꽤 살기 괜찮았다. 직원들 중에 20대 형, 누나들도 있어 심심하지 않게 일을 할 수 있어서 그곳에 자리를 잡고 열심히 일했다.

삶의 무게를 맛보다

몇 달이 지난 어느 날 신입 직원이었던 룸메이트 형이 내게 말을 걸어왔다. "혁재야! 내가 여기 오기 전에 뷔페에서 일했는데 여기보다 훨씬 대우가 좋아! 다시 이전에 일하던 곳으로 돌아갈 거야. 너도 같이 일하러 가자! 직원 숙소도 주고 주 5일만 일하고 최소 200만 원은 벌 수 있어."

형의 말만 믿고 나는 콘도 일을 그만뒀다. 그때는 차도 없고 돈도 없어 큰 캐리어 2개와 박스 1개를 짊어지고 혼자 버스를 탔다. 그렇게 버스를 타고 서귀포 중문이라는 곳에 도착했다. 그런데 이게 무슨 일인가. 먼저 가서 일자리를 마련해놓고 준비해준다고 한 형은 연락이 되질 않았다. 그렇게 수십 번을 연락해서야 간신히 통화할 수 있었다.

"혁재야, 미안하다. 기숙사에 문제가 생겨서 네가 못 들어올 것 같다. 언제 해결될지 모르겠지만 해결되면 연락 줄게!"

이게 무슨 마른 하늘에 날벼락인가! 그때 혼자 들기도 버거운 짐을 들고 어디로 가야 할지 모른 채 그냥 몇 시간을 앉아 있었다. 해가 지고 날은 어두워졌다. 당시 통장에는 2만 원의 잔고뿐이었다. 아는 사람 아무도 없는 여기에서 어떻게 해야 하나 정말 불안하고 막막했다. '아니 며칠을 기다리라는 것도 아니고 기약 없이 기다리라는 것이 말이 되는가?' 나는 너무 막막하고 두려웠다. 뭘 어떻게 해야 할지 하나도 생각이 나질 않았다. 기숙사가 어딘지도 모르고 형은 연락도 안 되고 미칠 것 같았다. 믿던 사람에게 사기당한 기분이었다. 정말 인생의 쓰디쓴 경험이었다. 그때 세상에는 정말 믿을 사람이 없다는 사실을 깨달았다.

날은 어두컴컴해졌다. 동네 공원에 가서 자야겠다고 생각하던 중 문득 '교회라면 하루는 재워줄 수 있지 않을까?'라는 생각이 들었다. 주위에 시설이 괜찮은 교회에 전화를 걸었다.

"여보세요!"

"죄송하지만 제가 서울에서 온 학생인데요…. 오늘 제가 돈도 없고 하루만 교회에서 잘 수 있을까요?"

"뭐라고요? 잠을 재워 달라고요?"

사찰 집사님은 목사님에게 여쭤보고 여부를 알려준다고 하시며 전화를 끊으셨다. 몇 십 분 뒤 목사님에게 전화가 왔다.

"원래는 안 되는데 사정이 딱하니 어쩔 수 없죠. 이쪽으로 오세요!"

나는 그 무거운 짐을 끌고 교회까지 갔다. 목사님을 만나 나의 사정을 다 말씀드렸다.

"어쩌다 그렇게까지 됐어요…. 일단 오늘은 여기서 주무세요!"

목사님께서는 지하 기도실에서 자라고 하시며 이불을 주셨다. 나는 몇 번의 감사 인사를 하고 2평 정도 되는 기도실 방에 들어가 혼자 잠을 잤다. 너무 불안했다. 돈도 없었고 내일의 계획도, 일정도, 나를 거두어줄 사람도 아무도 없었다.

다행히 며칠 뒤 문제가 해결되어 허름한 기숙사로 들어가게 되었다. 겨울이었는데 보일러도 안 켜졌고 이불도 없었다. 찬 겨울에 바닥에서 아무것도 없이 잠을 잤다. 아침에 일어나면 몸이 너무 뻐근했다. 그렇게 열악한 곳에서 지내면서 최소 하루에 12시간 동안 일을 했다. 내가 일하기로 한 뷔페는 단체 손님을 많이 받는 식당이었다. 엄청나게 많은 학생들과 단체 손님들의 접시를 치워야 했다. 식사 시간과 휴식 시간을 합쳐 하루에 40분 정도만을 쉬고 12~13시간씩 주 6일을 미친 듯이 일했다. 이전에 룸메이트 형이 이야기했던 조건과는 완전 딴판이었다.

모아둔 돈도 없었고 아는 사람도 없었기에 무조건 여기서 열심히 해야 한다는 생각밖에 없었다. 어느 날 저녁까지 학생들의 접시를 치우는데 갑자기 울음이 나왔다. 그냥 너무 슬펐다. 잘 쉬지도 못하고 맨날 하루 종일 일만 해야 하는 삶이 너무 고되고 힘들었다. 22살이 견디기에 너무 힘든 인생의 무게였다. 그러면서 나는 아버지의 삶의 무게를 생각하게 되었다. 나 한 사람 건사하는 것도 이렇게 힘든데 아버지는 4명의 인생을 책임지느라 얼마나 힘이 드셨을까. 그 시간들을 통해 가장으로서 아버지의 삶의 무게를 조금이나마 깨달았다.

내가 오래 있어야 할 곳이 아님을 깨닫고 며칠 뒤 일을 그만두었다. 뷔페에서 몇 달 지독하게 일을 하며 돈을 모았고 잠깐 쉬다가 다른 새로운 뷔페로 일자리를 옮겼다. 제주도 생활은 안정기로 진입했다. 돈도 열심히 모아 혼자 살아도 될 만큼 여유가 생겼고 여자 친구도 만났다. 타지에서 지내며 여러 힘든 일들이 있었지만 잘 이겨나갔다. 제주도 생활이 마무리 될 때 쯤 아무것도 안 하고 놀고먹으면서 여행만 하고 싶었다. 모든 일을 그만두고 혼자 월세 방을 얻어 여행도 하고 사람들도 만나며 자유롭고 달 달한 시간들을 보냈다. 그렇게 1년이라는 제주도 생활을 마무리 짓고 서 울로 돌아왔다.

　제주도에서의 생활을 통해 학교에서는 배울 수 없고 느낄 수 없던 실제 적인 인생의 경험들을 할 수 있었다. 그 힘든 시간들과 고통의 경험들을 통해 인생의 많은 지혜들과 깨달음을 얻을 수 있었다. 그렇게 고생도 했고 외롭기도 했고 울기도 했고 아파하기도 하고 기뻐하기도 하면서 '인생의 단맛, 쓴맛, 신맛' 모두를 맛보았다.

내 삶을 바꾼 기적의 책 01.

성경

성경은 세상의 기원부터 주후 1세기에 이르는 고대 이스라엘 역사를 중심으로 세상의 기원과 신과 인간의 존재, 그리고 그 관계에 대해서 기록한 기독교의 정경이다.

성경은 내 삶에 생명을 불어넣어준 책이다. 요즘 인문 고전에 대한 중요성을 강조하고 있지만 성경은 동서양의 인문 고전들과는 비교할 수 없는 책 위의 책이다. 성경은 절망과 좌절 가운데 나를 일으켜준 강력한 힘이었다. 또한 내가 어디서 왔고 어디에 있으며 어디를 향해 가는지 깨닫게 해준 책이다.

"네 마음을 다하고 목숨을 다하고 생명을 다해 주 너의 하나님을 사랑하라 하셨으니 이는 크고 첫째 되는 계명이요 둘째도 이와 같으니 네 이웃을 네 몸처럼 사랑하라 이것이 선지자의 강령이니라." (마22:37)

이 구절은 나의 인생의 참된 목적과 의미를 깨닫게 해준 최고의 성경 구절이다.

어둠 가운데 공허함으로 방황하고 있을 때 성경을 읽으면서 세상이 줄수 없는 자유함과 평안을 얻을 수 있었다. 왜, 어떻게 살아야 하는지 알게되자 누구보다 주어진 삶에 최선을 다하고 기쁨과 감사로 살아갈 수 있게되었다. 삶의 분명한 기준 없이 되는 대로 살았었지만 성경을 만나고 나서는 분명한 삶의 기준과 목적을 가지고 살아가게 되었다. 나만의 탐욕을 위해 살았던 삶에서 이웃과 세상의 유익을 향하는 삶으로 바뀌었다.

성경을 만나지 못했다면 내가 누군지, 나를 만든 분이 누군지 알지 못한채 그저 나만의 유익만을 위해 탐욕의 노예가 되어 살고 있었을 것이다. 성경은 내 삶을 바꿔준 기적의 책이다.

노예제도를 폐지하고 미국 역사 중 최고의 대통령으로 존경받는 아브라함 링컨도, 절망 속에서 보았던 희망을 글로 전하고 장애인과 여성과 사회적 약자를 위해 헌신한 헬렌 켈러도, 어린이들에게 사랑과 감동을 주고 꿈을 심어주는 '동화의 아버지' 안데르센도, 안창호, 유관순, 이승만, 서재필, 여운형 등 우리 민족의 독립을 위해 삶을 헌신한 민족 지도자들도, 이시대 가장 영향력 있는 여성 오프라 윈프리도 성경을 가까이하며 위대한 인생을 살았다. 성경은 삶을 바꾸는 책 중의 책이다.

04.
독서의 기적은
조용히 시작되었다

책은 가장 조용하고 변함없는 벗이다.
- 찰스 W. 엘리엇

군 생활은 내게 기회였다

군 입대 한다고 하면 남들은 군부대로 들어가지만 나는 사회로 다시 들어왔다. 사회에서 군 복무를 하는 '사회복무요원'으로 군 생활을 했다. 이전에는 '공익'이라 불리던 복무요원이다. 친구들이 다들 군대에 갈 때 나는 당시 제주도로 떠나 고군분투하고 있었다. 1년 동안 제주도에서 많은 것을 느끼며 경험하고 돌아왔다. 나는 대학원에 갈 생각이었기 때문에 졸업까지 한 학기를 남겨둔 상태로 군대에 가고 싶었다. 제대한 후 돌아와 1학기 동안 준비하며 졸업하자마자 대학원에 들어갈 계획을 세웠다. 그래서 결국 4학년 1학기를 마치고 군대에 들어갔다.

사회에서 복무하는 사회복무요원은 군대 가기 전 언제, 어디서 복무를 할지 '신청'을 하게 된다. 사회에서 복무하는 것이 좋았지만 언제, 어디서 근무해야 하는지 선착순으로 신청하는 것이 너무 떨리고 두려웠다. 어떤 신청을 하느냐에 따라 24개월 동안의 생활이 결정되는 크고 막중한 '신청' 이었다. 한날한시에 사이트가 열리면 거기 들어가 선착순으로 자신이 입 대하고 싶은 날짜, 지역, 복무 위치를 선택할 수 있었다.

사회복무를 하게 된 예비 복무자들은 누구나 다 편하고 일하기 좋은 곳 으로 배정 받고 싶어 했다. 그러나 그런 편한 곳은 한정되어 있었다. 신청 자들은 모두 미리 그 지역에서 가장 빠르다는 pc방에 가서 준비하며 선택 시간이 열리길 기다렸다. 피 말리는 전투와 같았다. 나도 pc방에 미리 들 어가 준비했다. 조마조마하며 신청 시간이 되길 기다렸다. 선택 시간은 오후 12시에서 오후 2시 사이였다. 내 군 생활 2년! 아니 내 소중한 20대 시절 2년이라는 값진 시간의 생사화복?이 결정되는 중요한 선택이었기에 정말 긴장되고 떨렸다. 입이 바짝바짝 타들어갔다.

'11시 59분 58초'
'59초'

'60초'

'땡!'

피 말리는 전투가 시작됐다. 나는 비교적 편하다는 '공단'에 들어가고
자 마음먹고 있었다. 사이트가 열리자마자 초스피드로 서초구에 있는 공
단 선택 버튼을 눌렀다. 그런데 신청 중에 깨닫게 된 중요한 시스템 질서
가 있다. 나 외에도 수많은 신청자들이 버튼을 동시에 누르게 되면 로딩
(loading)이 시작된다. 그런데 문제가 있다. 신청 버튼을 누르고 로딩이 시
작되면 내가 선택이 될 수도 있고, 안 될 수도 있다는 것이다. 그리고 그
로딩을 기다리는 시간에 또 다른 좋은 기관들의 자리는 사라진다.

나는 공단 신청 버튼을 재빠르게 눌렀지만 결과는 실패였다. 다른 기관
들을 둘러봤지만 정말 선택할 만한 시간과 장소들이 거의 없었다. 순식간
에 이 일이 벌어졌다. 다들 대학교 복학 시기와 맞지 않고 어렵고 힘든
곳들뿐이었다. 정말 세상이 무너지는 것 같았다. 하늘이 내려앉는다는 말
이 어떤 것인지 그때 깨달았다. 내 인생에서 사기당한 이후 그런 절망은
느껴본 적이 없었다. 나는 어쩔 수 없이 아무 곳이나 신청을 했다. 내 모든
계획과 생각들이 무너졌다. 뭐라 표현할 수 없을 만큼 절망적이었다. 나
는 그렇게 풀이 죽어 집으로 돌아왔다.

며칠 뒤 무슨 수라도 찾기 위해 국방부에 전화를 걸었다. 몇 번이나 전화를 걸어 결국 담당자와 통화를 했다. 담당자는 한 번은 취소가 가능하고 재선택이 가능하다고 알려주었다. 또 다른 방법으로는 입대 시기를 스스로 정하면 국가에서 대학생들 대상으로 복무 장소를 지정해서 입대하는 방법이 있다고 했다. 편한 곳으로 지정될 수도 있고 힘든 곳으로 지정될 수도 있는 방법이었다. 좋은 정보를 얻고 나서 기도하기 시작했다. 기도하면서 내가 왜 좌절하고 절망했는지 나 자신을 되돌아보았고 마음을 고쳐먹기로 했다. 편한 곳에서 놀다 오자는 생각을 버리고 정말 내가 조금이라도 도움이 될 만한 곳이면 어디라도 가자고 마음먹었다. 그렇게 나는 담당자가 알려준 대로 내가 입대 날짜를 정하면 국가에서 근무 위치를 정해주는 제도를 신청했다.

시간이 얼마 흐른 뒤 발표가 났다. 두근거리는 마음으로 결과를 확인했다. 결과는 좋았다. 학교에서 근무하게 된 것이다. 내 편안함만 생각했던 이기적인 마음을 버리고 섬기고자 하는 마음을 품으니 좋은 곳으로 배정된 것 같다. '이제 내 군 생활은 다 말아 먹었구나.' 생각했었는데 이렇게 좋은 곳에 배치되니 너무 감사했다. 정말 기적 같았다. 학교에 배치된 이 일이 앞으로 어떤 기적을 일으키게 될지 아무도 알지 못했다.

도서관과 책과 친해지다

그렇게 학교로 복무 위치를 배정받고 무더운 8월 달에 30일간의 훈련을 받기 위해 논산훈련소에 입대했다. 훈련을 마치고 나는 초등학교로 배정되었고 거기서 '강신우'라는 6학년 친구를 만났다. 선천적인 병으로 몸은 초등학생 저학년처럼 작았지만 의식은 누구보다 성숙했고, 학업에서는 전교 1등을 놓치지 않는 엘리트였다. 나는 신우만을 1:1로 케어하는 업무를 담당했다. 어머니께서 아침에 신우를 등교시켜주면 내가 그때부터 신우를 담당하게 된다. 수업 전 책을 꺼내주고, 이동 시에 이동을 도와주고, 식사 시간에는 신우의 손과 발이 되어주는 임무였다. 나는 복무 전 다짐했던 대로 어떻게든 도움이 되고자 최선을 다해 신우를 보살폈다. 신우의 몸은 저학년의 몸이었지만 생각과 사고의 크기는 고등학생, 아니 대학생인 나의 수준과 비슷했다. 맨날 붙어 있었기에 신우와는 초등학생과는 나눌 수 없는 진지한 이야기도 많이 나누었다.

신우는 몸의 근육이 많지 않았기 때문에 또래들처럼 오랜 시간 글을 쓰거나 공부할 수 없었다. 그래서 학원을 다니지 못하고 집에서 어머니와 함께 공부하며 많은 책을 읽었다. 신우는 또래들보다 훨씬 똑똑하고 바른 아이였다. 특히 밖에서 뛰놀지 못했기 때문에 책상에 앉아 많은 시간 책을 읽었다. 그래서 항상 수업이 끝난 후 도서관에 들려 책을 보고, 책을 빌리는 것이 일상이었다. 당시 복무하던 초등학교는 설립된 지 얼마 되지 않아

도서관 시설도 굉장히 깨끗하고 좋았다. 나는 신우의 책 대출 업무를 도와주며 자연스럽게 도서관과 친해지게 되었다.

신우가 책을 읽으면 할 일이 신우를 지켜보는 일이었기에 나도 옆에 앉아 내가 보고 싶은 책들을 골라 읽었다. 점심식사 후에도 신우는 책을 읽고 싶어 했고 함께 도서관에 가서 책을 읽었다. 도서관과 친해지면서 나는 신우가 귀가한 후에도 업무를 끝내놓고 도서관에 들어가 책을 읽었다. 점점 한 권, 두 권 책과 친해지면서 책으로 빠져들어갔다.

아침, 점심, 하교 후를 가리지 않고 신우와 도서관을 이용했다. 어릴 적부터 책과 거리가 멀었던 내가 신우와 하루를 보내며 도서관과 친해지게 되고 자연스레 책과도 친해지게 되었다. 평생 책이라고는 10권도 읽지 않았던 내가 한 권, 한 권의 책을 읽으며 그렇게 책의 재미를 느껴갔다. 그렇게 기적은 조용하게 시작되었다!

05. 내가 독서에 목숨을 건 이유

한 권의 책을 읽음으로써 자신의 삶에서 새 시대를 본 사람이 너무나 많다.

- 헨리 데이비드 소로우

인생을 바꿀 수 있는 기회

당신은 일평생 목숨 걸고 무엇을 해본 적이 있는가? 나는 24살! 독서하는 것에 목숨을 걸었다. 군대 입대하기 전 문득 '2년이라는 시간을 어떻게 값지게 쓸 수 있을까?'라는 생각이 들었다. 무엇을 어떻게 해야 될지 모른 채 고민을 안고 훈련소로 입대했다. 남들은 군대 제대 후에 취직을 위해 스펙 쌓기에 여념이 없던 시기에 나는 뒤늦게 군대에 들어갔다. 일반 군인들은 21개월의 복무였지만 사회복무요원의 기간은 24개월이었다. 2년이라는 시간은 20대 청춘에게 있어 엄청난 시간이다. 내게 주어진 2년이라는 시간을 의미 없이 흘려보내고 싶지 않았다. 다시 돌아오지 않을 2년이란 시간에 뭔가를 준비하고 싶었다.

남들은 영어 학원에, 자소서 준비 과외에 논술 학원에 다니며 많은 준비를 하고 있었지만 나는 학원에 다닐 여유가 없었다. 집안이 가난했기 때문이다. 그래서 기회처럼 주어진 2년이라는 시간 앞에 더욱 간절했다. 내게 주어진 2년을 통해 내 인생을 충분히 바꿀 수 있다고 확신했다.

2년이라는 시간을 어떻게 값지게 쓸 수 있을까 진지하게 고민했다. 2년이라는 시간이면 인생의 큰 전환점을 만들 수 있다고 생각했다. 남자들 사이에서는 군대는 남자 인생의 마지막 휴가라고 말하곤 한다. 대학교를 졸업하고 군대에 들어가 제대를 한 뒤 취업하고 사회에 나가면 정신없이 바쁜 삶을 살게 되기 때문에 '아무 생각 없이 살 수 있는 마지막 기회'라는 의미에서 그런 말이 나온 것 같다. 내게는 군 복무 2년이 인생을 바꿀 수 있는 기회였다.

남들은 2년을 밖에서 훈련하고 경계를 서면서 보내야 했지만 나는 그래도 상대적으로 여유가 있었고 자유로운 복무였다. 그렇기에 사회에서의 군 복무 기간이 내게 큰 기회라고 생각했다. 그냥 흘려보내면 절대 안 된다고 생각했다. 남들보다 배운 것도 없고 뒤쳐졌다 생각했기에 무엇인가 엄청난 성장을 이루어야 한다고 생각했다. 당시 사회복무요원들은 바쁘지 않기에 시간을 그냥 흘려보내는 것이 다반사였다. 보통 게임을 하며 또

컴퓨터에 앉아 서핑을 하며 시간을 때우고 집으로 돌아가는 경우가 많았다. 하지만 나는 그들과 같이 그냥 앉아서 세월을 보낼 수 없었다. 이 2년 동안 정말 인생을 바꾸고 싶었다. 의식과 사고와 행동 모든 것에 있어서 큰 성장을 이루고 싶었다.

논산에서의 훈련이 끝나고 학교일도 어느 정도 익숙해졌고 여유가 생겼다. 그만큼 생각도 많아졌고 깊어졌다. 생각은 계속 깊어지고 넓어지려고 하는데 생각의 수준이 앞으로 나아가질 않았다. 답답했다. 내 안에서 뭔가 깊이 생각하려고 하는데 생각의 재료가 없었다. 맛있는 요리를 하려고 하는데 재료가 없어 요리를 만들어내지 못하는 그런 느낌이었다. 삶이라는 것에 대해, 사회와 삶 또 고난에 대해 깊이 생각하려고 했지만 진전이 되지 않았다. 달리려고 하는데 기름이 없어 전진하지 못하는 자동차와 같았다. 무엇을 통해 깊은 생각을 하고 의식을 새롭게 할지 답을 찾지 못하고 있었다. 그러다 김태광의 『인생을 바꾸는 자기혁명』과 이지성의 『꿈꾸는 다락방』이라는 책을 만나고 나서 인생 최고의 성장 도구를 발견했다. 그것은 바로 책이었다. 책이 사회를 이끄는 리더들과 성공한 사람들 모두가 선택한 최고의 성장 도구임을 깨달았다.

내가 읽는 책들마다 독서가 참된 성장을 위한 비결이라 말하고 있었다. 어느 책을 읽든 독서의 엄청난 유익과 힘에 대해서 설명하고 있었다. 세상을 바꾸고 시대를 이끌었던 위대한 인물들 모두가 독서광들이었다는 사실을 많은 책들이 설명하고 있었다. 의식과 사고를 성장시키고 지금의 이 막막한 현실을 돌파할 수 있는 도구가 독서라는 사실을 한 권, 한 권 책을 읽을 때마다 더 깊이 깨닫게 되었다.

목숨을 건 책 읽기를 시작하다

나는 잘생기지도 않았고 머리가 똑똑하지도 않았다. 거기다 집안은 가난해서 학원에 다니며 무엇을 배울 여유조차 없었다. 이러한 내가 완전히 다른 수준으로 성장하기 위해서는 책을 읽는 것밖에는 다른 방법이 없다고 생각했다. 그래서 나는 책을 읽기 시작했다. 그냥 책을 읽은 것이 아니라 미친 듯이 책을 읽어나갔다.

복무 당시 출근이 오전 7시 20분까지였다. 교무실의 문을 열고 청소를 하며 하루를 시작했다. 7시 30분부터는 앉아 책을 읽기 시작했다. 새 소리가 들려오고 맑은 공기가 들어오며 조용했던 교무실은 독서를 위한 최고의 환경이었다. 점심시간에는 신우의 식사를 도와주면서도 틈틈이 독서를 했다. 점심식사가 끝나면 신우와 함께 양치를 하고 도서관에 들어가 책을 읽었다. 수업 후에도 도서관에 가서 신우와 책을 읽었고 신우가 귀가한 후에도 업무를 끝내고 도서관에 들어가 책을 읽었다. 책의 재미를 맛본 뒤 미친 듯이 책을 읽어나갔다. 성공한 사람들의 생각과 인생의 스토리를 읽는 것이 감동적이고 즐거웠다. 저자들의 다양한 이야기와 성공 법칙들, 깨어 있는 사람들의 날카로운 시선과 생각들을 읽는 것은 큰 행복이 되었다. 그들의 이야기를 읽을 때마다 가슴이 뛰고 너무나 즐거웠다.

신우가 중학생이 되었다. 신우 어머니와 선생님들께서 나를 좋게 봐주셔서 신우와 함께 중학교로 올라가게 되었다. 중학교에도 당연히 도서관이 있었고 나는 더욱 독서에 열중했다. 누구보다도 성실히 업무를 하면서도 남는 모든 시간을 모으고 모아 책을 읽었다. 독서에 깊이 빠져들었다. 학생들이 뛰어다니는 복도, 업무 책상 등 그 어느 곳이든 책을 읽을 수 있다면 모두 나의 도서관이 되었다. 나는 대기 시간에는 무조건 책을 들고 다녔다. 편의점에 갈 때도, 화장실 갈 때도 책을 들고 다녔다. 틈만 나면 책을 읽고 또 읽었다. 금 같은, 아니 생명과도 같은 시간을 의미 없이 그냥 떠내려 보내고 싶지 않았다. 1분 1초를 놓치지 않고 책을 읽고 싶었다. 책을 읽으면 읽을수록 책의 유익과 소중함을 깨닫게 되었고 더욱 미친 듯이 독서를 해나갔다.

책을 만나고 한 권, 한 권 읽어나가면서 내 의식이 깨어나는 것을 분명하게 경험했다. 2년 동안 독서에 빠진다면 의식과 사고가 비약적으로 성장하고 새로운 인생을 설계할 수 있다는 확신이 들었다. 그때부터 목숨을 건 책 읽기를 했던 것이다. 그 당시 가난하고 보잘 것 없는 내가 붙잡을 수 있는 성장의 도구는 바로 '책'뿐이었다. 아무도 나를 알아봐주는 사람이 없었지만 고요한 아침, 시끄러운 점심, 조용한 하교 후에 나는 미친 사람처럼 책을 읽어나갔다. 목숨을 걸고 책을 읽어나갔다.

　정말 간절히 성장하고 싶었다. 앞이 보이지 않는 상황과 환경들을 깨고 돌파하고 싶었다. 그래서 책을 들었다. 책에서 인생의 돌파구를 찾을 수 있다고 생각했다. 한 권 또 한 권 책을 읽으며 의식과 사고가 성장했고 책에 미친다면 나의 미래가 완전히 바뀔 수 있다는 강한 확신이 들었다. 그래서 나는 독서에 목숨을 걸고 전념했던 것이다. 책이 나를 멋진 사람으로, 위대한 사람으로 바꿔줄 수 있다는 소망과 기대를 가지고 삶의 전부를 걸고 독서했다.

06. 독서는 무너진 나를 살렸다

> 책 없는 방은 영혼 없는 육체와도 같다.
>
> - 키케로

책이 격려하고 위로했다

본격적으로 책을 읽기 시작할 무렵 나는 계속되는 택배일과 학업으로 인해 지칠 대로 지쳐있었다. 남들은 대학에 들어가 여자 친구도 만나고, 친구들과 해외여행도 가고 좋은 경험들을 하고 있었지만 나는 택배일을 하며 항상 시간에 쫓기며 바쁜 삶을 살아야만 했다. 또래 친구들과 다르게 왜 나만 이렇게 힘든 인생을 살아야 하는지 비교가 되고 혼란스러웠다. 하루하루가 정말 힘들었다.

매일 무거운 짐을 지고 높은 계단을 오르고 올라도 집안 사정은 나아지지 않았다. 좌절과 절망은 계속됐다. 왜 이런 힘든 인생을 살아야 하는지 불평하며 가족과 사람들을 원망했다. 세상에 잘사는 사람들에 대한 불만도 쌓여갔다. 소득의 분배가 제대로 이루어지지 않는다며 정부의 탓을 하고 부자들의 탓을 하며 부정적으로 인생을 살았다. 평생 이렇게 가난하고 힘들게 인생을 살게 될 것이라 생각했다. 그래서 어떤 일이든 적극적으로 하지 않았고 기운 없이 살았다. 고통스럽고 힘들었기에 세월이 그냥 빠르게 지나갔으면 좋겠다고 생각하며 하루하루를 살았다. 그렇게 군대에 들어갔고 복무를 시작했다. 그렇게 앞이 보이지 않아 좌절하고 지쳐 있을 때 '책'을 만났다.

책을 읽으면서 나와 같은, 아니 나보다 훨씬 큰 시련과 아픔을 겪은 사람들이 많다는 것을 알게 됐다. 숱한 어려움과 고통들을 극복한 사람들이 세상에는 정말 많았다. 책 읽기 전에는 나의 어려움과 고통에만 집중했었다. 세상에서 나만 이러한 아픔과 어려움을 당한다고 생각했었다. 내가 겪는 어려움이 세상에서 제일 힘들고 고통스러운 것이라고 생각했었다. 나 말고도 수많은 사람들이 어려움과 고통을 지나왔다는 사실을 깨닫게 되었고 그 가운데서 그들은 성장하고 성숙해졌다는 사실을 알게 되었다.

나보다 먼저 시련과 역경을 겪은 사람들의 굴곡진 이야기를 들으며 정말 많은 감동을 받고 위로를 얻었다. 그들의 말할 수 없는 어려움들과 고난들 앞에서 나의 아픔과 역경은 아무것도 아닌 것만 같았다.

세상과 내가 처한 상황은 "너는 할 수 없어…. 그냥 받아들이며 그저 그런 인생을 살아야 해."라고 말하고 있었다. 하지만 책만은 내게 "너는 할 수 있어! 고통의 시간들을 견딜 수 있고 그 고통의 시간을 인내하면 분명히 기회가 찾아올 거야! 성장하고 있으니 조금만 더 견디자!"라고 말해주었다. 책을 읽을 때마다 저자들의 위로와 격려가 마음에 들려왔다. '나도 이러한 시련과 고통을 겪었지만 지금은 이런 값지고 멋진 인생을 살고 있단다. 너도 지금의 어려움 견디며 극복할 수 있어! 포기하지 마!'

상황과 환경만 바라보며 좌절하고 절망에 빠져 삶을 놓아버릴 수 있었지만 책을 읽으며 마음속에 위안을 받고 감동을 받으며 살아갈 힘을 얻었다. 삶을 포기할 수 있었지만 책을 만나고 위로와 힘을 얻어 다시 삶을 붙잡을 수 있었다. 책은 읽으면 읽을수록 내 안에 용기와 희망을 심어주었다. 책은 그렇게 좌절하고 가족을 원망하며 세상을 향한 불만으로 가득 찼던 나를 다시 일으켜 세웠다.

책은 원망과 불평을 버리게 했고 감사와 미래에 대한 소망을 가지게 했다. 또한 책은 나 자신을 돌아볼 수 있는 기회를 주었다. 나만이 할 수 있는 진정한 꿈을 찾게 하고 꿈을 향해 전진하게 만들었다. 책에서 깨어 있는 사람들이 '내일이 기다려지는 삶'을 사는 걸 보고 그들과 같은 삶을 꿈꾸기 시작했다. 내가 정말로 원하고 이루고 싶은 꿈이 무엇인지 찾기 시작했다. 독서하며 의식이 성장했고 깨달음의 기쁨을 느끼면서 내일이 점점 기다려졌다. 책이 그렇게 좌절과 절망에 넘어져 힘을 잃은 나를 살려놓았다.

진짜 성장이 일어나다

책을 만나고 의식이 확장되고 성장하면서 나를 바라보는 눈도 사람들과 세상을 바라보는 눈도 완전히 달라졌다. 삶의 문제들을 바라보는 시각도 완전히 바뀌었고 어려움과 고통들이 단순히 어려움과 고통으로만 보이지 않게 됐다. 시련과 아픔들은 변형된 축복이라 하지 않았던가? 책을 읽으면서 정말 내게 그러한 새로운 시각이 생겨났다. '내가 지금 겪고 있는 시련과 어려움은 반드시 나를 성장시키고 강하게 할 거야!' 내게 닥친 어려움과 역경은 나를 성장시키는 발판이 될 것이라 생각했다. 모든 사고들이 긍정적인 사고로 바뀌었다. 그때부터 택배일이든 학교 복무든 뭐든 혼신을 다해 일했다. 불평과 원망이 있던 자리에 미래에 대한 기대와 배우며 성장하고자 하는 갈망이 자리를 대신했다.

100권이 되고 200권이 되고 독서의 임계점을 넘으면서 책을 더 빨리 많이 읽게 되었다. 그때부터는 차원이 다른 속도로 의식이 성장했다. 책을 읽기 전에 하던 부정적이고 낮은 수준의 생각들은 긍정적이며 창의적인 사고로 바뀌었다. 사람을 만나든 사물을 보든 생각이 많아지고 깊어졌다. 내 스스로가 사고와 의식이 성장하는 것을 느낄 수 있었다. 이러한 의식과 사고의 변화는 행동의 변화까지 가져왔다. 사람들을 대할 때도, 일을 처리할 때도 이전과는 다른 시각으로 바라보고 다르게 행동하게 됐다. 주위 사람들도 그러한 변화된 나의 모습을 느꼈는지 이전보다 더욱 나를 좋아해주었고 응원을 아끼지 않았다.

평범했던 우리 가족이 사기를 당하고 주저앉은 이후 가난과 싸워야 했고 10년 동안을 동네 골목에서 뛰어다니며 짐을 날라야 했다. 견디기 힘든 시간들이었다. 그대로 좌절하고 포기할 수 있었지만 독서가 다시 나를 일으켜 세웠다. 책을 만나 통찰력이 생기고 의식의 수준이 높아졌으며 위로를 받고 자신감을 얻을 수 있었다. 책을 읽고 이전과는 생각이 완전히 바뀌었다. 이전처럼 힘든 현실을 피하려 하지 않았다. 누구보다 내게 주어진 고통스런 삶과 마주했고 모든 일에 최선을 다했다. 책을 만나지 않았다면 그 고통의 시간들은 그냥 버려지고 의미 없는 암흑과 같은 시간들이 됐을 것이다. 하지만 책을 만났고 내가 겪은 많은 어려움들과 수없이 흘렸던 땀과 눈물들은 헛되지 않게 됐다. 그것들이 피가 되고 살이 되어 지금의 눈부신 인생을 만드는 토대와 뿌리가 되었다.

책을 읽기 전 작은 일에도 일희일비했던 나는 독서의 임계점을 넘자 차분해졌고 웬만한 일로는 마음이 흔들리지 않았다. 좌절하고 절망하며 불평 가운데 부모님과 세상을 원망하며 살던 나는 스스로 반성했고 부정적인 생각들을 하나씩 버려갔다. 독서가 나의 낡고 부정적인 의식과 사고를 완전히 성장시켰다. 모든 일에 긍정적이며 최선을 다하는 사람이 되었고 나만의 꿈을 꾸며 기뻐하고 감사하는 사람으로 변해갔다. 무엇이 절망에 빠져 있던 나를 이렇게 일어서게 했을까? 바로 책이었다. 독서하며 내 삶에 이러한 변화들이 실제적으로 일어났다.

독서는 무너진 나를 일으켜 세웠고 어려운 시절을 이겨나갈 수 있게 했다. 그렇게 책은 인생의 고난과 역경을 극복할 원동력이 되었다. 어떻게 인생을 살아가야 할지를 깨닫게 해주었고 세상을 바라보는 건강한 시각을 주었다. 인생을 살아갈 수 있는 근본적인 힘을 준 것이다. 그렇게 독서는 무너진 나를 살렸다.

운명은 결코
정해져 있지 않다

> 인간은 자기 운명을 창조하는 것이지 받아들이는 것이 아니다.
> - 비르만

지금의 현실이 영원하라는 법은 없다

1954년 미시시피주 외곽의 한 시골 마을에서 사생아로 태어난 아이, 가난한 할머니 밑에서 유년기를 보내야 했던 아이, 9살 어린 시절 집에서 사촌 오빠, 친척, 엄마의 지인에게까지 성적 학대를 당하던 아이, 초등학생 때 원치 않는 임신을 했지만 조산으로 아이가 세상을 떠나버린 여자. 절망적인 인생! 아니 최악의 인생이라고 말할 수 있는 과거를 겪은 이 사람은 누굴까?

그렇다! 이러한 과거를 겪은 그녀는 바로 전 세계 모두가 알고 있는 위대한 여성 '오프라 윈프리'이다. 놀랍지 않은가? 이러한 과거를 겪었던 그녀는 후에 1985년 미국 아카데미시상식 여우조연상 수상, 2004년 유엔이 주는 '올해의 세계지도자상' 수상, 2005년 세계에서 가장 영향력 있는 명사 100인 중 최고의 명사로 선정, 흑인 여성으로서는 처음으로 〈포브스〉로부터 재산 10억 달러 이상의 부자 중 한 사람으로 선정, 2013년 〈포브스〉 세계에서 가장 영향력 있는 유명 인사 100인 선정 이외에도 수많은 수상을 하며 지금은 전 세계 수많은 사람들에게 선한 영향력을 끼치는 사람으로 살고 있다. 최악의 과거를 겪은 그녀는 세계에서 가장 영향력 있는 여성이 되었다. 나는 윈프리의 이야기를 들으며 감탄하지 않을 수 없었다. 운명은 결코 정해진 것이 아니라 만들어가는 것임을 그녀의 삶을 보며 절실히 깨달았다.

오프라 윈프리보다 더 최악의 상황을 겪고 있는 사람은 아마 없을 것이다. 오프라 윈프리는 그러한 최악의 상황에서도 눈부신 삶으로 자신의 운명을 만들어갔다. 왜 당신이라고 못하겠는가? 당신도 얼마든지 오프라 윈프리와 같이 눈부신 운명을 창조할 수 있다. 오프라 윈프리 외에도 우리가 알고 있는 수많은 성공자들은 우리가 상상하지 못할 어렵고 힘든 고난을 뚫고 지금의 성공을 이루어냈다. 우리가 자주 마시는 스타벅스 커피의 회장 하워드 슐츠는 빈민가 단칸방에서 어린 시절을 보냈으며 그의 사업 계획서는 217명의 투자자들에게 거절당했다. 현재 4,000억이 넘는 재산을 가지고 있는 세상에서 가장 큰 도시락 회사를 운영하는 김승호 회장은 도시락 사업을 하기 전 많은 실패를 하고 아내 앞에서 눈물을 흘렸다. 현재 세계 3대 도자기 메이커인 한국도자기 김동수 회장은 300개나 되는 사채 카드로 빚 독촉에 시달려 매일 죽음을 생각했었다. 지금의 현실이 힘들고 절망스러워도 그것이 운명이 아니라는 것이다. 얼마든지 바꾸고 만들어 갈 수 있다는 말이다.

당신의 현재 상황이 앞이 보이지 않는 막막한 상황이라고 느껴지는가? 그래서 당신은 날마다 '이렇게 가난하고 힘든 삶을 어떻게 바꿔…. 이렇게 살다가 인생이 끝날 것 같아….'라는 생각을 하며 살고 있지 않은가? 많은 사람들은 자신들이 지금 처한 상황과 환경을 바라보며 '난 이런 절망적인 상황을 벗어날 수 없어!', '언제까지 난 지금처럼 가난하게 살 것 같아….'라는 생각을 하며 자신의 인생을 망치고 있다. 지금의 힘든 삶이 자신의 평생 운명이라고 착각한다. 이런 생각들은 결국 잠재의식으로 쌓이게 되고 그렇게 자주 떠올린 생각들은 그런 부정적인 운명을 만든다. 이런 부정적인 생각을 버려야 한다.

오프라 윈프리와 수많은 성공자들의 인생에서 볼 수 있듯이 운명은 결코 정해져 있는 것이 아니다. 자신이 마음먹은 대로 얼마든지 멋진 미래를 만들어나갈 수 있다. 사람들만 의식하며 하기 싫은 일을 하고 끌려 사는 그런 '실패한 인생'을 만들 수도 있고, 자신이 진정 원하는 일들을 하고 풍족해지며 선한 영향력을 끼치는 기쁨과 감사로 사는 '성공한 인생'을 만들 수도 있다. 앞으로의 삶은 당신의 선택에 달렸다는 것이다. 운명은 정해진 것이라는 바보 같은 생각을 버려라! 당신이 지금까지 어떤 실패를 했고, 과거가 어떠했든지 당신은 당신의 운명을 바꿀 수 있다. 오직 당신 자신에게 달린 것이다. 바로 자기 자신이 앞으로의 '운명'을 개척하는 것이다.

나는 롯데그룹 신격호 회장의 이야기를 읽으며 정말 운명은 정해져 있는 것이 아님을 깊이 깨달았다. 일제 강점기에 가난한 농부의 집안에서 태어난 그는 결혼 후 가축우리를 정리하는 일을 했다. 그러면서 그는 한 투자자의 도움으로 공장을 짓게 되었는데 공장을 가동하기도 전에 미국 전투기의 폭격을 맞아 공장이 순식간에 무너지게 되었다. 투자자에게 찾아가 사정하여 간절한 마음으로 공장을 다시 지었다. 그런데 그 공장도 1년 반 만에 미군 전투기의 폭격으로 모두 불에 타버렸다. 그렇게 힘들게 돈을 빌려 세운 공장이 2번이나 폭격을 맞아 쓰러졌을 때 그는 실패가 자기 운명이라며 포기하고 한국으로 돌아올 수 있었다. 평범한 사람이라면 그것이 자신의 운명이라 받아들이며 거기서 모든 것을 포기하며 실패자로 살았을 것이다. 그런데 신격호는 거기서 멈추지 않았다. 그는 포기하지 않고 일본에 남아 다시 사업에 도전했다. 그렇게 수많은 역경을 극복해나가며 지금까지 자신의 운명을 창조해왔다. 결국 그는 현재 자산 약 105조 원의 거인 롯데그룹의 주인이 되었다.

앞으로의 운명은 내가 만들어간다

과거에 나도 상황과 환경을 볼 때면 운명이 정해진 것만 같았다. 지금의 가난과 고된 삶이 끝나지 않을 것만 같았다. 이런 인생이 계속될 줄로 생각했다. 이것이 평생의 운명일 것이라고 생각했다. 그런데 책을 읽으며 결코 운명은 정해진 것이 아니라 얼마든지 바꿀 수 있다는 사실을 분명히 깨달았다. 운명은 받아들이는 것이 아니라 내가 만들어가는 것임을 깨닫고 포기하지 않고 나 자신을 바꿔나갔다. 현실이 너무나 어렵고 막막했지만 인생을 계속해서 바꿔나갔다. 내 스스로가 운명을 만들어갈 수 있다는 것을 깨닫고 끊임없이 운명을 바꿔나간 나는 지금 작가로서 글을 쓰고 있고 내가 하고 싶은 일을 하며 1인 창업가, 강연가, 독서 코치, 동기 부여가, 희망을 주는 메신저로서 눈부신 인생을 살아가고 있다. 가난하고 하기 싫은 일들만 하며 살아왔던 나는 운명을 그저 받아들이지 않았고 스스로 창조해왔다.

많은 사람들은 자신에게 오는 일들과 주어지는 상황들을 받아들이며 살아간다. 자신에게 닥쳐오는 일과 상황들이 그저 자신의 운명이라며 너무나 쉽게 좌절하고 받아들인다. 그것은 삶에 대한 바른 자세가 아니다. 될 대로 되라 하는 식의 무책임하고 소극적인 자세로 귀하고도 값진 삶을 낭비하고 있는 것이다. 그렇게 소중한 삶을 무책임하게 대하는 사람은 그저 그런 인생을 살게 된다. 생각하지 않으면 사는 대로 생각하게 된다는 말처럼 사는 대로, 주어지는 대로 생각하고 행동하기에 지금의 아무 존재감 없는 흘러가는 그런 인생을 계속 살게 된다. 얼마든지 자신의 미래를 멋지게 바꿀 수 있는데 말이다.

항상 실패만 하는 의식 수준이 낮은 사람들은 '언젠가는 좋은 일이 오겠지….'라는 생각을 가지고 살아간다. 그런데 좋은 일들과 인생을 바꾸는 기회들은 그런 자세로 살면 절대 오지 않는다. 적극적으로 자신의 운명을 창조하고자 하는 자들에게 '기회'는 늘 찾아온다. 하늘에서 좋은 일들과 기회들이 뚝 떨어지는 것이 아니라는 것이다. 당신의 인생은 그저 오는 대로 받아들이는 것이 아니라 당신이 만들어가는 것이다. 당신이 선택하고 창조해가는 것이다. "태어날 때 가난한 것은 당신의 죄가 아니지만 죽을 때도 가난한 것은 당신의 죄다."라는 말이 있지 않은가? 지금이라도 생각을 바꿔야 한다. 일이 생기는 대로, 오는 대로 받아들이며 그것이 자기 운명이라 생각하며 살지 마라! 눈부시고 자신이 원하는 최고의 인생을 꿈꾸고 만들어가라! 당신만이 만들 수 있는 최고의 삶을 개척하라! 운명이라는 것은 결코 정해진 것이 아니기에 당신은 얼마든지 위대한 미래를 만들어갈 수 있다.

미친 듯이 책을 읽고 의식과 사고가 비약적으로 성장하면서 운명은 결코 정해진 것이 아니라는 사실을 깨달았다. 얼마든지 눈부신 미래를 만들어갈 수 있다는 사실을 책을 읽으며 깨달았다. 책 속에 자신의 운명을 바꾼 수많은 사람들의 이야기는 나를 흥분케 했다. 나보다 더 가난하고 어려운 가정 환경에서도 세상을 바꾼 위대한 인물들이 나온 것을 보고 감탄하지 않을 수 없었다. 시련을 이기고 극복한 위대한 인물들을 보며 운명은 받아들이는 것이라는 잘못된 생각을 버리게 됐다. 책은 나에게 '지금의 상황과 환경이 어떻든지 누구든 마음만 먹고 실천한다면 눈부신 미래를 만들어갈 수 있다.'라고 이야기했다.

예전의 나처럼 미래가 보이지 않아 혼란스러워하며 좌절과 절망 속에서 삶을 포기한 채 살아가는 수많은 사람들에게 말해주고 싶다. 부모가 가난하고 실패한 인생이라 해서 당신의 운명까지 그렇게 되리라는 법은 없다. 수많은 사람들이 불우한 가정 환경을 이겨내고 자기 삶을 주도하고 성공한 인생을 살고 있지 않는가? 가난하거나 학력이 낮거나 가정 환경이 좋지 않거나 전부 상관없다. 세상 누구라도 자기의 운명을 눈부시게 개척할 수 있다.

이 말을 명심해라! "운명은 받아들이는 것이 아니라 개척하는 것이다." 이것을 붙잡고 지금 당장 자신의 삶을 개척해라! 자신의 운명을 만들어나가라. 당신도 오프라 윈프리처럼 또 시련과 역경을 이겨낸 수많은 위대한 인물들처럼 빛나는 미래, 눈부신 내일을 만들 수 있다. 우리가 어떤 삶의 태도를 가지고 도전하느냐에 따라 분명 삶은 달라진다.

"당신의 운명은 결코 정해져 있지 않다."

인생을 바꾸는 자기 혁명
김태광, 추월차선, 2015

일과 결혼, 재테크까지 최고로 이룬 김태광의 인생 특강이다. 가슴 뛰는 꿈을 가져야 하며 그 꿈을 이루기 위해 어떠한 자세와 방법으로 살아가야 할지 쉽고 재밌게 알려주는 책이다. 어떻게 인생을 바꿀 수 있는지 쉽게 설명해주는 책이다.

처음 책을 읽기 시작하고 얼마 안 되어 이 책을 우연히 읽게 되었다. 이 책을 읽으며 부정적이고 낮은 수준의 의식 가운데 살아가는 나를 발견하고 깜짝 놀랐다. 내가 생각하고 바라던 수준 이상의 삶이 있다는 것을 깨닫게 해준 책이다. 이 책은 의식과 사고가 성장하는 것이 무엇인지 느끼게 해주었다. 이 책에서 내 평생 기억에 남는 구절이 있다. 책의 꼭지 제목인 이 두 구절은 내 평생 잊을 수 없는, 나를 일깨운 구절이다.

"운명은 정해져 있지 않다."

이 구절을 만나고 나는 운명이 달라졌다. 운명은 내가 얼마든지 원하면 바꿀 수 있다는 것을 깨닫고 삶을 바꾸기 시작했다.

이후 나는 누구보다 어려웠지만 누구보다 삶을 긍정했고 더 나은 삶을 꿈꾸고 도전하는 사람이 되었다. 이 책을 만나고 좌절과 절망에만 빠져 있을 수 없게 되었다. 이 어려운 삶도 얼마든지 바꿀 수 있다는 희망을 얻고 힘을 얻어 최선을 다하며 성실히 살아가게 되었다.

"가슴이 시키는 일을 하라."

이 구절을 읽고 나서부터 나는 세상의 소리와 기준이 아닌 내 가슴의 소리에 귀 기울이고 그것에 집중하는 삶을 살게 되었다. 이 구절 덕분에 지금 나는 가슴이 시키는 일을 하며 만족하는 가운데 세상에도 선한 영향력을 끼치는 행복한 삶을 살아가고 있다. 인생의 혁명을 원하는 사람이라면 필수로 읽어야 하는 책이라고 생각한다.

2장

인생을
완전히
뒤집는
독서의 힘

대한민국이
독서 후진국이라니!

가장 발전한 문명사회에서도 책은 최고의 기쁨을 준다.
독서의 기쁨을 아는 자는 재난에 맞설 방편을 얻은 것이다.
- 랄프 왈도 에머슨

책을 잃어버린 한국

인터넷 보급률 1위, 세계 최고의 인터넷 강국! 대한민국은 세계가 인정하는 1등 인터넷 강국이다. 그러나 그 이면에는 '독서 후진국'이라는 그늘이 있다. 한국에는 초등학생부터 노인들까지 남녀노소 누구나 스마트폰을 들고 다닌다. 어디를 가나 스마트폰에 빠져 있는 사람들을 쉽게 볼 수 있다. 내가 어릴 적만 해도 버스나 지하철을 타면 꽤 많은 사람들이 책을 보고 있었다. 못해도 신문이나 잡지를 보는 사람들이 꽤 있었다. 그러나 지금은 책을 읽고 있는 사람을 보기가 힘들다. 대중교통 외에도 어딜 가나 사람들 손에는 책이 아닌 스마트폰이 들려있다. 책 읽는 사람들을 보는 것은 하늘의 별따기인 시대가 되어버렸다.

　대부분의 사람들은 이동 시간에 스마트폰을 보며 드라마를 보거나 게임을 한다. 우리나라의 미래인 청소년과 청년들 손에는 의식을 확장시키고 사고력을 키워주는 책이 아니라 드라마 시청과 게임을 위한 스마트폰이 들려 있다. 엄청난 인터넷 기술력으로 인터넷 영역에서는 세계 최고의 선진국이 되었지만 독서에 있어서는 후진국이 되어버렸다. 인터넷의 발전은 어린아이부터 노인들에게까지 스마트폰을 쥐어주었지만 대신에 책이라는 귀한 보물을 빼앗아가버렸다. 너무나 안타까운 현실이다.

　2018년 2월 문화체육관광부는 '2017년 국민독서실태조사'를 발표했다. 이 조사는 만 19세 이상 성인 6,000명과 초등학생 4학년부터 고등학생까지 3,000여 명을 대상으로 실시됐다. 지난 1년간 일반도서(교과서, 학습참고서, 수험서, 잡지, 만화를 제외한 종이책)를 1권 이상 읽은 사람은 성인 59.9%, 학생은 91.7%인 것으로 나타났다. 지난 2015년에 비해 성인은 5.4%, 학생은 3.2%가 감소했다. 1994년 처음 독서율 조사가 시작된 이래 가장 낮은 수치였다.
　종이책 독서량은 성인 평균 8.3권으로 2015년 9.1권에 비해 0.8권이 줄었다. 독서하는 사람 사이에서의 독서량은 13.8권으로 지난 2015년 14권과 거의 차이가 없는 것으로 나타났다.

평소 책 읽기를 어려워하는 요인으로는 첫 번째로 성인 32.2%는 '일 때문에 시간이 없어서.'라고 대답했고 학생 29.1%는 '학교와 학원 때문에 시간이 없어서.'라고 대답했다. 그 다음으로는 성인 19.6%가 '휴대전화 이용, 인터넷 게임'을 이유를 들었고 학생 21.1%는 '책 읽기가 싫고 습관이 들지 않아서.'라고 답했다.

조사 결과를 분석해보면 1년 동안 전혀 책을 읽지 않는 사람이 10명 중 4명이나 되는 것을 볼 수 있다. 조사 결과를 보면 얼마나 한국 사람들이 책을 읽지 않는지가 여실히 드러난다. 그나마 독서한다고 답한 사람들도 1년간 13권이니 정말 책과는 거리가 먼 국민이 되어버린 것이다. 당신은 10명 중에 어떤 분야에 속하는 사람인가? 책 읽는 6명에 속하는가? 책을 1년에 펼쳐보지도 않는 4명에 속하는가? 한국의 독서 실태는 너무나 심각한 상황이다.

나 또한 책을 본격적으로 읽기 전에는 20년이 넘는 기간 동안 10권도 읽지 않았던 사람이었다. 나 외에 남들은 책을 잘 읽는 줄만 알았다. 그런데 내가 책을 집중적으로 읽기 시작하면서 내 생각이 틀렸다는 것을 깨달았다. 여러 통계를 보고 또 주위 사람들을 보면서 대부분의 사람들이 독서하지 않는다는 사실을 깨달았다. 내가 책을 읽자 주변에 사람들이 보였는

데 그 주변 사람들 중에 책을 꾸준히 읽는 사람은 내가 1:1로 도와주던 '신우'뿐이었다. 초등학교에서 근무할 때는 학생들이 고학년만 되도 학원과 과외 또는 숙제하기 바빠져서 도서관에 책을 읽거나 빌리러 오는 학생들이 거의 없었다. 중학교로 올라가고 나서는 상황이 더욱 심각했다. 반에서 책을 읽거나 도서관에서 책을 빌리는 학생들을 찾아보기가 더욱 힘들었다. 그것을 지켜보며 나는 대한민국의 미래가 참으로 걱정되었다. 학원 숙제로 수학 문제, 영어 문제는 많이 풀지만 책을 전혀 읽지 않는 우리 어린 학생들을 보면서 진심으로 걱정됐다. 학교에서 복무하면서 한국이라는 나라가 경제 분야에서는 선진국과 가까워졌지만 독서에 있어서는 정말 후진국이라는 사실을 피부에 와 닿게 느꼈다.

독서 습관이 사라진 한국의 모습

우리에게서 '독서하는 습관'이 사라지자 우리의 삶은 어떻게 되었을까? 얼마 전 학생들의 끔찍한 집단 폭행으로 세상이 떠들썩했다. 이 시대 학생들의 윤리 의식은 문제가 심각하다. 부모님과 선생님에 대한 존중은 사라진 지 오래다. 친구에게도 마찬가지다. 예의 없고 무례한 학생들의 행동이 이제는 학교에서도 일상이 되어버렸다. 아무 곳에나 쓰레기를 버리고 복도에서는 욕설과 음담패설들이 난무한다. 타인을 이해하고 배려하며 존중하는 태도는 찾아보기 힘들어졌다. 학생들이 건강한 꿈을 꾸는 것이 아니라 그저 많은 돈을 버는 것이 인생의 꿈이 되어버렸다. 이것뿐인가? 많은 학생들이 컴퓨터 게임과 스마트폰에 중독되어 헤어나오지 못하고 있다.

사회에서는 해가 거듭할수록 살인 사건과 성범죄는 늘어나고 그 횟수와 정도가 심해지고 있다. 이전에는 상상할 수 없던 범죄들도 하루가 멀다 하고 일어나고 있다. 우울증을 겪는 사람들도 해가 갈수록 증가하고 있고 삶을 포기해버리는 비율도 급증하고 있다. 얼마나 빠른 속도로 사람들이 피폐해지는지 우리는 날마다 뉴스를 통해 보고 있다. 극단적으로 들릴 수 있겠지만 나는 이러한 결과들이 어린아이부터 어른들까지 삶에서 책을 잃어버린 결과라고 생각한다. 독서하는 좋은 습관 대신 스마트폰과 게임들이 자리를 차지하자 사회에 여러 심각한 문제들이 급증하게 된 것이다.

독서 후진국의 미래는 절대 밝을 수 없다. 책을 읽지 않고는 스스로 생각하는 능력을 기를 수도 없으며 의식과 사고의 성장은 둘째 치고 타인을 배려하고 존중하고 다른 사람을 품는 이해심을 함양할 수 없다. 옛날에는 노예들이 독서하다 발각되면 채찍을 맞았다고 한다. 노예들이 책을 읽게 되면 스스로 생각하게 되고 결국 지배자들의 잘못이 드러나기 때문이었다. 독서하지 않고 생각하지 않은 국민이 되면 결국 누군가에게 또는 시대의 흐름에 끌려 다니는 노예가 되어버린다. 생각의 힘이 없으면 분별력도 생길 수 없고 뉴스나 미디어를 무차별적으로 수용하게 되어 혼란은 더욱 가중될 것이다.

지금이라도 국민들이 한국의 독서 수준이 얼마나 낮은지 그 심각성을 깨달아야 한다. 건강한 생각을 정립하고 스스로 사고하는 능력을 길러야 하는 학생들은 TV와 게임, 스마트폰에 빠져 허우적대고 있다. 직장인이라고 다른가? 요즘 직장인들을 보면 업무 시간에는 일을 하지만 퇴근 후나 자투리 시간에는 자기 계발을 하지 않고 스마트폰으로 메시지나 게임만 하고 있는 것을 어렵지 않게 볼 수 있다. 그들을 보고 있으면 '어떻게 저렇게 책을 읽지 않고 귀한 시간을 매번 게임이나 예능 시청하는 것으로 낭비하고 있는 것일까?'라는 생각이 들며 섬뜩해진다. 책을 읽지 않고 세월을 낭비하는 그들의 미래가 어떨지 그려지기 때문이다. 틈만 나면 게임하고 쓸데없는 인터넷 검색을 하는 사람 중에 부자가 되고 시대를 이끌고 많은 사람들에게 선한 영향력을 끼치며 세상을 유익하게 하는 사람을 본적이 없다.

한국 국민에게 독서가 정말 시급하다. 학생들에게는 두말할 것도 없고 직장인들과 아이들을 키우는 어머니들에게도 독서가 시급하다. TV와 스마트폰에 빠진 바보들이 되면 안 된다. 국민들이 비싸고 멋진 스마트폰을 들고 있는 멍청이가 돼서는 안 된다. 나는 대한민국 국민들이 정신을 차리고 독서하는 국민으로 거듭나길 간절히 소망한다. 의식과 사고의 수준이 높으며 통찰력과 겸손한 자세를 가진 그런 선진 국민들로 거듭났으면 좋겠다. 그러기 위해서는 국가가 대대적으로 나서야 한다. 어디서나 독서할 수 있도록 책 읽기 좋은 환경을 조성하고 국민들이 깨어 양질의 책을 읽을 수 있도록 이끌어주어야 한다. 국가는 물론 기업과 학교와 종교 단체들도 소속된 구성원들이 꾸준히 책을 읽을 수 있도록 발 벗고 나서야 한다. TV와 게임에 빠진 국가가가 아니라 독서하는 국가에게만 눈부신 미래가 있기 때문이다.

한국은 지금 굉장히 중요한 기로에 서 있다. 후진국이라는 타이틀은 이미 오래전에 벗었지만 아직 선진국이라고는 할 수 없는 상황이다. 여기서 국가적으로 끊임없는 집중 독서를 통해 전 국민의 의식이 깨어나고 사고가 확장된다면 한국은 빠르게 선진국으로 들어가게 될 것이다. 대한민국은 땅이 좁지만 국민들 안에 가능성이 정말 많은 나라이다. 끈기와 성실함과 영민함을 갖춘 민족이 우리 한민족이다. 독서를 통해 의식이 깨어나고 삶의 자세들이 달라진다면 얼마든지 단기간에 선진국으로 진입할 수 있다고 확신한다. 머지않아 '독서 선진국'이라는 타이틀과 함께 진정한 선진 국가로 세계에서 인정받는 한국이 되길 소망한다.

02. 나는 뭘 하고 살아야 하지?

> 인생은 거짓된 상황의 끝없는 연속이다.
>
> - 소온톤 와일더

인생의 근본적인 물음이 올라오다

며칠 전 친한 한 친구와 저녁식사를 함께 했다. 음식이 나오기도 전에 그는 자신의 고민을 이렇게 토로했다. "나는 잘하는 것도 없고 앞으로 뭘 하며 살아야 할지 모르겠어. 나 뭐하고 살아야 될까?" 이러한 걱정은 청소년에서 청년들까지 이 시대를 사는 사람이라면 누구나 하는 고민이다. 아니 직장을 다니고 있는 직장인들도 이러한 고민을 한다. 수많은 사람들이 고민하지만 답을 찾는 사람은 극히 드물다.

"나 뭐하고 살아야 할까?"라는 질문은 책을 본격적으로 읽기 전 내 안에 든 생각이다. 보통 남자들은 군대 말년이 되면 세상에 나가서 뭐 먹고 살아야 할지, 어떻게 살아나가야 할지 고민한다. 나는 말년이 아니라 복무를 시작하면서부터 미래에 대한 생각을 많이 했었다. 집은 여전히 가난했고 죽어라 택배일을 해도 가정 환경은 매일 제자리를 맴돌고 있었다. 공부도 잘하지 못했고 딱히 남들보다 잘하는 것도 없었다. 인맥이 없어 어디하나 손 내밀 만한 곳도 없었다. 앞길이 막막했다. 세상에서 어떻게 살아나가야 할지 감이 잡히지 않았다. 무엇을 하며 살아야 할지, 어떤 삶을 살아야 할지 몰랐다.

낮에는 대학교에서 수업을 듣고, 오후에는 아버지의 택배일을 도와드리는 바쁜 삶을 살다가 군 복무하게 되자 어느 정도 여유가 생겼다. 쉬는 시간 학교 운동장 스탠드에 앉아 아이들을 바라보고 있었다. 그러다 문득 인생을 왜 살아야 하는지, 무엇을 하며 살아야 하는지에 대한 물음이 속에서부터 올라왔다. 그 물음에 대해 나 스스로에게 답을 하지 못했다. 지금까지 누구보다 바쁘게 열심히 살아왔지만 목적과 방향을 알지 못하고 방황하고 있었던 것이다. 왜 이렇게 열심히 맨날 짐을 지고 높은 계단을 올라야 하는지, 왜 공부를 해야 하는지, 무엇을 위해 오늘을 살아야 하는지 난 명확히 알지 못했다.

내 안에 올라온 근원적인 물음에 대한 답을 알고 싶었다. 이러한 질문에 대해 도움을 구하고 조언을 들을 만한 친한 선배나 멘토도 없었다. 어떻게 살아야 하며 무엇을 위해 살아가야 할지 또 어떤 일을 하며 살지에 대해 주위에서 아무도 알려주지 않았다. 정말 앞으로 무엇을 하고 어떻게 살아야 할지 막막하기만 했다. 그러한 미래에 대한 걱정과 함께 2년의 군 복무 기간을 어떻게 지내야 할지도 알지 못했다. 내 안에 계속되는 근본적인 질문들에 대해 답을 찾고 싶었다. 인생의 목적과 의미를 알지 못하고 그냥 열심히 달리고 싶지 않았다. 어떤 삶을 살아야 하는지 알지 못하면서 무작정 달리고 싶지 않았다.

나는 그 답을 책에서 찾기로 마음먹었다. '책은 나보다 지식이 많고 지혜가 많은 사람들이 쓴 것이니 분명 거기에는 내가 앞으로 뭐하고 살아야 할지에 대한 힌트가 있을 거야!'라고 생각했다. 그렇게 그냥 생각에서 그친 것이 아니라 실제로 미친 듯이 책을 집었다. 유명한 사람들의 책이면 무조건 집어 읽었다. 그리고 제목이 뭔가 나의 내적 질문과 연관된다고 싶으면 꺼내 읽었다. 그렇게 30권이 되고 50권이 되고 100권이 되자 나는 인생을 어떻게 살아야 하는지에 대한 힌트를 얻기 시작했다. 다양한 분야의 책을 읽으면서 사람들이 어떤 가치관을 가지고 어떤 생각을 하며 사는지 알 수 있었다. 수많은 생각들을 접하면서 그것을 가지고 사색하게 되었다. 책을 많이 읽을수록 사색하는 시간도 점점 많아졌다. 사람들의 책을 읽고 사색하는 일을 계속 반복했다. 그러면서 내가 앞으로 어떻게 살아야 할지에 대해 답을 찾기 시작했다. 왜 살아야 하는지, 무엇을 위해 살아야 하는지에 대한 답이 선명해져갔다. 어떤 일을 하며 살아야 할지도 조금씩 보이기 시작했다.

내가 어디서 왔고 어디에 있으며 어디를 향해 가는지 알지 못한 채 살아가는 삶은 그저 방황하는 삶일 뿐이다. 삶의 목적과 의미를 찾고 무엇을 하며 살아야 할지 찾아야 한다. 그런데 이러한 질문에 대한 답은 책에서 찾을 수 있다. 그렇다고 몇 권 읽었다고 답이 불쑥 튀어나오는 것은 아니다. 많은 책들을 탐독하고 사색해야 한다. 책을 읽고 사색하면서 자신을 돌아보고 내가 무엇을 하고 살지 어떤 삶을 살아야 할지 찾아야 한다.

삶이 막막할수록 책 속에서 답을 찾아라

세상을 사는 대부분의 평범한 사람들은 자신이 어떤 삶을 살아야 할지에 대한 치열한 고민 없이 그냥 그렇게 흘러가면서 자신에게 오는 일들을 열심히 하며 살아간다. 세상에 열심히 살지 않는 사람은 없다. 그런데 문제는 자신이 진정으로 무엇을 하고 싶은지, 어떤 삶을 살고 싶은지 모른 채 달려가고 있을 뿐이라는 것이다. 무작정 스펙을 쌓고, 무작정 열심히 살아가는 사람들이 대다수다. 자신이 무엇을 위해 살아야 하며 어떤 삶을 살아야 하는지 모른 채 열심히만 사는 삶은 오래 지속될 수 없다. 금방 혼란이 찾아오고 달려갈 힘을 잃게 된다. 하루하루 퇴근 시간을 기다리는 지루하고 의미 없는 삶을 살게 된다. 자신이 왜 살아야 하는지 무엇을 하며 살아야 하는지에 대한 인생의 근본적인 답을 모르고 산다는 것이 얼마나 허망한 것인가.

그저 의미와 목적 없이 열심히만 살아가는 인생에 내일에 대한 기대감과 설렘은 있을 수 없다. 왜 살아야 하며 어떻게 살아야 하는지 질문해야 한다. 진지하게 고민해야 한다. 어떠한 사람이 되고 싶은지, 어떤 가치를 추구하며 살아야 행복할지 끊임없이 고민해야 한다. 그런데 그 고민에 대한 답은 혼자서 스스로 생각만 한다고 찾을 수 없다. 책을 읽어야 찾을 수 있다. 다양한 생각들을 접하고 세상을 돌아보고 자신을 성찰하며 찾아갈 수 있는 것이다. 스스로 아무것도 없이 고민하면 답을 찾을 수 없다. 나보다 더 지혜와 경험이 많고 많은 시간 고민해온 사람들을 통해 배우고 스스로 사색해야 찾을 수 있다.

이 시대 많은 청소년들과 청년들이 책을 읽고 사색하고 성찰하는 과정을 통해 인생의 답을 찾아가야 하는데 TV와 스마트폰에 빠져 있으니 정말 탄식할 노릇이다. 완전히 반대로 가고 있다. 인생의 방향과 목적과 의미를 찾으려 하지도 않는 것 같다. 아니 학교와 학원 또 과외에 치여 생각을 못하는 것일 수 있다. 어떻게 살아가야 할지, 무엇을 위해 살아가야 하는지는 독서를 통해 스스로 길을 찾아야 한다. 그런데 독서하지 않으니 스스로 생각할 능력이 없고, 그러니 아무 답을 찾지 못하고 아무 생각 없이 남의 인생을 따라가게 되는 것이다. 열심히 살지만 시대의 흐름에 그냥 흘러가는 삶을 살아가게 되는 것이다.

앞이 안 보이고 무엇을 하며 어떻게 살아야 할지 모르는가? 책을 통해 답을 찾을 수 있다. 내가 20대 초반 이러한 고민을 했고 책을 읽으며 나를 돌아보고 사색하는 시간을 통해 결국 답을 발견했다. 책에는 여러 힌트들이 담겨 있다. 이 힌트들을 가지고 나만의 성찰과 사색을 통해 그 답을 찾을 수 있다. 삶이 막막하고 길이 안 보일수록 책을 읽어야 한다.

답을 찾기 위해 수도원이나 절에 들어가지 않아도 된다. 뭘 하고 살지는 책을 통해 발견할 수 있다. 먹고살기 어려울수록 책을 읽어야 한다. 사업하는데 점점 막막해지는가? 인생을 왜 살아야 하는지 모르겠는가? 어떻게 살아야 하는지 모르겠어서 혼란 가운데 있는가? 왜 공부를 해야 하는지 모르겠고 방황하고 있는가? 앞이 안 보이고 무엇을 하며 살아야 할지 모를수록 독서를 해야 한다. 치열하게 독서해야 살 길이 보인다. 책에서 앞으로 걸어가야 할 길을 찾아라! 미래에 대한 길이 보이고 어떻게 살아야 할지 발견할 수 있을 것이다.

바쁜 생활 속에서 독서를 시작하게 되면 조용한 시간을 가질 수 있다. 침묵의 시간에 책을 읽고 사색하면서 자신을 돌아보면 분명 답을 찾을 수 있다. 독서는 세상과 나 자신을 바라볼 수 있는 기회이다. 수많은 저자들이 인생에 대해 고민했고 그 고민과 사색의 흔적을 보면서 우리는 자신이 무엇을 해야 하는지 어떻게 살아가야 하는지 발견할 수 있다. 책을 통해 답을 발견하게 되면 얼마나 마음과 생각이 안정되는지 모른다. 조용하게 책을 읽는 것만으로 생각이 안정된다. 불안하고 초조한 마음이 가라앉는다. 조용하지만 치열하게 책을 읽으면 반드시 뭐하고 살아야 할지 답을 찾게 될 것이다. 내가 치열하게 책을 읽으며 인생에 대한 답을 발견하고 삶을 바꿨듯이 이 책을 읽는 여러분도 집중적으로 독서하며 답을 찾고 새로운 인생을 살아가길 바란다. 수많은 인생의 선배들이 책을 읽으며 그 답을 찾았고 눈부신 인생을 살아갔다. "나 뭐하고 살아야 해?" 책을 읽으며 묻고 책 속에서 자신만의 멋진 답을 찾길 바란다.

03. 책은 100명의 스승보다 강하다

> 오늘 나를 있게 한 것은 우리 마을 도서관이었고,
> 하버드 졸업장보다 소중한 것이 독서하는 습관이다.
>
> -스티브 잡스

내 인생 진짜 스승을 만나다

당신은 인생에 큰 깨달음을 주고 당신을 이끌어준 그런 스승이 있는가? 평생 기억에 남고 함께할 수 있는 멘토, 그런 진짜 스승 말이다. 학교 선생님들 중에는 그런 분들이 없었지만 나에게는 100명의 스승들보다 강력한 인생의 스승이 있었다. 그것은 바로 책이었다. 나는 학창 시절 집안이 가난했기 때문에 학원을 다닐 여유가 없었다. 참고서 한 권 사기도 힘들었다. 그럼에도 나는 어떤 수업이든 열심히 배우는 학생이었다. 똑똑하지 않지만 모든 학업과 일에 성실했다. 중학교 때부터 열심히 수업을 들고 적어 외우니 성적은 어느 정도 올라갔다. 하지만 딱 거기까지였다. 선생님의 가르침이 나의 의식을 성장시켜주거나 나 자신을 발견하게 해주거나 생각의 변화를 주지는 못했다. 나의 낡고 빈곤한 의식과 사고를 크게 확장시켜주고 가슴에 큰 울림을 주며 인생의 깨달음을 준 것은 학교 선생님들이 아니라 책이었다.

"오늘 나를 있게 한 것은 우리 마을 도서관이었고, 하버드 졸업장보다 소중한 것이 독서하는 습관이다."

세계 최고의 부자이면서 최고의 사업가인 스티브 잡스는 지금의 자신이 이룬 성공이 독서하는 습관에서 나왔다고 말한다. 잡스는 사업을 시작하고 나서도 꾸준하게 독서했다. 그렇게 세계 최고의 사업가가 된 잡스에게는 어떤 특별한 스승이 있었을까? 아니다! 그에게는 책이라는 최고의 선생이 있었던 것이다. 책에서 가르침을 받고 책에서 인생의 지혜와 깨달음을 얻으며 세계 최고 IT 기업을 만들 수 있었다. 잡스 말고도 수많은 성공자들이 책을 친구로 삼고 선생으로 삼았다. 그들은 책에서 육신의 선생님에게 배울 수 없는 가르침을 받아 지금의 성공을 이루었다고 한 목소리로 고백한다.

나 또한 이들과 같은 고백을 자신 있게 할 수 있다. 지금의 나를 있게 한 것은 독서하는 습관이었다. 지금까지 나를 가르쳐준 선생님들께 너무 감사하지만 지금의 나를 있게 한 것은 정말 책 덕분이었다. 물론 학교 선생님들로부터 여러 지식과 지혜를 배울 수 있었다. 하지만 100명의 선생님들에게서 배운 것보다 내가 읽은 100권의 책이 나를 훨씬 더 크게 성장시켰다. 내게 가르침을 주었던 많은 선생님들은 내게 단순한 지식을 주었지만 책은 내게 많은 지식뿐만 아니라 생각하고 사고하는 능력을 길러주었다. 또한 세상을 보는 통찰력과 인생을 멀리 내다볼 수 있는 혜안까지 안겨주었다. 인생을 어떻게 살아야 할지 고민할 때 선생님들이 아니라 책이 내게 힌트를 주고 답을 찾게 도와주었다.

세상의 보통 스승들은 지식을 가르쳐주는 것에 그치는 경우가 많다. 어떻게 보면 정형화된 교육의 시스템이 그렇게 만드는 것인지도 모르겠다. 어쨌든 학교 수업을 통해 나는 지식적인 가르침들을 배울 수 있었지만 통찰력을 얻거나 의식의 확장은 경험하지 못했다. 내가 가지고 있던 고민들과 질문들에 대한 답을 선생님들에게서 찾을 수 없었다. 학교 수업은 철저하게 입시에 초점이 맞춰져 있기에 인생의 근원에 대해 생각해 본다거나 세상을 볼 수 있는 통찰력을 기를 수 있는 기회를 제공하지 못한다. 그러나 책은 다르다. 책은 많은 지식들을 가르쳐주지만 거기서 그치지 않는다. 삶을 바꾸는 원동력을 제공한다. 학교 수업과 선생님들은 그저 시험을 잘 볼 수 있도록 도와주지만 책은 인생을 주도적으로 살아가게 하는 능력을 키워준다. 생각의 힘을 키워주고 나만의 꿈을 꾸게 하고 새로운 삶을 계획하게 해준다. 그렇게 주도적이며 자유로운 삶을 살도록 이끌어준다.

삶이 고단하고 어려울 때 나에게 용기를 줬던 것이 '책'이었다. 인생의 목적과 의미를 찾아 헤맬 때 답을 찾게 해준 것은 다름 아닌 책이었다. 절망에 있던 나를 위로하고 패배감만 있던 나에게 자신감을 주고 끌려다니는 삶에서 나만의 삶을 살아갈 수 있게 한 길잡이, 스승이 바로 책이었다. 집중적인 독서를 통해 독서의 임계점을 넘은 사람만이 독서의 위력을 알 수 있다. 독서의 강력한 힘을 경험한 사람들만이 책이 100명의 스승보다 강하다는 것을 진정으로 알 수 있다.

책의 위력은 상상 이상이다

미국 역사상 가장 위대한 대통령으로 기억되는 아브라함 링컨은 어린 시절 켄터키주에서 가난한 농부의 아들로 태어났다. 친어머니를 일찍 여읜 그는 집이 가난했기에 학교에서 정식으로 교육을 받을 수 없었다. 15살이 되기까지도 글을 제대로 배우지 못했다. 링컨의 새어머니는 링컨에게 독학으로 책을 읽도록 했다. 부잣집에서 5년 동안이나 책을 빌려주어 링컨의 독서를 도왔다. 아버지는 링컨이 책 읽는 것을 싫어하고 농사일을 시켰지만 링컨은 계속해서 다양한 책을 읽어나갔고 후에는 하원 의원이 되었다. 수많은 어려움 끝에 그는 결국 미국 대통령의 자리까지 올랐고 미국의 노예 제도를 폐지하고 분열된 미국을 하나로 통일하는 업적을 이루었다. 그는 지금도 사람들에게 존경받는 미국 역사상 가장 위대한 인물로 기억되고 있다.

학교에 다닐 형편이 안됐던 것은 물론 어머니까지 일찍 잃은 그가 이러한 위대한 업적을 남기며 아직까지도 사랑받는 위인이 될 수 있었던 비결은 무엇일까? 바로 그 비결은 '독서'였다. 책이라는 위대한 스승을 만났던 것이다. 링컨은 정식 학교를 다니며 선생님들의 가르침을 받지 못했지만 그것보다 더 훨씬 강력한 책이라는 스승을 만났고 꿈을 이루고 역사에 위대한 업적을 남기며 존경받는 인물로 세워질 수 있었다.

책의 위력은 상상할 수 없을 정도로 강력하다. 책은 이렇게 가난하고 못 배우며 실패의 연속이었던 삶도 역사의 주인공으로 눈부신 삶을 살도록 만들어준다. 책의 힘이 얼마나 강력한가! 링컨이 보통 아이들과 같이 넉넉한 가정에서 자라 정식 학교에 가서 일반적인 선생님들께 가르침을 받고 교육을 받았다면 위대한 위인이 될 수 있었을까? 책이라는 강력한 스승을 만나지 못했다면 결코 역사에 남는 위대한 대통령, 세계 위인 중의 한 사람이 되지 못했을 것이다. 책을 통해 세상을 알고 사람들을 알고 자신을 알았기에 역사에 한 획을 긋는 사람으로 성장할 수 있었던 것이다.

책은 사람 안에 있는 위대한 가능성의 씨앗들을 발견하게 해준다. 또한 힘들고 어려운 지금의 상황에 집중하게 하는 것이 아니라 눈부신 미래에 집중하게 하여 소망 가운데 살아가게 한다. 그뿐만이 아니다. 삶을 살아갈 지혜와 깨달음을 준다. 책은 과거 세상의 역사를 조망하게 해주며 세상이 돌아가는 원리를 깨닫게 해주며 미래를 내다볼 수 있는 혜안을 제공해준다. 엄청난 힘이 아닐 수 없다. 책은 가난하고 배우지 못한 사람도 미국이라는 강대국의 대통령이 되게 하는 그런 엄청난 힘을 가지고 있다.

링컨에게만이 아니라 책은 나의 삶을 완전히 바꿔놓은 강력한 스승이다. 나는 가난하고 힘든 유년기를 보냈기에 세상과 가족들을 향한 원망으로 가득 차 있었다. 그때 책이 나를 위로해주었고 세상과 나를 바라볼 수 있는 바른 시각을 심어주었다. 끝없는 절망과 막막함 속에서 책은 나에게 운명은 결코 정해진 것이 아니기에 뿌리를 내리고 준비하라고 가르쳐줬다. 얼마든지 내가 노력하고 원하면 눈부신 인생을 창조할 수 있다고 책이 말해주었다. 책을 읽으며 위로를 받고 자신감을 얻고 다시 일어나 삶을 살아갈 힘을 얻었다. 책을 읽기 전과는 수준이 다른 지혜와 통찰력을 얻어 완전히 다른 수준으로 생각하고 크고 가치 있는 꿈을 꾸고 이루며 살고 있다. 책은 나에게 있어 100명의 스승들보다 더 강력했다.

04. 공무원, 대기업은 답이 아니다

> 성공이 끝은 아니다.
> – 윈스턴 처칠

공무원이란 환상에서 깨어나라

취직, 거주, 결혼 등 모든 것이 불안정한 사회가 되면서 상대적으로 안정적이라 하는 공무원이 이 시대 최고의 직장으로 불리게 되었다. 한국은 지금 공무원 열풍으로 뜨겁다. 취업준비생은 매년 늘어나고 있는데 그중에 공무원 시험을 준비하는 사람이 절반이 된다는 통계 조사가 있다. 취업을 준비하는 사람들 중에 많은 비율의 사람들이 공무원 취업에 뛰어들고 있는 것이다. 대학을 졸업하고 대기업에 들어가기에는 스펙이 안 되고 또 그렇다고 박봉을 주는 중소기업에 들어가는 것도 싫기에 많은 취준생들

(취업준비생)이 공무원 시험을 준비한다. 너도나도 공무원이 되기 위해 학원에 가고 고시촌에 들어가 시험 준비를 한다. 노량진에는 각종 국가고시와 공무원 시험을 준비하는 수험생들로 넘쳐난다. 명절이 되어도 공무원 시험 합격을 위해 집으로 가지 않고 고시원에 남아 시험공부에 열을 올린다.

너도나도 열광하며 준비하는 공무원이 이 시대 정말 답일까? 결코 답이 될 수 없다. 공무원은 왜 이 시대 답이 될 수 없는 것일까? 이유가 있다.

먼저, 일이 자신의 적성과 맞지 않아 금방 회의감이 들고 따분해진다. 그 결과 억지로 일을 하게 된다. 공무원을 왜 지원하는지에 대해 조사한 결과가 있다. 그중에 '적성에 맞는 일이라서'라는 답변은 3위 안에도 들지 못했다. 공무원이라는 직업을 적성에 맞아 하는 사람이 결코 많지 않다는 것이다. 자신의 적성과 맞지 않음에도 안정적이라는 사회적 분위기에 휩쓸려 공무원이 되려는 사람이 많다. 이렇게 되면 자신이 정말 좋아하는 일이 아니기 때문에 성취감이나 만족감을 느끼지 못하게 된다. 일을 하며 행복하고 즐거운 것이 아니라 지루함만 느끼게 되는 것이다.

공무원이 이 시대 답이 될 수 없는 또 다른 이유는 안정감에 마취되어 자기 계발이 안 되기 때문이다. 안정감 때문에 자기 자신을 발전시키고 성장시킬 생각을 하지 않게 된다. 국가의 일을 하며 미래에 대한 아무런 준비를 하지 않았기 때문에 앞날이 막막해진다. 정년이 되기 전에 그만두면 어디 취직하기도 쉽지가 않다. 주어지는 같은 일을 평생 해왔기에 자신만의 능력이 없다. 어느 회사가 뽑으려 하겠는가. 정년이 차고 은퇴하고 나서도 경쟁력이 없어 미래가 막막해진다. 이것이 공무원의 현실이다. 100년을 살아야 하는 이 시대에 아무런 자기 계발 없이 정년 동안 편하게 돈 벌겠다는 생각은 정말 위험한 생각이다. 이러한 삶에 성장과 발전은 찾아볼 수 없다.

그렇다면 공무원이 되면 돈이라도 많이 주는가? 아니다. 공무원의 급여로는 풍요로운 삶과 경제적인 자유를 누릴 수 없다. 공무원을 준비하는 사람들의 대부분은 들어가기 상대적으로 쉬운 9급 공무원에 지원한다. 9급 공무원에 합격했다고 해도 받는 월급은 많지 않다. 우리나라 2019년 기준 9급 일반직 공무원의 급여는 1,592,400원이다. 150만 원에서 200만 원 되는 월급에서 생활비를 빼고 나면 크게 남는 것이 없다. 이 돈을 열심히 저축한다 하여 풍요로운 삶을 살 수 없다. 자신이 원하는 날에 쉴 수도 없을 뿐더러 경제적으로 자유를 누릴 수 없다. 그저 최소한의 삶을 유지할 수 있을 뿐이다. 자신이 원하는 일을 하며 하루하루 가슴 뛰는 인생을 살지 못할 뿐더러 경제적 자유를 누리지도 못한다. 이런데 어떻게 이 시대 답이 되겠는가? 공무원은 답이 될 수 없다.

대기업이란 환상에서 깨어나라

　대한민국의 교육 열풍은 전 세계 어느 나라도 따라오지 못할 정도로 뜨겁다. 한국 학부모들은 자신이 입을 것 안 입고, 먹을 것 안 먹어가며 자녀들에게 좋은 교육을 시켜준다. 심지어 빚을 내서라도 좋은 과외 선생님을 붙여주고 전국 최고의 학원을 찾아 등록시켜준다. 한국의 교육 열풍이 식지 않고 날이 갈수록 더 뜨거워지는 것은 무슨 이유 때문일까? 근본적인 이유를 생각해보면 결국 한국에서 내놓으라 하는 대기업에 들어가기 위함이다. 결국 모두가 대기업과 공무원이 되기 위해 초-중-고 10년이 넘는 시간 동안 귀한 시간과 노력과 돈을 쏟으며 삶을 바치는 것이다. 물론 지금도 진행 중이다. 미국 대통령이 그토록 칭찬한 한국 교육의 종착지는 결국 '대기업 취직'인 것이다. 이 사실에 대해 누구도 반론을 제기하기 어려울 것이다.

　그렇게 많은 것을 희생하며 대기업에 취직하면 모든 것이 해결되는가? 그렇지 않다. 대기업만이 이 시대 답이 아니다. 높은 연봉을 보고 대기업에 취직하지만 꼭 그렇지만도 않다. 연봉이 높다 해도 상대적으로 많이 주는 것이지 큰돈을 받지는 못한다. 경제적으로 자유를 누릴 만큼의 급여는 받지 못한다. 그 많다는 연봉을 하나도 안 쓰고 모아도 서울에 변변한 집 한 채 사기 힘들다는 것을 알아야 한다. 집을 사고 좋아하는 것을 구입하고 풍족하게 살기 힘들다. 보통의 기업에 다니는 직장인들보다 나은 것이지 대기업에서 일한다고 경제적으로 충분하게 살기는 힘들다. 그렇게 다니기 싫은 회사 평생 억지로 성취감 없이 다닌다 해도 경제적 자유는 누리기 힘들다는 것이다. 그것뿐인가? 기대하며 대기업에 입사했지만 막상 들어가면 과도한 업무와 자율성이 없는 갑갑한 조직 문화 등으로 오래 버티지 못하고 이직을 하게 된다.

대기업이 평생 여러분의 인생을 책임져주는가? 절대 그렇지 않다. 큰 착각이다. 대기업은 결국 당신을 나이 40, 50이 될 때까지 일정한 월급을 주고 부려먹다가 쓸모가 없게 되면 내던져버린다. 그것이 대기업이다. "버텨서 임원이 되면 된다고?" 하늘의 별 따기다. 대기업 그 많은 정직원들 중에 임원이 되는 사람이 몇 명인지 아는가? 국내 100대 기업의 사원으로 입사해 임원으로 승진할 확률은 평균 0.8%에 불과하다는 조사 결과가 공개됐다(한국CXO 연구소). 게다가 대기업은 갈수록 임원을 감축하고 있는 실정이다. 겨우 임원이 되어서 고액의 연봉을 받는다고 치자. 그 자리는 계약직으로 빠르면 1년, 길면 3년 안에 계약 해지된다. 수십 년 빚져가며 큰돈과 시간과 노력을 쏟아 대기업에 들어갔지만 결국 허무한 결말을 맞이한다는 것이다. 회사를 위해 평생을 바쳐 일했지만 얼마 지나지 않아 쓸모없어지면 토사구팽 당한다. 이래도 대기업에 무작정 취직하는 것이 답이라 할 수 있는가?

대기업 환상에서 제발 깨어나야 한다. 대기업이 당신의 삶을 책임져주지 않는다. 자기가 하고 싶은 일도 아닌데 대기업 들어가서 억지로 일하는 것은 정말 미친 짓이다. 자신에게만 주어진 재능과 가능성이란 달란트를 썩히는 일이다. 적성에 맞지도 않는데 단순히 대기업이라고 들어가 월급을 기다리며 현대판 노예로 사는 것은 인생을 낭비하는 것이다. 뜯어 말리고 싶다.

무조건 이 시대 공무원을 하지 말고 대기업에 입사하지 말라는 것이 아니다. 공무원과 대기업은 사회에 필요하다. 또 누구에게는 자신의 꿈을 펼칠 수 있는 곳이고 적성에 맞는 일일 것이다. 그러나 자신의 적성과 맞지도 않는데 무조건 돈 많이 주고 안정적이라는 이유로 공무원과 대기업에 목매지 말라는 것이다.

공무원이나 대기업에만 취직하고자 달려드는 현상은 결코 국가적으로 볼 때 좋은 현상이 아니다. 너도나도 뜻과 소명 없이 사회에서 인정받고 많은 돈을 준다는 이유만으로 대기업에 들어가려고 한다. 이러한 사회적 분위기는 자신의 진정한 꿈과 원하는 일을 찾지 못하게 만든다. 회사원들이 매달 나오는 월급만 보며 일하기 때문에 장기적으로 볼 때 나라의 경쟁력은 악화된다. 각 개인의 관점에서 볼 때도 공무원과 대기업에 목매는 사회 분위기는 자신의 가능성과 자신만이 할 수 있는 특유의 능력을 사장시키는 것이고 장기적인 관점에서 볼 때 유익하지 않다. 나는 대기업을 준비하는 사람들 안에 대기업에서 받는 연봉보다 훨씬 더 많은 돈을 벌 수 있는 가능성이 얼마든지 있다고 본다. 자신만이 원하는 것을 발견하고 매진한다면 대기업에 다니며 버는 돈보다 더 많은 돈을 벌 수 있고 훨씬 많은 성취감을 느끼고 자유를 누리며 재밌게 살아갈 수 있다.

인생을 걸고 독서하는 사람만이 시대적 흐름에 따라 공무원과 대기업에 취직하는 것에 목매지 않을 수 있다고 생각한다. 독서하는 사람만이 스스로 생각하는 힘을 기를 수 있고 자신이 진정 원하는 일을 찾을 수 있다. 자신만의 재능과 개성에 집중하고 멋진 앞날을 꿈꿔보자! 집중적으로 책을 가까이하면 무작정 공무원, 대기업이 아니라 자신이 있어야 할 자리, 소명을 가지고 자신의 자아를 실현하며 세상을 이롭게 하는 그런 '진짜 나의 일'을 찾을 수 있다. 다양한 양질의 책을 읽으며 꼭 실현하고 싶은 꿈, 가슴을 떨리게 하는 일을 찾고 그 일에 매진하라! 뜻 없이 공무원이 되고, 대기업에 다니는 것보다 훨씬 행복하고 의미 있고 시간과 경제적 자유도 누리는 그런 멋진 인생을 살 수 있을 것이다.

1cm+
김은주 양현정 , 허밍버드, 2013

이 책은 저자가 삶에서 직접 깨달은 지혜와 통찰을 위트 넘치는 글로 공감대를 형성하고 일러스트까지 얹어 만들어진 책이다. 그림이 많고, 글은 많지 않아 핵심만 읽을 수 있는 장점이 있다.

글자가 많이 없고 그림이 많은 책은 무조건 수준이 낮은 책이라고 비난하며 왜 이러한 책을 추천했는지 물을 수 있겠지만 나는 그렇게 생각하지 않는다. 책의 가치는 글자 수에 달려 있지 않다는 것을 느끼게 해준 책이다.

각 장마다 글이 짧지만 그 짧은 글 안에 인생의 깊은 지혜와 통찰 또 세상을 바라보는 좋은 시선들이 담겨 있다. 날카로운 시선으로 이 시대와 우리 마음속에 허영심과 비교의식을 보여주고 있다. 나를 존중하고 함께하는 더 나은 세상을 어떻게 만들지에 대한 힌트와 생각의 소스를 제공해준다.

글이 많지 않았지만 어느 책보다도 그 짧고 핵심적인 문장을 가지고 내 스스로 많은 생각과 사색을 하게 만들었다. 짧은 글에 담겨 있는 깨달음들과 의미들이 더 생생하게 와닿을 수 있게 한 그림도 너무나 나에게 영감을 주고 얼마나 나의 창의력을 키우게 했는지 모른다. 각장을 읽고 볼 때마다 피식 웃음이 터져나왔고 글자가 많은 책들보다 더 깊은 지혜를 얻을 수 있는 책이었다.

책에 재미를 붙이고 책을 가까이할 수 있게 하는 좋은 책이라고 생각한다.

05. 내 인생을 바꾼 가장 큰 선물

삶에서 가장 참된 것은 만남이다.
- 마틴 부버

여러분은 인생을 바꾼 선물을 받아본 적이 있는가? '선물이면 선물이지 인생을 바꾼 선물이라고?' 그렇다. 나는 인생을 완전히 바꾼 선물을 받은 사람이다. 내 인생을 바꾼 최고 선물은 바로 '만남'이다. 나는 3가지의 큰 만남을 통해 인생이 완전히 바뀌었다. "만남이 인생을 좌우한다."라는 명언이 있다. 나는 확신을 가지고 이야기할 수 있다. 정말 '만남'은 인생을 좌우한다.

인생은 누구를 만나느냐에 따라 결정된다는 말은 절대 과언이 아니다.

단적인 예로 청소년들이 방황하는 친구들과 사귀게 되면 그 친구도 어느새 방황하는 아이들과 어울리고 방황하게 된다. 공부를 잘하고 성실하며 인성이 좋은 친구들과 사귀게 되면 자연스럽게 그들에게 좋은 점을 배우고 똑같이 그들을 닮아가기 마련이다. '만남'이라는 것은 정말 소중한 것이며 실제로 인생을 좌지우지한다.

하나님과의 만남

내 인생을 바꾼 그 위대한 만남은 첫 번째로 하나님과의 만남이다. 나는 엄마 뱃속에서부터 교회를 다닌 '모태 신앙'이다. 하지만 부모님의 손에 이끌려 교회만 왔다 갔다 하는 아이였다. 그러다 보통 때와 같이 중학교 2학년 때 여름 수련회를 가게 됐는데 갑자기 이런 생각이 들었다. '돈 내고 시간 내서 이렇게 멀리 왔는데 하나님이 정말 살아 계시다면 만나야 되지 않을까?' 저녁 기도 시간에 나는 하나님을 간절히 찾고 또 찾았다. '진짜 하나님이란 분이 살아계실까? 살아계시다면 저를 만나주세요. 꼭 오늘입니다.'라며 기도했다. 시간이 갈수록 기도회는 뜨거워졌지만 나는 아무것도 들리지 않았고 느껴지지 않았다.

나는 포기하지 않고 끝까지 기도했다. 하나님을 찾았다. 결국 기도회가 끝나갈 무렵 마음속으로 부인할 수 없는 하나님의 음성이 들려왔고 하나님을 인격적으로 만나게 되었다. 하나님과의 만남은 내 인생을 송두리째 바꿔놓았다. 나에게 있어 참된 인생은 바로 하나님을 만났을 때부터 시작되었다. 하나님을 만나고 나서 이전에 어디서도 맛보지 못한 자유함와 평안이 내 안에 들어왔다. 긍정적이며 밝고 매사에 적극적인 '새로운 사람'으로 바뀌었다. 스스로도 느낄 수 있을 만큼 내 삶이 완전히 바뀌는 것을 경험했다.

책과의 만남

내 인생을 바꾼 두 번째 '만남'은 바로 책과의 만남이다. 어릴 적 도서관을 삼켜버렸다는 빌게이츠와 달리 나는 어릴 적부터 책과는 거리가 멀었다. 초등학교 때 보통 또래들은 만화책을 좋아했지만 나는 만화책 보는 것에 재미를 느끼지 못했다. 밖에서 뛰어노는 것을 좋아했던 나는 책을 쳐다보지도 않았다. 그러던 나는 24살 초등학교에서 군 복무를 하면서 '책'을 만나게 되었다. 사회복무 기간 2년이라는 시간에 내가 어떤 생산적인 것을 하며 성장할 수 있을까 고민했고, 그 고민 끝에 선택한 것이 바로 '책'이었다.

김태광의 『인생을 바꾸는 자기혁명』, 이지성의 『꿈꾸는 다락방』, 안철수의 『CEO 안철수, 지금 우리에게 필요한 것은』 등의 책을 읽으면서 '정말 내 인생도 책을 읽으며 바꿀 수 있겠다.'라는 생각을 갖게 됐다. 한 권의 책을 끝까지 읽고 나서 너무 뿌듯했고 또 다른 한 권을 정복하고 싶었다.

책을 읽으면서 나와는 다른 수준으로 생각하는 그들의 남다른 생각과 삶의 자세를 보며 커다란 감동을 받았다. 한 권 한 권 읽어나가면서 큰 자신감을 얻었고 인생에 대해서 깊이 생각하는 사람이 되었다.

나는 책을 읽으면서 '의식의 폭발적인 성장'을 이루었다. 나 자신을 보는 눈도 달라졌고, 세상을 바라보는 눈도, 사람들을 보는 눈도 달라졌다. 책을 읽으며 시간에 대한 생각과 자세도 완전히 달라졌다. 뿐만 아니라 남의 꿈이 아니라 나만의 진정한 꿈을 꾸며 도전하는 적극적인 사람이 되었다. 집안 상황과 환경이 너무 어려웠지만 그 환경과 상황에 집중하지 않게 되었다. 내가 멋지게 성공한 모습, 내가 원하는 삶을 사는 미래의 모습에 집중하며 어느 것에든, 누구에게든 하나라도 배우고자 달려드는 사람이 되었다.

내가 근무했던 특별반 선생님들도 나의 달라진 모습을 몸소 느끼셨다. 나는 내가 해야 할 일들 외에도 도움이 필요한 일이라면 열심히 내 일 같이 돕는 사람으로 변했다. 내 분야가 아니더라도 내가 도움을 줄 수 있는 일이라면 뭐든지 웃으며 열심히 도왔다. 얼마 동안의 기간이 지나자 학교에 계신 모든 선생님들이 "요즘 저런 청년이 없어요! 너무 성실하고 생각하는 것이 일반 또래들과 달라요. 너무 성숙해요."라며 너도나도 칭찬해 주셨다.

사회복무 시절에는 친구들을 거의 만나지 못했다. 사회복무가 끝나고 대학교에 돌아갔을 때 나를 오랜만에 본 친구들은 나의 변화된 모습을 보고 모두가 칭찬을 아끼지 않았다. "혁재야, 너 정말 뭔가 달라진 것 같아!", "예전에 그렇게 까불대던 너와 너무 다른데? 네가 말하고 생각하는 것들을 보면 정말 네가 뭔가 다른 사람이 된 것 같아."

한두 명이 아니라 나를 오랜만에 보는 사람의 대부분이 나에게 이러한 말을 했다. 나는 누구보다 성실한 사람이 되었고, 내게 주어진 시간을 허투루 낭비하지 않았다. 내게 주어진 과제나 모든 것에 열심을 쏟았다. 또 상대방을 섬기려고 하는 마음으로 모든 사람들을 진심으로 대했고 상대방을 존중하며 사랑하고자 노력했다.

그러면서 이전보다 사람들이 나를 좋아해주었고 나를 굉장히 발전적이며 진실한 사람으로 인정해주었다. 내가 이전과는 완전히 달라지면서 나에게 좋은 만남들이 이어졌고 많은 기회들이 생겨나기 시작했다. 나는 이전과 완전히 다른 생각을 하게 되었고 좋은 자세들과 마인드를 가지면서 이전과는 다른 새로운 계획들을 세우게 되고 재미있는 꿈을 꾸게 되었다. 이것이 무엇으로 인해 가능했을까? 그것은 책과 찐~하게 만난 덕분이다. 책을 만나 의식이 성장하고, 세상을 보는 통찰력들이 생겨나면서 내 인생은 송두리째 바뀌었다. 나와 같이 책을 찐하게 만난다면 여러 관계의 문제들이 해결될 것이고 사회와 공동체 안에서 당신의 위치가 달라질 것이다.

삶의 모든 분야들이 변화되기 시작할 것이다. 당신도 이러한 엄청난 인생 반전을 가져오는 책과 만나보지 않겠는가?

김태광 대표와의 만남

내 인생을 송두리째 바꾼 세 번째 '만남'은 바로 김태광 대표와의 만남이다. 나는 김태광의 『인생을 바꾸는 자기혁명』이라는 책을 읽고 나서 나의 좁은 의식이 확장되고 성장하는 것을 실제적으로 경험했다. 의식이 깨어나는 것을 경험했다. 당시 책을 읽고 '김태광'이라는 사람과 만나서 대화해보자고 다짐했다. 그리고 그의 말처럼 책을 많이 읽을 뿐만 아니라 책을 쓰는 사람이 되리라 다짐했다. 그렇게 나의 복무 생활은 끝났고 몇 해가 지난 뒤 우연히 어떤 책을 읽다가 〈한국책쓰기1인창업협회(이하 한책협)〉이라는 것을 우연히 알게 되어 네이버 카페에 가입하게 되었다. 그리고 몇 주가 흘렀다. 나는 평소와 같이 많은 집을 돌아다니면서 택배 배달을 하고 있었다. 그러던 어느 날 "띠리링 띠리링~" 벨소리가 울렸다. 모르는 번호였다. 받을까 말까 잠시 고민하다 택배 고객의 번호일 거 같아 전화를 받았다.

"안녕하세요~ 저는 작가 김태광입니다."
"네? 김태광이요?"
나는 아직도 그때의 가슴 벅참을 잊을 수가 없다. '아니 내가 그토록 만나고 싶어 했던 내 의식을 바꾼 책의 저자 김태광??' 얼떨떨했다. 그와 좋은 이야기를 이어갔다. 이후 작가님을 만나게 되었고 실제로 김태광 작가님을 만난 뒤 정말 그의 모든 것을 배우고자 하는 간절한 마음이 생겼다. 그동안 200권의 책을 펴냈고 교과서에 여러 글을 올렸고 책 쓰기 코칭을 통해 900명의 작가를 배출한 엄청난 사람이었다. 이 사람은 정말 사명을 가지고 있는 사람이었고 명확한 꿈을 가지고 그것을 성취하는 사람이었다. 의식과 사고는 평범한 사람과 차원이 달랐다. 그 이후로 그의 코칭을 받고 그가 추천해준 책을 읽고 여러 강의를 들으며 지금까지 내가 경험해온 '의식의 성장'과는 비교할 수 없는 폭발적인 성장을 경험했다. 가난한 사고를 버리고 부자의 사고를 갖게 되었고 소박한 꿈만 꾸는 사람에서 엄청난 꿈을 꾸고 세상에 선한 영향력을 끼치는 사람이 되었다. 부정적인 생각과 말을 버리게 되었고, 긍정의 생각과 긍정의 말만 하는 사람이 되었으며 꿈이 명확해지고 꿈만 꾸는 것이 아니라 그 꿈을 빠르게 이루는 사람이되었다.

김태광 대표님과 만난 후 나에게 생각지도 못한 좋은 만남들이 이어졌고 수많은 기회들이 생겨나기 시작했다. 그 결과 책을 쓰게 되었고 1인 창업가, 강연가, 코치, 동기 부여가로 살아가게 되었다. 진정한 나만의 꿈을 꾸고, 꿈을 이루는 삶을 살아가고 있다. 이것이 무엇으로 인해 가능했을까? 그것은 바로 '김태광'과의 '만남' 덕분이다. 이 만남을 통해 그의 책 제목과 같이 인생을 바꾸는 혁명이 일어났다. 당신도 이러한 엄청난 기회와 성장을 가져오는 김태광과 만나보지 않겠는가? 지금 당장 이 만남을 시도 하라!

06. 독서는 성공의 보증 수표다

어릴 적 나에겐 정말 많은 꿈이 있었고,
그 꿈의 대부분은 많은 책을 읽을 기회가 많았기에 가능했다고 생각한다.
- 빌 게이츠

노는 물을 바꿔야 성공한다

"책 읽는다고 모두가 성공하지 않지만 세상에서 성공한 사람들의 대부분은 독서를 했다."

이 이야기는 나를 다른 사람으로 만들었다. 내가 지금까지 책을 읽으면서 얻은 결론 중에 하나는 사회에서 성공하고, 자신만의 의미 있는 삶을 살아가며 사람을 살리고 사회를 변화시키는 위대한 사람들 모두는 독서광이라는 사실이다. 그들은 하나같이 독서에 열중하는 사람들이었다. 그것을 깨달으면서 나는 독서에 더 열을 올렸다.

　세계에서 다섯 손가락 안에 드는 부자이면서 가장 뛰어난 투자가 '워렌 버핏'은 어릴 때부터 도서관을 좋아하는 아이였다. 지금도 그는 독서광이다. 그는 "나는 아침에 일어나 사무실에 나가면 자리에 앉아 책을 읽기 시작한다."라고 고백한다. 성공한 사람 중 최고의 성공가라 불리는 빌게이츠는 "하버드 졸업장보다 소중한 것은 독서하는 습관이었다."라고 강연 때마다 이야기한다. 빌 게이츠는 지금도 평일 1시간 이상, 주말은 3~4시간 독서하고 있다. 제프 베조스, 스티브 잡스, 빌 게이츠, 워런 버핏, 마윈, 손정의 등 수많은 이들의 존경을 받고 성공한 리더들 중에 독서광이 아닌 사람이 없다. 그들의 성공이 '독서'에서 나온 것이라 말해도 그 누구도 반기를 들지 못할 것이다.

　지금까지 살아오면서 수많은 경험을 하고서 마음속 깊이 깨달은 사실 중 하나는 '노는 물이 달라져야 사람이 달라진다.'라는 사실이다. 즉 성공하는 사람들과 어울리면 성공하는 사람이 되고 실패하는 사람들과만 어울리면 실패하게 된다는 것이다. 만나는 사람을 바꾸지 않으면 지금의 인생을 바꾸기 힘들다. 많은 사람들이 성공하기를 바라면서 매일 자기와 같은 수준의 사람들만 만난다. 성공하기를 바라면서 매일 같은 친구를 만나고, 같은 직장 동료들을 만난다. 당신이 자주 만나고 이야기를 나누며 시간을 보내는 사람들은 어떠한 사람들인가? 자신만의 꿈을 꾸며 항상 겸손한 자세로 배우며 자신의 분야에서 뛰어난 실력을 발휘하는 성공자들인가? 아니면 아무 생각과 노력 없이 불평과 불만으로 삶을 낭비하는 그저그런 인생을 사는 실패자들인가?

성공하는 사람들은 왜 날마다 하는 일들에 성공을 하는 것이고, 가난한 사람은 왜 항상 실패하며 가난한 삶을 사는 것일까? 그들 간의 삶의 수준은 왜 그렇게 계속 벌어지는 것일까? 이유는 성공자들과 함께하고 있지 않기 때문이다. 성공자들과 어울리면 자연스럽게 그 사람들을 닮아간다. 자식이 부모를 왜 닮아가는가? 단순히 피가 같아서 부모의 생각과 행동을 닮아가는 것일까? 절대 아니다. 매일 부모를 보고, 부모가 하는 행동을 온몸으로 듣고 느끼기 때문이다. 폭력적인 부모 밑에서 자란 대부분의 아이들은 커서 그 부모의 폭력적인 모습을 닮아간다. 반면에 다정다감하고 사랑이 가득한 부모 밑에서 자란 아이는 성장해도 사랑이 가득하고 다정한 그 모습을 닮아간다.

누구와 어울리든 우리는 그 사람들을 닮아가기 마련이다. 지금이라도 당신과 대화하는 사람, 자주 만나서 생각을 나누는 사람들을 바꿔야 한다. 당신이 정말로 성공하고 싶고 삶을 바꾸고 싶다면 말이다. 정말 성공하고자 한다면 성공한 사람들과 함께해야 한다. 성공자들과 대화하고 그들과 밥을 먹고, 그들과 시간을 보내고 생각을 나눠라! 그것이 성공할 수 있는 진정한 비결이다.

책을 통해 성공자들과 어울리자

그런데 문제가 있다. 여러분이 지금 당장 그런 성공가들과 어울린다는 것은 현실적으로 불가능하다. 갑자기 모르는 당신이 찾아와 이야기 한 번 하고자 요청해도 그들은 당신을 만나주지 않을 것이다. 만나준다고 해도 많은 돈을 지불해야 할 것이다. 그런데 그렇게 큰돈을 들이지 않고도 그들을 만날 수 있는 좋은 방법이 있다. 그 방법은 바로 책으로 성공자들을 만나는 것이다. 성공자들은 대부분 독서광들이며 어느 정도 성공 궤도에 오르면 그들은 책을 써낸다. 우리는 그들의 책을 읽음으로써 그들과 대화를 나누고 그들에게서 가르침을 얻을 수 있다.

"1권의 책은 하나의 세상이다."라는 말이 있지 않던가? 사회에서 성공한 사람들은 자신의 인생의 굴곡진 이야기와 성공 스토리를 책에 담아서 출간한다. 그러한 책에는 성공을 이루기까지의 도전, 험난한 실패와 성취들로 이루어진 삶이라는 하나의 세상이 담긴다. 또 그들의 책에는 사업을 하며 고객들의 마음을 사로잡고 시장을 선도할 수 있었던 실질적인 성공 비결들이 담겨 있다. 성공자라는 '한 세상'이 책에 담겨진다는 것이다. 우리는 그 성공자들의 인생 이야기와 성공 스토리뿐만 아니라 그들만의 지

혜, 자세, 경험을 책을 통해 보고 배울 수 있다. 비싸야 2만 원 정도의 돈
으로 성공자와 만나 그들의 삶의 이야기와 성공 비결을 들을 수 있는 것이
다. 굉장한 이득 아닌가? 엄청나게 싼 가격으로 성공자와 만나는 최고의
방법이 바로 책을 읽는 것이다. 나는 이러한 책의 가치와 효율성을 깨닫고
놀라웠다. 한 권의 책을 통해 성공자들을 만나고 그들의 성공의 비법들을
깨달을 때마다 더 많은 책을 읽고 싶어졌다. 적은 돈으로 깨달음을 얻게
되고 사고가 성장하자 더욱 책 읽기에 욕심을 내게 되었다.

성공자와 직접적으로 보는 일시적인 만남은 도움이 될 수 있으나 그들
과 대화할 때 정리되지 못한 말들을 듣게 될 것이고 또 깊이 있는 대화를
나누기 쉽지 않다. 그런데 책으로 그 성공자와 만나게 되면 성공자의 삶과
지혜, 깨달음과 삶의 자세들 또 그가 겪은 수많은 시행착오들을 간결하게
정리된 글로 만나볼 수 있게 된다. 놀랍지 않은가? 그래서 책은 세상에서
가장 싼 최고의 수업이다.

책으로 성공자들을 만나는 것에는 또 다른 유익이 있다. 성공자들과의
일시적인 만남을 가질 때는 만남의 시간을 그들의 시간에 맞춰야 할 뿐만
아니라 대화할 때도 그들의 속도에 맞춰 이야기를 들어야 한다. 장소며 시
간이며 모든 것을 성공자에게 맞춰야 한다는 것이다. 반면에 책으로 성공
자들을 만나면 내가 원하는 곳에서, 원하는 시간에, 원하는 양으로, 원하

는 속도로 성공자들의 삶의 이야기와 지혜들을 배울 수 있다. 나는 이런 책의 엄청난 효율성을 깨닫고 "미친 거 아니야?"라고 탄성을 질렀다. 책으로 성공자들을 만나는 것은 저비용으로 엄청난 효과를 보는 것이다. 투자 비용에 비해 엄청나게 많은 이윤을 남기는 최고의 장사다. 세상에 이러한 엄청난 도구가 또 있을까?

독서하며 돈으로는 환산할 수 없는 성공자들의 지혜, 경험, 깨달음을 겸손히 배우며 사업하는 사람과 그저 자신의 얕은 생각과 경험으로 사업을 밀고 나가는 사람과는 결과가 같을 수가 없다. 어떻게 하다가 유명해지고 돈을 좀 벌어서 지금 당장은 잘되는 것 같고 성공하는 것 같아도 독서하지 않는 사업가들은 큰 성공을 이루지 못하고 멀리 가지 못한다. 지금은 뭔가 성공하는 것 같아 보이지만 금세 시장에서 사라지게 된다.

반면에 끊임없이 독서를 통해 겸손히 성공가들의 지혜, 깨달음, 노하우를 배운 사업가들은 날이 갈수록 고객들의 마음을 사로잡고 탄탄하고 건실한 사업체를 세워간다. 이 시대 수많은 성공자들이 독서가 성공의 보증 수표임을 고백한다. 꾸준히 독서하며 자신보다 더 큰 성공을 이룬 사람들에게 겸손히 배우는 사람들은 시행착오를 줄이고 대중들의 사랑을 받으며 빠르고 멀리 나아가게 된다. 그렇기 때문에 "책은 성공의 보증 수표다!"라고 말하는 것이다. 정말 세상에서 성공하고 싶다면 인생을 걸고 책을 읽어야 한다.

성공가들의 책을 탐독해라! 그들의 험난했던 시절의 이야기와 성공 스토리에 귀를 기울여라! 어떻게 그 고난과 역경 속에서 소비자들의 마음을 사로잡고 성공했는지 배워라! 그들의 성공 비법을 꺼내 자신의 것으로 만들어라! 성공자들과 어울리고 성공자들을 따라 하는 것이 성공의 큰 비결임을 깨달아야 한다. 그들이 펴낸 책을 읽음으로써 성공자들의 회사 직원들도 배울 수 없는 그들의 성공 비결의 사소한 것까지도 전부 자신의 것으로 만들어라! 나는 당신이 책이라는 '성공 보증 수표'를 절대 놓치지 않길 바란다. 이 성공이 보증되는 수표를 겸손히 붙잡고 끊임없이 나아간다면 후에는 크게 성공한 자신의 모습을 발견하게 될 것이다.

"책은 진정한 성공의 보증 수표다!"

07

'건물주'보다 더 가치 있는 꿈이 있다

당신의 상상 속에 어떠한 장애물도 두지 마라.

- 노먼 빈센트 필

이제는 건물주가 부럽지 않다

"너는 꿈이 뭐니?"

"꿈이요? 제 꿈은 건물주예요. 아버지 하시는 사업 물려받고 건물 하나 사서 편안하게 건물주로 살아야죠~."

복무할 때 학교에서 한 학생과 나눈 대화 내용이다. 그런데 이러한 이야기를 한 학생에게서만 들은 것이 아니다. 많은 학생들에게서 이러한 이야기를 들었다. 이 시대 초등학생부터 중학생, 고등학생들까지 너도나도 할 것 없이 꿈이 건물주가 되어버렸다. 아니 지금의 불안정한 시대를 살고 있는 모든 이들의 꿈일지도 모른다.

왜 어린이, 어른 상관없이 모든 사람들이 건물주를 꿈꾸는 것일까? 요즘 너나 나나 할 것 없이 먹고살기 힘든 시대라고 말한다. 집을 사는 것도 직장을 잡는 것도 결혼하는 것도 모든 것이 불안한 시대이다. 청년 실업은 날로 증가하고 있고 물가는 하늘 높은 줄 모르고 오르고 있다. 뉴스에서는 항상 경제 전망이 어둡다고 한다. 또 "요즘 경기가 너무 어려워."라는 말은 사람들 사이에서는 인사 같은 것이 되어버렸다. 이러한 불안한 사회적 분위기로 인해 사람들은 더욱 '안정'을 찾기 시작했다. 경제적 안정이 사람들 사이에서 가장 큰 관심과 화두가 되었다. 어느 때보다 지금은 '경제적 안정'을 삶의 핵심 가치로 중요시하고 있다.

건물주가 되기 원하는 그 핵심 이유는 결국 '안정'을 얻을 수 있기 때문이다. 모두가 건물주를 꿈꾸는 것은 큰일을 하지 않고도 비교적 편하게 '안정적인 소득'을 얻기 때문이다. 건물주가 되어 건물을 관리하며 세를 받는 것 자체를 즐기며 소명으로 삼는 사람들은 없을 것이다. 돈이 매달 따박따박 들어올 뿐만 아니라 해가 거듭할수록 건물(부동산)의 가치는 오른다. 물가 상승률은 따라올 수 없을 정도로 부동산의 가치는 하늘이 높을 줄 모르고 상승하는 추세다. 회사나 사업장에 나가 뼈 빠지게 일하는 것은 힘들고 불안하지만 건물 하나만 있으면 매달 돈이 일정하게 들어오고 건물의 가치는 올라간다. 건물을 통해 수익을 얻는 것은 사람들에게 경제적으로 큰 안정을 준다. 사람들은 결국 불안한 사회 속에서 그 '안정'을 가지기 위해 건물주를 꿈꾸는 것이다.

지금 한국에는 사람들 사이에서 '부동산 투자'가 엄청난 관심을 끌고 있다. 젊은이나 노인들 가릴 것 없이 너도나도 부동산에 관심을 갖고 투자에 뛰어들고 있다. 부동산 투자에 대한 관심과 열기가 퍼지는 것과 함께 "꿈 그런 것은 필요 없고 일단 돈만 안정적으로 들어오면 돼."라는 마인드가 사회에 널리 퍼지고 있다. 어떤 면에서는 이해가 가기도 한다. 청년들의 앞날도, 노년들의 미래도 불안정한 시대이기 때문이다. 물가는 계속 오르는데 월급은 눈에 띄게 오르지 않는다. 주위 부동산 있다는 지인들은 엄청난 시세 차익을 봤다고 하는데 마땅히 물려받은 땅이나 건물이 없는 자신의 모습을 보면 하찮게 느껴지고 미래에 대한 두려움이 몰려오기도 한다. 이런 시대에 부동산에 대한 엄청난 관심과 건물주를 꿈꾸는 것은 자연스러운 것일 수 있다. 하지만 순수한 어린아이들의 꿈과 삶의 목표가 '건물주'가 되어버린 것은 정말 안타까운 일이다. 단순히 경제적 '안정'만을 꿈꾸는 사회가 된 것은 너무나 안타까운 일이다. 부동산 열풍은 이런 사회 흐름을 나타내준다. 불안한 사회 속에서 많은 사람들은 이루고 싶은 자신만의 진정한 꿈이나 비전 같은 것은 가치가 낮다 여기고 그저 '경제적 안정감'만을 최고의 가치로 여기게 되었다.

집중적인 독서로 의식이 깨어나기 전에는 나도 건물주들을 부러워하며 동경했다. '우와~ 저 사람은 평소에 일 안 해도 돈이 들어오겠지? 한 달에 얼마나 들어올까? 나도 저렇게 부유하게 살아보고 싶다. 저런 건물주들은 맨날 놀고먹으며 살겠지?'라며 그들을 부러워했다. 또 그런 삶을 꿈꿨다. 그런데 책을 읽고 의식과 사고의 수준이 폭발적으로 성장하자 이전에 부러워하던 '건물주'들이 다르게 보였다. 책을 읽으며 정말 자신이 원하는 꿈을 이루고 전 세계를 다니며 세상에 영향력을 끼치는 멋진 사람들을 보니 경제적 안정에 빠져 정체되어 있는 대부분의 건물주들이 부러워 보이지 않았다. 생각이 달라진 것이다. 책에 나오는 위대한 사람들은 평범한 사람들과 다른 것들을 생각하며 꿈꾸는 사람들이었다. 단순히 먹고사는 가치보다 더 큰 가치를 위해 살아가며 세상을 변화시키고자 귀한 일들에 힘쓰고 있었다. 게다가 그런 사람들은 대부분 경제적인 자유도 누리며 살고 있었다. 이런 멋진 인생들에 비해 그저 하루하루 꿈과 소명 없이 건물 하나 가지고 먹고사는 것에 만족하며 뜻 없이 사는 많은 건물주들의 삶이 너무 평범하게 느껴졌고 가치 있어 보이지 않았다.

보통 사람들은 건물주가 되면 엄청난 돈을 번다고 생각한다. 맞는 말이다. 어떤 건물을 가지고 있느냐에 따라 다 다르겠지만 보통 직장인들의 월급 또는 그 이상을 번다. 보통의 건물주들은 보통 몇 백에서 많이 벌면 월 몇천만 원의 돈을 번다. 보통 사람들에게는 큰돈이다. 그러나 다른 시각으로 보면 그렇게 큰돈도 아니다. 성공한 사업가들과 꿈을 이루고 경제적인 자유를 누리며 사는 사람들의 관점에서 보면 보통 건물주들이 매달 버는 돈은 그렇게 큰돈이 아니다. 자신의 분야에서 두각을 드러내며 시장을 선도하는 사람들은 매달 건물주와는 비교할 수 없을 만큼의 큰돈을 벌어들인다. 건물 세금, 보수 비용 등을 따지면 큰돈을 버는 건물주들은 아주 극소수다. 그런데 자신만의 아이템과 지식, 경험을 가지고 사명으로 진정한 자기의 일을 하는 사람들은 하루에도 그러한 돈들을 벌기도 한다. 게다가 그러한 사람들의 몸값은 날이 갈수록 높아진다. 건물주가 그렇게 매력적이지 않다는 것이다. 모두가 이 불안한 시대에 건물주가 해답이라 생각하지만 꼭 그렇지 않다.

건물주보다 가치 있는 삶으로

미친 듯이 독서를 하며 깨달음을 얻고 나 자신을 볼 수 있었다. 나를 돌아보면서 내 생각이 단순히 건물 하나 사서 일정한 돈을 버는 것에 멈춰 있었다는 것을 발견했다. 그저 돈이나 많이 벌고 자유롭게 놀러 다니며 사는 것이 나의 삶의 목표였음을 보게 됐다. 나만의 꿈을 찾고 귀한 가치를 실현하며 값지게 사는 삶이 아니라 그저 안정적이며 여유로운 그런 건물주의 삶을 꿈꾸며 살아왔던 것이다. 그것을 진지하게 깨닫고 나서는 아무런 꿈과 뜻 없이 한 달에 몇 백, 몇 천만 원 버는 것에 매여 있으면 안 되겠다는 생각을 하게 됐다.

'나는 고작 월 몇 천만 원에 안정감을 느끼며 정체된 삶을 살고 싶지 않아!', '정말 내가 원하는 꿈을 이루고 귀한 가치들을 실현하며 살아갈 때 나는 월 몇 억 아니 월 몇 십억을 벌수 있고 또 사회에 선한 영향력을 끼칠 수 있어!'

나는 충분히 그런 값지고 뜻 있는 인생을 살 수 있다고 생각했다. 자신의 꿈과 소명 없이 그냥 잘 먹고 잘사는 건물주가 아니라 그것보다 높은 가치를 추구하는 귀한 인생을 꿈꾸게 되었다.

불안한 세상에서 당신의 꿈은 그저 '안정된 삶'인가? 그러면 큰일을 할 수 없다. 정말 세상에서 자신이 원하는 일이나 가치 있는 일을 할 수 없다. 안정됨에 함몰되어버리기 때문이다. 의미 없이, 뜻 없이 골프만 치고 돈만 쓰며 보내는 그런 정체된 인생을 살고 싶은가? 나는 단순히 여러분의 귀한 삶이 거기서 멈추지 않길 바란다. 나와 당신에게는 더 큰 가능성이 있다. 한 사람 한 사람 안에는 그 사람만의 재능과 가능성들이 담겨 있다. 자신만의 꿈과 재능을 발견하고 그것에 자신의 모든 것을 쏟는다면 반드시 그 분야에서 성공하며 세상에 선한 영향력을 끼치는 의미 있는 삶을 살 수 있다. 그러한 삶에 경제적 자유는 자연스럽게 따라오게 될 것이다.

건물을 사지 말라는 이야기가 아니다. 단순히 건물주에서 당신의 삶을 멈추지 말라는 것이다. 그저 돈 좀 모으고 맛있는 음식을 먹고 골프만 치러 다니는 그런 삶이 아니라 더 큰 가치를 추구하고, 높은 뜻을 품고 선한 영향력을 끼치며 살아가라는 것이다. 자신만이 할 수 있는 그런 진정한 꿈을 찾고 그것을 실현하며 세상도 살리는 그런 값지고 귀한 인생을 살길 바란다. 그저 월세 많이 받아서 먹고 놀며 살기에 우리 인생은 너무 값지고 소중하다. 존귀한 인생을 그렇게 '안정'이라는 테두리 안에서 육신의 만족만 누리며 낭비할 순 없다. 대우그룹 고 김우중 회장님의 "세상은 넓고 할 일은 많다."라는 말씀처럼 세상에는 재미있고 귀한 일들이 많이 있다. 그저 월세 받아서 먹고 노는 일보다 가슴을 뛰게 하는 일들이 세상에는 많이 있다.

매달 월세 받으며 안정적으로 사는 건물주! 거기에 머물지 말고 자기 자신 안에 있는 재능과 꿈을 찾고 더 가치 있는 꿈을 꾸어라! 내가 정말 좋아하고 잘하는 일을 하며 사람을 살리고 시대를 변화시키는 그런 값진 삶을 꿈꿔라! 그런 원대하고 세상을 옳은 방향으로 만들어가는 큰 꿈을 꾸며 사람을 살리고 세상을 살리는 그런 삶을 함께 살아가자! 나는 오늘도 빌딩을 지나며 먹고 노는 것에 삶이 멈춰 있는 건물주들에게 속으로 고백한다.

"고작 꿈이 건물주야?"

08. 생각의 수준이 인생의 수준이다

인간의 정신은 투쟁을 통해 강해진다.
- 윌리엄 엘러리 채닝

삶은 생각의 수준을 따라간다

"생각의 수준이 인생의 수준이다."

나는 수많은 책을 읽으면서 이것이 진리임을 깨달았다. 최고의 지혜자라고 하는 솔로몬은 잠언 23장 7절에서 "대저 그 마음의 생각이 어떠하면 그 위인도 그러한즉"이라고 말했다. 사람이 마음속에 품고 있는 생각 그 자체가 바로 그 사람이라는 것이다. 지금의 인생은 지금까지 해왔던 행동들로 인해 만들어진 결과물이다. 그런데 지금까지의 행동은 생각으로 인해 생겨난 현상이다. 생각이 행동을 만들고 행동이 인생을 만든다는 것이다. 결국 어떤 삶이든 자신 안에서 계속해서 해오던 생각이 실제 삶이란 결과로 나타난 것이다. 어떤 생각을 하며 사는가가 그 사람 자체라고 말할 수 있다.

사람은 자신이 생각하는 대로 만들어진다. 자기 자신에 대해 '나는 집도 가난하고 교육도 제대로 받지 못했어. 능력도 없고 좋은 회사에는 취직할 수 없을 거야. 앞으로 험난한 인생을 살 것 같아.'라며 부정적인 생각을 가지고 산다면 그 생각에 따라 계속 가난하고 아무런 발전 없이 힘든 인생을 살게 된다. 반면에 '나는 존귀한 존재야! 내 안에는 가능성이 있어! 내가 열심히 노력하면 얼마든지 내가 원하는 일을 하며 풍요로운 삶을 살 수 있어.'라는 생각을 가지고 사는 사람은 정말로 어려움을 극복하고 미래에 그러한 눈부신 성공한 인생을 살게 된다. 자신이 품은 생각들이 자신의 미래를 만들어가는 것이다. 결국 인생의 수준이 생각의 수준과 동일한 것이다.

세계 최대 도시락 회사를 운영하며 수천억의 자산가가 된 김승호 회장은 『생각의 비밀』이라는 책에서 "나라는 존재는 그동안 내가 생각해온 결과물이다. 내가 지금 가진 것이나 내가 지금 얻은 모든 것은 모두 내 생각의 결과물이다."라고 말했다. 자신이 그동안 해왔던 생각이 결국 성공한 자신을 만들었다고 고백한다. 수많은 실패를 경험하며 생각을 바꿨고 변화된 생각이 결국 성공으로 이끌었다는 것이다. 김승호 회장은 생각이 인생을 만들어간다는 사실을 깨달았던 것이다.

생각의 수준을 높이지 않으면 지금의 삶의 수준에서 절대 나아질 수 없다. 당신이 인맥을 이용할 수 있는 것도 잠시다. 부모의 덕을 볼 수 있는 것도 잠시다. 당신의 생각의 수준이 밑바닥이라면 당신이 지금 어느 위치에 있든 얼마의 돈을 가지고 있든 그것들은 그리 오래가지 못할 것이다. 얼마 가지 않아 당신이 품고 있는 생각의 수준에 따라 삶의 수준은 내려가게 될 것이다. 삶의 모든 영역은 그 사람의 '생각의 수준'을 따라가게 되어 있다. 그렇기 때문에 생각의 수준을 키워야 한다. 의식과 사고를 성장시켜 높은 수준의 생각을 하며 살아간다면 삶은 자동적으로 그 생각의 수준을 따라가게 된다. 마음과 생각 등의 내적인 측면에서부터 경제적인 삶의 외적인 측면에 이르기까지 삶의 수준은 그 사람의 생각의 수준에 따라 결정된다. 그러니 의식과 사고의 수준을 지금과는 다르게 완전히 바꿔야 한다. 책을 통해 통찰력을 얻고 사고의 큰 성장을 경험하며 생각의 수준을 끌어올려야만 한다. 생각의 수준이 곧 인생의 수준이기 때문이다. 생각의 수준이 낮으면 결코 높은 수준의 인생을 살 수 없다.

독서는 인생의 수준을 높인다

"당신은 어떤 수준의 인생을 살고 있는가?"

나는 책을 읽기 전 이러한 질문도 하지 않고 살았다. 그런데 책을 통해 내가 지금까지 만날 수 없었던 위대한 사람들의 생각과 가치관을 만나면서 이러한 질문을 하기 시작했다. 책을 읽으며 내가 낮은 수준의 생각들을 하며 살았는지, 얼마나 초라하고 낮은 수준의 사고에 머물러 있었는지 자각할 수 있었다. 지금의 나라는 존재는 내가 지금까지 해온 생각의 결과라는 사실을 깊이 깨닫고 나를 돌아보게 되었다. 그래서 책에 나오는 세계 여러 위인들과 이 시대를 이끄는 리더들의 생각의 수준을 따라가고 싶었다. 이전과 다른 수준의 것을 꿈꾸며 생각하는 나로 변화되고 싶었다. 그래서 미친 듯이 책을 읽고 또 읽었다. 그렇게 책을 통해 생각의 크기와 깊이를 키워나갔다.

많은 사람들은 삼성의 이건희 회장, 엘지의 구본무 회장, 롯데의 신격호 회장 같은 사람들이 단순히 돈만 많은 부자라고 생각한다. 나도 이전에는 성공한 부자들과 나의 차이는 오롯이 가지고 있는 돈의 차이인 줄만 알았다. 부자나 일반 사람이나 사람이 생각하는 것이 다 거기서 거기라고 생각했다. 사고와 의식이 바뀌기 전까지 세상의 부자들은 돈 버는 것에만 관심이 있는 속물, 나약한 노동자들을 이용해 돈만 버는 그런 돈의 노예라고만 생각했었다. 하지만 그들의 인생과 가치관이 담긴 책을 읽고 이 시대 성공한 부자들에 대한 생각이 완전히 바뀌었다.

그들과 나 같은 평범한 사람들과의 차이는 단순히 가진 돈의 차이가 아님을 깨달았다. 돈의 차이와는 비교할 수 없는 큰 차이가 있다는 것을 깨달았다. 그것은 그들과 나와의 '생각의 차이'였다. 이 사실을 책을 통해 절실히 깨달았을 때 뒤통수를 얻어맞는 것 같았다. 그들과 나의 재산의 차이는 최소 1조원이 넘을 것이다. 엄청난 금액이다. 그런데 그 엄청난 돈의 차이보다 그들과 나의 생각의 차이가 더 크다는 것이었다. 통장 잔고의 차이보다 그들이 가지고 있는 의식과 사고의 수준이 내가 가지고 있는 것과는 비교할 수 없이 크다는 것을 알게 됐다. 나는 이 사실을 깨닫고 너무 두려웠다. '그들과 나와의 차이가 그렇게 크다고?' 내가 너무 초라해 보였다. 그래서 그들 앞에 어느 정도 견줄 수 있는 그런 사람이 되고 싶어 더욱 미친 듯이 책을 읽었다.

그들의 책을 읽으며 그들은 일반 사람들과는 다른 생각을 하며 살아간다는 것을 깨달았다. 엄청난 충격을 받으며 그들의 생각의 수준 앞에 겸손해졌다. 그들은 나와 똑같은 세상에서 똑같은 시간 가운데 살아가지만 내가 보는 것보다 훨씬 깊고 넓은 것들을 보고 판단하며 살고 있었다. 세상과 사람 또 시대를 보는 눈이 나와는 엄청난 차이가 있었다. 그러한 성공하고 부자가 된 사람들은 일반 사람들과 같은 수준으로 생각하는 사람들이 아니었다. 눈앞의 이익만을 좇지 않고 멀리 내다보며 생각하는 사람들이었다. 인생의 고난과 아픔을 대하는 그들의 자세도 남들과 같지 않았다. 힘든 상황 앞에서도 도전하는 용기는 세계적이었다. 그들이 가지고 있는 돈이 아니라 그들의 생각의 수준을 따라가고 싶어졌다. 나는 내 생각의 수준이 너무나 작음을 깨닫고 그들의 사고의 수준을 좇아가고 싶어 더 미친 듯이 책을 읽었던 것이다. 난 돈 얘기를 하고 싶은 것이 아니다. 생각의 수준만큼이 딱 그 사람의 인생의 수준이라는 말을 하고 싶은 것이다.

시대를 이끄는 리더들과 성공자들은 그만한 수준 높은 생각을 가지고 있기에 그 자리에 오른 것이다. 세계의 최고의 부자들은 어쩌다 그런 돈을 벌게 된 것이 아니라 세계 최고의 부자 마인드와 생각을 가지고 있었기 때문에 그렇게 돈을 벌고 성공하게 된 것이다. 절대 그만한 생각이 따라오지 않으면서 큰 부자가 되거나 세계를 이끄는 훌륭한 리더가 될 수 없다. 생각의 수준이 인생의 수준임을 깨달아야 한다.

보통 사람들과는 다른 수준의 인생을 살아왔던 세계 여러 위인들과 리더들 중에 독서하지 않은 사람은 없다. 모두가 집중적인 독서를 통해 그 자리에 오른 사람들이다. 유럽을 정복한 위대한 나폴레옹은 전쟁터에 나갈 때 대포만이 아니라 많은 책들을 가지고 다녔다. 그는 전쟁 때 수많은 책과 사서 그리고 학자들까지 데리고 다녔다고 한다. 그만큼 그는 엄청난 독서광이었다. 가난한 농부의 아들이었고 여러 번의 사업 실패를 겪고 17년 동안 빚을 갚으며 살다 존경받는 미국의 대통령이 된 링컨은 누구도 따라올 수 없는 독서광이었다. 독서로 생각의 넓이와 깊이를 키운 사람들은 일반인들과는 전혀 다른 수준의 삶을 살아간다. 독서를 통해 생각의 수준을 일반인들과 다른 수준으로 끌어올린 이들만이 세계를 이끄는 리더와 성공자가 될 수 있는 것이다.

지금과는 완전히 다른 수준의 인생을 살 수 있는 비결은 결국 독서하는 것이다. 의식과 사고의 수준이 곧 인생의 수준이기 때문이다. 끊임없는 집중 독서만이 의식과 사고의 수준을 높일 수 있다. 인생을 건 독서만이 당신의 생각을 바꿀 수 있다. 결국 집중적인 독서만이 인생의 수준을 높일 수 있는 답이라는 것이다. 생각의 수준을 높이는 것이 지금과는 다른 눈부신 인생으로 나아가는 비결임을 잊지 마라! 생각의 수준이 곧 인생의 수준이다!

10대, 지금은 내일을 준비할 시간
노명화, 푸른영토, 2014

고등학교 교사인 노명화 저자는 함께 생활하는 10대들에게 지금 현재 자신들에게 주어진 시간이 인생에 있어서 절호의 '기회'라는 사실을 알려주고, 인생의 기회를 놓치지 말고 자신의 꿈을 찾아 이루어나가기를 간절히 소망하고 있다. 미래에 대한 설계가 없는 10대에게 10년 후의 자신의 모습을 바라보게 하는 '꿈을 위한 공부의 중요성'을 말하고 있다. 학교 시험만을 위한 공부가 아니라 자신의 꿈을 위한 공부를 해야 한다고 말해주고 있다.

"행동하지 않고 머릿속으로 꿈만 꾼다고 해서 이루어질 거라는 착각은 하지 마라. 그대가 진정으로 원하는 꿈을 이루기 위해서는 노력과 행동은 필수다. 자신이 처한 현실에 불만 가득한 얼굴로 모든 것을 남 탓, 시대 탓으로 돌리며 살지 마라. 사람들이 살아가는 세상은 늘 불평등했다."

뜨끔했다. 내 마음을 들여다 보고 훈계해주는 것 같았다. 남 탓, 부모 탓, 시대 탓하며 지금의 상황이 내 운명이라며 포기하고 있던 나를 다시 일으켜 세워주었다. 이 구절을 보고 남 탓하는 것을 그쳤다. 포기하고 내려놓은 삶을 다시 붙잡아 열심히 운명을 바꾸고자 뛰는 사람으로 바뀌었다.

'미래'라는 것에 대한 아무런 준비도 하지 않고 되는 대로 살아가던 내가 이 책을 만나고 나서 미래를 꿈꾸며 준비하는 사람이 되었다. 앞으로의 인생을 어떻게 꿈꾸고 준비할지에 대해서 생각하게 해준 책이며 나 자신에게 집중하고 진정한 나를 발견할 수 있도록 도와준 책이다. 사회에 나갈 준비를 하는 10대, 뭘 할지 방황하는 20대, 직장에 다니지만 회의감에 빠져 있는 30대, 40대 모두에게 필요한 책이라고 생각된다.

3장

미친 독서로 얻은 내 삶의 무기 8가지

01. 사고가 확장되다
남들이 1을 생각할 때 10을 보라

> 어떤 생각에 동의하지 않고도 그 생각을 해볼 수 있는 것이
> 교육받은 사람의 특징이다.
> - 아리스토텔레스

당신에게는 어떤 무기가 있는가?

미국이라는 나라는 세계가 인정하는 단연 최고의 강대국이다. 경제, 군사, 예술, 의료 등 많은 분야에서 세계를 지배하고 있다. 왜 미국이란 나라를 세계를 지배하는 최고의 나라라고 하는지 아는가? 항공모함과 전투기, 핵무기 등 세계 어느 나라와도 비교할 수 없는 세계 최고의 무기를 가지고 있기 때문이다. 미국이 지금까지의 크고 작은 전쟁들에서 승리할 수 있었던 이유도, 세계 최고의 1등 강대국이 된 이유도 강력한 군사적 무기를 가지고 있어서다. 지금의 21세기의 전쟁은 무기 싸움이다. 누가 전쟁

에서 이기느냐는 가진 무기가 얼마나 강력하냐에 달려 있다. 전쟁에서 승리하려면 '무기'가 좋아야 한다. 강력한 무기를 가지고 있느냐에 따라 전쟁의 승패가 결정되는데 이 원리는 전쟁에서뿐만 아니라 전쟁과도 같은 우리 인생에서도 똑같이 적용된다. 우리의 삶에서도 성공하고 승리하기 위해서는 강력한 삶의 무기를 가져야 한다. 인생에서의 승리와 패배도 강력한 무기가 있는가 없는가에 달려 있는 것이다.

지금 시대는 단순히 열심만으로 승부할 수 있는 시대가 아니다. 세상 사람 모두가 치열하게 열심히 살고 있기 때문이다. 단순히 '열심' 같은 뻔한 무기로는 인생이란 치열한 전쟁에서 승리할 수 없다. 열심은 기본이다. 전쟁 같은 치열한 삶을 확실한 승리로 이끌기 위해서는 열심 외에 강력한 무기가 필요하다!

책은 치열한 이 시대에 우리의 삶을 승리로 이끌 강력한 무기가 된다. 역사의 수많은 위대한 사람들이 이것을 증명했다. 수많은 성공자들과 시대의 위인들이 책을 삶의 무기로 만들어 전쟁 같은 삶 속에서 최고의 승리를 거두었다. 책은 삶을 승리와 성공으로 이끄는 강력한 무기임에 틀림없다. 그런데 이러한 삶의 강력한 무기가 되는 책이 누군가에게는 그저 라면의 냄비 받침으로 사용되는 것을 볼 수 있다. 책이 누구에게나 인생의 승리를 가져다주는 무기가 되지 않는다는 것이다. 그렇다면 어떻게 해야 책이 우리의 삶을 승리로 이끌 강력한 무기가 될 수 있을까? 책이 삶의 무기가 되기 위해서는 독서를 통해 '사고의 확장'을 경험해야 한다. 독서로 사고의 확장과 의식 성장이 이루어질 때 책은 삶의 무기가 된다.

책을 읽으면 익숙한 생각에서 벗어나 낯선 수많은 사람들의 생각과 만나게 된다. 그렇게 많은 이들의 생각을 접하면 우리의 사고는 깊어지고 넓어진다. 남들이 생각할 수 없는 범위로 생각하게 되고 보통 사람들이 생각하는 것보다 깊은 것을 생각하게 된다. 책이라는 것은 일반인들과는 차원이 다르게 깊이 생각하고 사색하며 연구한 사람들의 치열한 고민과 탐구의 흔적이다. 저자가 평생 동안 삶에서 깨달은 지식과 경험, 지혜들이 압축되어 담긴 것이 책이다. 이러한 책을 통해 우리는 다양한 지식을 얻게 되고 다양한 분야에 있는 수많은 사람들의 생각들을 보게 된다. 그러면서 자신만의 가치관과 사고의 틀을 가지게 되고 좁은 의식과 사고는 폭발적으로 성장한다. 단기간에 집중적으로 많은 책을 접하게 되면 좁은 사고는 크게 확장되고 의식에는 혁명이 일어난다.

세계 최대 도시락 회사를 세우고 자산이 4,000억이 넘는 김승호 회장은 어린 시절 조용하고 내성적인 아이였다. 존재감 없는 학생이었다. 그에게 관심을 준 한 선생님을 통해 그는 책을 접하게 된다. 그를 교무실로 부른 선생님은 『무기여 잘 있거라』, 『사회계약론』 등 121권의 도서 목록이 적힌 종이를 건네주셨다. 책이라곤 읽어본 적 없던 소년은 그 이후로 1년 동안 그 책들을 전부 다 찾아 읽었다. 책을 읽다 보니 하고 싶은 게 생기고 생각의 폭도 넓어졌다.

그렇게 지금의 성공한 CEO가 된 그는 말한다.

"(미친 듯한 독서를 통해) 생각하는 능력이 생기자 사업가가 되고 싶다는 꿈이 생겼어요. 선생님의 관심 하나가 한 사람의 인생을 바꾼 거예요. 미국에 이민 올 때도 이 책들은 챙겨 왔어요. 지금까지도 간직하고 있죠."

그는 그렇게 미친 듯한 독서를 통해 사고의 폭을 엄청나게 키웠기에 수많은 시련들을 이겨내고 지금의 세계적인 도시락 기업을 세울 수 있었던 것이다. 김승호 회장은 지금도 지독한 독서광이다. 아무리 바빠도 매년 60권의 책을 읽는다. 화장실, 소파, 책상, 침대 머리맡 등 그의 손길이 닿는 곳에는 언제나 책이 있다.

사고의 확장은 모든 면에서 영향을 끼친다

지금 가지고 있는 좁은 의식과 사고의 수준으로는 큰일을 하거나 나만의 삶을 계획하고 꿈을 이루는 행복한 삶을 살기가 어렵다. 독서를 통해 이전의 좁은 사고를 던져버리고 사고의 확장을 이루어야 한다. 독서를 통해 사고가 확장될 때 전쟁터 같은 경쟁 시대에서 독보적으로 살아남고 자신만의 눈부신 인생을 살아가게 된다. 우물 안 개구리로 살지 않으려면 독서로 의식과 사고의 확장을 이루어야 한다. 수많은 생각들과 마주하고 넓은 세계를 경험하며 끊임없이 깊이 생각하고 세상과 자기 자신을 성찰하면 생각의 수준은 기하급수적으로 높아진다. 수준 높은 생각들과 세상을 보는 깊은 통찰들을 보게 되면 이전의 사고의 수준에 머물러 있을 수 없게 된다. 책은 당신의 사고의 힘을 키워주고 사고의 폭을 확장시켜준다. 목숨을 건 독서는 당신의 생각의 수준을 이전과는 완전히 다르게 끌어올려 줄 것이다.

요즘 인문학이 중요하다고 하니 한국 학부모들은 두꺼운 인문학 책을 아이들에게 한 뭉치 사다준다. 거기서 그치지 않고 플라톤은 몇 년에 태어났고 아리스토텔레스는 어떤 사상을 가지고 있고 무조건 달달달 외우게 시킨다. 인문학도 단순 암기의 대상으로 전락시켜버린다. 단순히 책 속의 지식을 외우는 것만으로는 사고의 확장을 경험할 수 없다. 무조건 어떤 정보를 외우려고 하지 말고 책을 읽으며 다양한 생각을 하도록 해야 한다. 책은 단순히 달달 외우기 위한 교과서가 아니다. 책은 생각하고 사고하는 '사고의 장'이며 생각하는 연습장, 생각과 생각이 싸우는 전쟁판이다. 그저 내용을 외우면서 읽는 것이 아니라 저자의 생각에 대해 질문하고 고민하고 사색해야 한다. 그렇게 고민하고 의심하고 질문할 때 생각하는 힘은 길러진다.

책을 단순히 많은 지식을 외우는 도구로 그 가치를 떨어뜨려서는 안 된다. 독서를 통해 단순 지식을 많이 아는 것이 중요한 것이 아니다. 책에서 저자가 하는 주장과 생각들을 가지고 깊은 고민과 성찰을 하는 것이 중요하다. 그럴 때 책을 읽으면서 우리의 사고는 크게 확장되고 책이 삶을 바꾸는 강력한 무기가 되는 것이다.

독서하면 많은 분야의 방대한 지식들이 쌓인다. 거기에 자신의 사색과 성찰들이 쌓일 때 사고의 확장이 일어난다. 가지고 있는 많은 지식들이 서로 융합되고 자신의 생각이 더해져 사고는 폭발적으로 성장하게 된다. 이러한 폭발적인 성장을 경험하기까지 1년이란 시간을 채워야 한다. 포기하지 않고 독서의 임계점을 넘을 수 있어야 한다. 책을 읽으면 생각의 지평이 넓어지고 사고의 수준은 깊어진다. 우리는 책을 통해 단순 지식 습득만이 아니라 사고의 확장·의식의 전환을 경험할 수 있다. 책이 우리 강력한 삶의 무기가 되는 것이다!

독서로 사고가 크게 확장되면 어떤 변화들이 찾아올까? 의식과 사고가 확장되고 깊어지면 인생은 차원이 다르게 변하기 시작한다. 보통 사람들과 다른 생각을 하게 되고 남들이 생각하지 못하는 것들을 생각할 수 있게 된다. 남들이 보지 못하는 것을 보고 남들이 꾸지 못하는 남다른 꿈들을 꾸게 된다. 남들이 1을 생각할 때 10을 볼 수 있는 사람이 된다. 멀리 내다보고 큰 관점에서 삶과 세상을 바라보게 된다. 위에서 미친 듯한 독서를 통해 사고의 폭을 넓혔던 세계적인 기업가 김승호 회장은 『생각의 비밀』이라는 자신의 책에서 이런 말을 했다.

"매장 10개 가진 회사가 매장 300개를 꿈꾸면 누군가는 비웃고 누군가는 흥분한다. 도시락을 팔아서 대기업이 될 수 있다 말하면 누군가는 돌아서고 누군가는 상장을 생각한다."

놀랍다! 책에 빠졌던 그가 어떤 수준의 사고를 하며 살아가는지 알 수 있는 말이다. 그는 책을 통해 많은 생각들을 경험했기에 남들보다 더 많은 것을 보게 되고 더 깊은 것을 생각하게 되었다. 그렇게 크게 확장된 사고력으로 1개의 매장을 10개, 100개, 300개 지금은 전세계 1300개 이상의 매장으로 성장시켰다. 남들이 내일을 바라볼 때 책을 읽고 사고가 확장된 사람은 1년, 10년 후를 바라보는 눈이 생긴다. 일반인들이면 10개면 엄청난 성공이라고 만족하며 앞으로 더 전진하지 않고 안주했을 것이다. 그런데 독서광인 김승호 회장은 300개의 매장을 바라보고 달리고 있었다.

독서할 때 우리의 의식은 커지고 사고는 눈에 띄게 확장된다. 무엇을 볼 때 이전과 다른 생각들을 떠오르게 하고 현상과 사물에 대한 본질을 볼 수 있는 통찰력을 주는 것이 바로 책이다. 사고가 확장되면 시련과 역경을 보는 눈이 달라진다. 사고가 확장되고 의식이 커지면 내게 닥쳐오는 시련과 역경도 다른 관점에서 보게 된다. 고난과 역경을 자신을 성장시켜줄 배움의 도구라고 생각하며 더 큰 성공을 위한 발판이라 생각하며 그 어려움을 잘 통과할 수 있게 된다.

사고의 확장은 사업, 공부, 관계 등 삶의 모든 면에서 영향을 끼친다. 그 사고의 확장은 결국 집중적인 독서로 가능한 것이다. 책으로 사고의 확장을 경험하여 남다른 의식과 생각을 가지고 사는 사람들은 세계적인 인물이 되고, 세계적인 부자가 되고, 선한 영향력을 끼치는 위인이 된다. 집중적으로 독서해라! 몰입하여 책에 빠져들자! 책을 통해 생각의 크기를 키워라! 사고의 확장을 경험하라! 지금과는 다른 인생을 살게 될 것이다. 독서로 의식과 사고의 확장을 경험할 때 책은 삶의 무기가 된다.

02. **지혜를 배우다**
책은 머리가 아니라 가슴에 담아라

내가 가진 감각들이 아니라, 그것으로 하는 무엇인가가 나의 세계다.
- 헬렌 켈러

머리에만 담긴 책은 오만을 부른다

어릴 적 주위에 책을 많이 읽고 공부 잘한다는 친구들 중에 거만한 친구
가 많았다. 그들은 주위 친구들을 배려하지 않는 이기적인 아이들이었다.
간혹 가다 배려심이 있고 성품이 좋은 친구가 있었지만 책을 많이 읽고 공
부를 잘했던 대부분의 친구들은 오만하고 친구들을 얕보며 자기만 잘난
줄 아는 그런 아이들이었다. 그래서 책 많이 읽고 공부 잘하는 친구들 중
에 일명 '밥맛'이라는 친구들이 많았다. 여러분들도 그런 경험들이 있지 않
은가? 학창 시절 이러한 경험들이 한 번쯤 있을 것이다.

때가 타지 않은 어린 나이였던 그들이 왜 그렇게 행동했을까? 남들보다 많이 책을 읽고 배웠던 아이들은 왜 남들을 배려하지 못하고 그러한 이기적이며 오만한 아이들이 됐을까? 그것은 그들이 책을 머리에만 담았기 때문이다. 세종대왕은 어떤 사람이고 위인의 출생연도는 이렇고 철학자들의 사상은 저렇고 이런 단순 지식을 암기하는 독서를 했기 때문이다. 책에는 많은 지식들이 들어 있는데 그것을 머리에만 담으면 사람이 교만해진다. 자기가 뭘 많이 안다고 생각하고 딴 사람보다 우월한 사람이라고 착각한다. 이것이 독서하는 수많은 사람들이 저지르는 실수이다. 단순 지식만 머리에 담기면 이렇게 된다. 독서한다는 사람 중에 그저 책의 내용을 지식적으로 머리에 담는 경우가 허다하다. 이렇게 독서해서는 책이 삶의 무기가 될 수 없다. 사람들에게 피해를 주고, 상대방에게 적대감을 일으키고 사람들의 비난의 대상이 될 수도 있다. 삶을 망치는 도구가 될 수도 있는 것이다. 책을 머리에만 담으면 이러한 결과들이 발생된다. 단순 지식만을 얻는 독서를 했기 때문이다.

항간에 뉴스들을 보면 교수들이 제자가 쓴 논문을 자신 아들의 이름으로 바꿔서 발표한다든지, 학생들을 성추행하고 성적인 모욕을 주는 말을 서슴지 않게 하여 처벌을 받는 일들로 떠들썩하다. 고위 공직자들 사이에서는 자신들의 지위를 이용해 자식들과 친척들에게 개발 정보들을 알려주며 부동산을 취득하여 이득을 남기는 악행이 자행되고 있다. 그것뿐인가? 지위를 이용해 기업들에 자녀들을 특혜 채용시키는 부도덕적인 일들도 밝혀지고 있다.

　사회의 지식층이라는 이들이 왜 이러한 사회적, 도덕적 문제들을 일으키는 장본인들이 됐을까? 그들이 책을 덜 읽었기 때문일까? 학창 시절 강남의 유명한 학원들을 덜 다녀서일까? 아니다! 남들보다 수많은 책을 읽었지만 책의 내용을 단순히 지식으로 머리에만 쌓았기 때문이다. 책을 가슴에 담지 않았던 것이다. 그들에게 책은 단순한 지식 전달의 도구였던 것이다. 책을 읽었지만 가슴으로 깨닫지 못했고 그 깨달음과 통찰들이 삶의 태도와 자세로 이어지지 않은 것이다. 책을 통해 마음에 부딪혀오는 깨달음을 붙잡아야 했다. 책의 가르침을 마음으로 느끼고 그대로 실천했어야 했다. 정직해야 하고 나만의 유익이 아닌 공동체 모두를 생각해야 하고 상대방을 존중해야 한다는 사실을 그들은 책을 읽고 머리로는 잘 알고 있을 것이다. 그러나 그 지식들이 깨달아져서 가슴에 담기지 않았다는 것이다. 책은 머리가 아닌 가슴에 담아야 한다. 그래야 책에서 주는 지식과 지혜와 깨달음들을 삶에서 행할 수 있게 되는 것이다. 지식은 사람을 행동하게 하지 못한다. 가슴에 부딪혀오고 깨달아진 것만이 사람을 행동하게 한다. 지식이 아니라 지혜를 얻기 위해서 책을 머리가 아닌 가슴에 담아라!
　머리에 담는 독서는 책에 대해 부정적인 인식을 갖게 하고 책으로 누릴 수 있는 유익들을 누리지 못하게 한다. 책으로 얻을 수 있는 귀한 것들을 가로막는다. 한국 공교육은 어릴 때부터 아이들이 책을 가슴이 아닌 머리에만 담게 강요한다. 학창 시절부터 교과서와 책의 내용을 달달 외우게 한다. 실제로 시험문제가 책의 단순 내용만 외우면 되는 문제들이다. 책이라는 것이 시험문제를 잘 맞추기 위한 도구이고 숙제의 대상으로 인식하게 한다. 책의 즐거움과 맛을 보지 못한 아이들에게 책을 그렇게 인식시키고 있는 것이다. 어릴 때부터 책에 대한 부정적인 이미지를 심어주고 있는 것이다.

한국의 공교육뿐인가? 한국의 학부모와 학원은 책을 그저 논술 시험을 위한 도구로 만들어버린다. 학부모들은 책이 중요하다는 이야기를 듣고 아이들에게 두꺼운 책을 사다주며 읽게 한다. 입시에 좋다고 하며 입시를 위한 책 읽기를 시킨다. 아리스토텔레스는 몇 년도에 태어나서 무슨 주장을 했고 플라톤은 언제 태어나 몇 년도에 죽었고 어떤 주장을 했는지 달달 외우게 한다. 아예 처음부터 머리에만 담기 위해 책을 읽는 것이다. 책에 대한 즐거움과 맛을 느끼지 못한 상태에서 학생들에게 입시용 도구로 책을 읽게 하면 어떻게 될까? 학생들은 책이라는 것이 좋은 대학에 들어가기 위해 읽어야 하는 것이고 무조건 많이 외워야 하는 대상이라고 인식하게 된다. 학창 시절에는 꾸역꾸역 억지로 책을 읽을 수 있을지 몰라도 고등학교를 졸업하면 그들의 대다수는 책을 멀리하게 된다. 책은 숙제와 같은 것이고 외워야만 하는 것이고 시험 보기용으로 인식되었기에 지겨운 책은 이제 그만 봤으면 하고 책을 밀어내게 된다.

우리는 책을 머리에만 담는 어리석은 행동을 멈춰야 한다. 독서 시간이 다양한 지식을 얻는 시간만으로 보내지면 안 된다. 독서 시간이 책의 문법을 해부하고 평가하는 시간이 되어서는 안 된다. 책의 가르침을 가슴으로 느끼고 깨달음을 얻는 시간이 되어야 한다. 책 속의 내용을 머리에만 담으면 독서가 재미없어지고 책을 어렵고 지겨운 것으로 인식하게 된다. 우리 인생을 바꿔주는 귀한 도구인 책을 오해하게 된다. 책이 얼마나 귀한 것인지 가치를 느끼지 못하게 되는 것이다. 그러면 책을 가까이하지 못하게 된다. 책이 삶에 주는 엄청난 유익을 충분히 누릴 수 없게 된다. 사람들에게 엄청난 해악이다. 또한 국가적으로도 엄청난 피해다. 이렇게 해서는 책이 삶의 강력한 무기가 될 수 없다. 책이 가슴에 담겨야 책의 즐거움과 맛을 느끼게 된다. 그럴 때 책 속에서 지혜를 배울 수 있다. 그러면 책을 더욱 좋아하게 되고 책이 주는 깊은 가르침과 지혜들, 통찰력을 효과적으로 얻게 된다. 평생 책을 가까이 하게 되고 책으로 누리는 풍요로움을 누리며 건강하고 위대한 삶을 살게 된다. 책이 실제 삶을 바꾸는 강력한 무기가 되는 것이다.

머리에 담긴 단순 지식으로 사람은 바뀌지 않는다. 독서하며 단순히 암기하거나 지식을 담는다고 생각하지 말아야 한다. 책을 읽을 때 한국의 열혈 학부모들과 같이 어떤 정보들을 외우려고 달려들어서는 안 된다. 책을 읽는 시간이 시험문제를 잘 맞추기 위한 훈련의 시간이 되게 해서는 안 된다. 가슴으로 느끼며 깨달음을 얻는 시간이 되어야 한다. 책을 가슴으로 느끼고 깨달음이 내 안 깊이 들어오면 마음과 생각이 얼마나 풍요로워지는지 모른다. 단순히 머릿속 지식이 느는 것이 아니라 나의 잘못된 생각들이 깨지고 건강하며 수준 높은 생각을 가지게 된다.

책을 읽으면 당연히 지식이 쌓이기 마련이다. 그런데 책이 머리에만 쌓이면 안 된다. 그 단순 지식들은 각종 시험을 잘 치를 수 있게 할지는 몰라도 사람을 변화시키지는 못한다. 이전과 다른 자세와 태도를 가지고 살아가게 하지 못한다. 지식 얻기 위한 독서는 용기나 희망을 불어넣어주지 못한다. 책 속에 나오는 사람들의 삶의 자세와 긍정 마인드, 꿈을 향한 불굴의 투지들은 얻지 못하게 되는 것이다. 지식만으로는 삶이 변화되지 못한다. 책이 삶에 아무런 변화를 가져오지 못하여 선한 영향력을 끼치지 못한다면 책은 내 삶의 무기가 될 수 없다. 내 삶의 긍정적인 변화를 일으키고 삶을 승리로 이끌기 위해서는 반드시 책을 머리가 아닌 가슴에 담자! 지식만을 가지기 위해 독서하지 말고 진실로 저자의 주장과 깨달음을 느끼고 생각하고 진심으로 반응하자! 올바른 가치관을 갖기 위해서는 또 책을 통해 참된 지혜를 얻어 건강하게 살아가려면 반드시 책을 머리가 아니라 가슴에 담아야 한다.

위대한 성경을 읽고 그 진리가 머리에만 머물러 있는 사람은 위선자가 된다. 진리가 머리에만 담기면 아무런 삶의 변화 없이 남을 판단하고 정죄하는 사람이 된다. 성경 속 진리가 머리가 아닌 가슴에 떨어져 깨달음을 얻을 때 삶은 변화가 되고 성경의 진리대로 살 수 있는 것이다. 사람이 바뀌는 것은 '가슴을 뒤흔드는 깨달음'이 있어야 가능하다. 단순히 누군가가 조언해준다고 삶이 바뀌는 것이 아니다. 그 견고한 진을 깨부술 만한 깨달음이 머리가 아닌 가슴에 떨어져야 한다. 그럴 때 사람은 바뀐다.

가슴으로 얻는 깨달음 없이 그저 지식만 쌓는 독서를 하고 있지는 않은가? 우리는 인터넷 검색 몇 십 초면 단순 정보를 찾을 수 있는 시대를 살고 있다. 마음으로 깨닫고 나를 전율시키는 그러한 책 읽기가 아니라면 자신의 책 읽기를 돌아봐야 한다. 책에 담긴 저자들의 마음과 중심을 알고자 노력해라! 그들의 뛰어난 삶을 대하는 자세와 통찰들을 배우고자 노력하자! 지적 분석과 평가보다는 마음으로 느끼는 독서를 하자!

책에서 깨달은 지혜와 깨달음들은 머리가 아닌 가슴에 담아라! 가슴에 담긴 깨달음과 지혜만이 당신을 행동하게 할 것이다. 머리가 아닌 가슴에 담긴 가르침만이 당신의 삶을 눈부시게 바꾸고 성공하게 할 것이다. 책을 머리가 아닌 가슴에 담자! 그렇게 한다면 책은 전쟁같이 치열한 삶 속에서 나의 삶의 모든 영역에 변화를 일으키며 승리를 가져다줄 것이다.

03. 영감이 솟다
아이디어로 경쟁력을 갖춰라

교육의 목적은 비어 있는 머리를 열려 있는 머리로 바꾸는 것이다.
- 말콤 포브스

모든 영감의 출발선

책은 영감의 바다이다. 아이디어를 낚을 수 있는 최고의 보고이다. 수많은 사람들이 책 속에서 영감을 받는다는 것을 알고 있는가? 우리가 알고 있는 최고의 예술가들뿐만 아니라 최고의 사업가와 정치가들도 책에서 영감을 받아 좋은 예술 작품들을 만들고 좋은 사업을 하고, 훌륭한 정치를 하고 있다. 책이 그만큼 큰 자극을 주고 영감을 주는 도구라는 것이다.

나는 책을 정말 좋아하지만 그다음으로 또 힙합을 참 좋아한다. 힙합을 좋아하는 이유가 있는데 첫 번째는 '자유로운 분위기' 때문이고 다른 이유는 시와 같이 강력하고 재치 있는 가사들 때문이다. 날카롭고 철학적인 가사를 쓰는 것으로 유명한 래퍼 스윙스는 많은 책을 읽고 거기서 영감을 얻어 가사를 쓴다고 고백한다. 뛰어난 래퍼들의 가사를 보면 정말 창의적이고 재치 있는 가사들이 많다. 자신들이 추구하는 가치와 삶을 간단하고 재밌는 말들로 담아낸다. 그런 가사들을 볼 때면 소름이 끼치고 머리가 번뜩인다. 힙합 경연 프로그램 〈고등래퍼〉에서 우승하며 인기를 끌고 있는 현재 한국 힙합에서 떠오르는 샛별인 래퍼 김하온은 주옥같은 펀치라인을 잘 쓰기로 유명하다. 그는 자기 음악의 가사는 책을 읽으며 쓴다고 말한다. 신선하고 창의적인 가사를 써서 주목을 받고 있는 래퍼 해쉬스완도 책에서 영감을 받아 가사를 쓴다. 유명하고 실력 있는 수많은 래퍼들이 책에서 많은 영감을 얻어 가사를 쓴다고 고백한다. 래퍼들뿐만이 아니다. 수많은 음악인들이 책을 읽으며 영감을 받고 아이디어를 받아 가사를 쓰고 노래를 만든다.

음악가들뿐만이 아니다. 수많은 예술가들이 책을 읽으며 많은 영감을 받는다. 빈세트 반 고흐는 목사의 아들로 태어나 독서를 중시하는 가풍에서 스스로 많은 분야의 책을 읽으며 자랐다. 책 사랑이 뜨거운 사람이었다. 그가 읽은 많은 분야의 책은 그의 미술 작품을 만드는 데 영감의 원천이 되었다. 그의 작품에는 삶의 철학이 담겨 있다. 이 철학들은 그가 읽은 많고 다양한 책에서 비롯된 것이다. 베토벤의 유명한 교향곡들은『플루타르크 영웅전』에서 비롯되었다. 좌절 가운데 유서를 쓰고 죽으려고 하던 중 이 책을 읽게 되었고 책에 있는 한마디를 보고 살 용기와 희망을 얻었다. 책을 읽고 절망에서 벗어나 '합창', '전원', '운명', '영웅' 등의 곡들을 작곡할 수 있었다. 현 시대 세계를 휩쓸고 있는 가수들을 예로 들어보자. 지금 세계적으로 K-POP 열풍을 일으키고 있는 방탄소년단(BTS)의 앨범도 책에서 많은 영감을 받아 제작되었다. 2018년 5월 한국 가수 최초로 빌보드 메인차트에서 1위를 차지한 방탄소년단의 앨범 "LOVE YOURSELF-TEAR"은 제임스 도티가 쓴『닥터 도티의 삶을 바꾸는 마술가게』에서 모티브를 가져와 제작되었다. 2016년 방탄소년단의 정규 2집 "WINGS"는 헤르만 헤세의 소설『데미안』에서 영감을 얻어 제작되었다. 타이틀 곡 '피 땀눈물'의 뮤직 비디오에서도『데미안』에서 차용한 이미지를 볼 수 있다.

　예술가들뿐인가? 많은 성공한 사업가들도 책을 읽으며 영감을 받아 사업 아이템을 찾고 사업에서 큰 성공을 거둔다. 스티브 잡스는 어릴 때부터 읽었던 고전들과 다방면의 책들로 사람들을 열광시키는 아이폰을 탄생시켰다. 워렌 버핏은 끊임없이 많은 독서를 하며 투자 가능한 사업체를 찾는 눈을 기르고, 책에서 지혜를 얻어 남들과 다른 기준으로 투자를 해나가고 있다. 사업가들뿐만이 아니다. 유럽을 정복한 위대한 나폴레옹은 포격의 원리와 역사, 포위 공격법, 사거리 관측법, 페르시아의 역사, 이집트의 역사, 지리, 위인전, 재정, 풍속, 지질학, 기상학, 인구론 등 엄청나게 넓은 분야의 책을 읽으며 전쟁에 임했다. 이렇게 다양한 분야의 책을 통해 아이디어와 영감을 얻어 다른 전술가들과는 차원이 다른 전략을 세워 전쟁에서 승리하고 유럽 대륙을 정복할 수 있었다. 나라를 다스리는 왕들뿐만 아니라 정치가들도 책을 읽고 영감과 깨달음을 얻어 위대한 업적을 남겼다.

독서는 우리의 사고를 확장시키며 상상력을 자극시킨다. 독서하면 상상력이 커진다. 사람들이 정면으로 보는 것을 다른 각도로 볼 수 있는 능력을 갖게 된다. 남이 보지 못하는 것들을 볼 수 있는 눈이 생긴다. 이 시대 책 읽는 것을 따분한 일이라 생각하는 사람들이 많은 것 같지만 그건 큰 오해다. 책을 읽으면 의식이 긍정적으로 바뀌고 정말 수많은 영감들이 떠오른다. 남이 볼 수 없는 기발한 생각들과 깊은 깨달음들이 떠오른다. 예술 분야든 사업의 분야든 구분 없이 많은 영감들을 받게 된다. 많은 영감을 받고 아이디어들과 깨달음들이 떠오르면 얼마나 즐겁고 재밌는지 모른다. 책은 지금까지 수많은 성공자들과 위대한 업적을 남긴 사람들의 영감의 원천이었다.

사업가든 예술가든 개그맨이든 좋은 아이디어를 찾기 위해 사방팔방 찾아다닌다. 그런데 사실 좋은 아이디어는 책에 있다. 요즘은 인터넷을 많이 뒤지지만 인터넷에서 얻을 수 있는 아이디어는 한계가 있고 누구나 찾을 수 있기에 기발한 아이디어들이 아닌 경우가 많다. 식상한 것들이 많다. 정말 신선하고 퀄리티 높은 아이디어들은 책에 있다. 책에는 기발하고 좋은 수많은 아이디어가 널려 있다. 이제는 무슨 분야든지 아이디어를 원한다면 책으로 가보자! 기발하고 독특한 아이디어들을 발견하게 될 것이다. 이제 인터넷을 뒤지는 것이 아닌 독서를 시작해보자! 세계적인 예술가들처럼, 세계적인 사업가들처럼 많은 영감과 자극들을 받을 수 있을 것이다. 책은 아이디어의 보고다.

책을 읽으면 상상력이 발달되고 창의력이 자라면서 아이디어가 수없이 떠오르게 된다. 아이디어 싸움인 이 시대에서 책으로 사고가 확장되고 상상력이 성장하면 사람들이 볼 수 없는 것들을 보게 되고 평범한 사람들이 생각할 수 없는 기발한 아이디어들이 쉽게 떠오르게 된다. 이 시대 경쟁력을 갖게 되고 성공하는 사람으로 일어나게 된다.

축음기, 탄소 송화기, 백열전구, 축전지 등 세계를 이롭게 한 발명을 하고 1,093개의 특허를 낸 발명왕 에디슨은 문제아로 취급받아 학교에서 쫓겨났지만 어머니의 관심으로 독서에 빠졌던 사람이다. 그는 "나는 책꽂이의 가장 밑에 있던 책부터 읽기 시작하여 한 권 한 권 책꽂이에 꽂힌 책을 순서대로 독파해나갔다. 도서관 전체를 읽어버렸다."라고 말했다. 새로운 세계를 개척한 에디슨의 상상력과 창의력은 모두 책에서 나왔다.

책을 읽으면 상상력이 자극되고 창의성은 극대화된다. 독서할 때 우리는 세상을 보는 눈이 달라지게 된다. 무엇을 보고 느낄 때마다 아이디어는 이전과 다르게 내 안에서 끊임없이 떠오르게 된다. 나는 100권, 200권을 지나고 독서력이 향상되고 임계점을 넘으면서 이전과 다르게 아이디어가 쏟아지는 것을 경험했다. 책을 읽으면서는 물론이고 길 가다가도 영감이 떠올라 그것을 놓치지 않기 위해 메모하기 일쑤였다. 잠을 자려고 할 때도 생각나는 아이디어와 영감들 때문에 일어나 메모할 때가 셀 수 없이 많았다.

독서의 임계점을 넘게 되자 사고가 유연해지고 창의력이 향상되면서 어딜 가나 무엇을 보나 영감이 수시로 쏟아졌다. 정말 "쏟아졌다."라는 말이 맞을 정도로 내 안에 많은 아이디어들과 영감들이 떠올랐다. 상상력이 자라고 센스들이 생기면서 일반인들과는 차원이 다르게 영감을 받고 깨달음을 얻게 되었다. 이전에 보는 것들보다 많은 것들이 보이고 사람들이 볼 수 없는 것들이 보이기 시작했다. 길을 걸으면서 한 아이와 함께 걷는 어머니를 보면서도 깊은 삶의 깨달음을 얻었고 지나가다 쉽게 볼 수 있는 간판을 보면서도 "저렇게 하는 것보다는 이렇게 조금만 고치면 정말 사람들의 눈에 띄고 사람들을 끌어 모을 수 있을 텐데….''라는 생각들이 들었다. 식당에 들어가 밥을 먹으면서도 TV를 볼 때도 사람들과 대화를 나눌 때도 아이디어와 좋은 생각들이 마구 떠올랐다. 처음에는 메모지에 적었지만 이제는 너무 많은 아이디어와 깨달음들이 떠올라 스마트폰을 손에 꼭 들고 다니며 번뜩이는 아이디어와 영감을 적는다.

세상을 바꾼 발명가도 큰 성공을 거둔 사업가도 시대를 휩쓴 음악가들도 집중적으로 책을 읽었기에 영감과 아이디어, 독특하고 기발한 생각들과 깨달음들이 쏟아졌던 것이다. 책은 영감의 원천이요 아이디어의 바다다. 당신도 어딜 가나 무엇을 보나 영감과 아이디어가 쏟아지는 삶을 살 수 있다. 반짝이는 아이디어를 주고 많은 영역에서 영감을 주는 책 속으로 빠져보자! 성공은 물론이고 남들과 다른 독특하고 개성 있고 재밌는 삶을 살게 될 것이다.

상상력을 자극시키고 창의적인 생각들로 가득 차게 하는 것이 바로 책이다. 독서로 다양한 지식들이 쌓이게 되고 깊은 생각들과 새로운 것들을 많이 접하면 우리의 상상력은 자극되고 누구도 생각하지 못한 영감과 아이디어가 떠오르게 된다. 지금의 시대는 창의성과 상상력을 중요시하는 시대이다. 단순히 지식만을 많이 외워 인정받는 시대는 지나갔다. 기발한 아이디어와 창의력을 가진 사람들이 시대를 선도하고 성공할 수 있는 것이다. 이런 점에 있어 책은 얼마나 삶의 큰 무기가 되는지 모른다. 책에서 영감을 얻어라! 책은 강력한 무기가 된다.

성공 철학을 듣다
성공자들의 이야기를 들어라

> 위인이나 위인의 조건에 대한 논쟁으로 시간을 낭비 말라.
> 스스로 위인이 되라.
> - 마르쿠스 아우렐리우스·안토니우스

책을 추천해주고 독서에 대한 유익을 소개하는 내게 가끔 이러한 질문을 하는 분들이 있다.

"책을 읽으면 뭐 돈이 생겨요? 제 인생에 실질적인 도움이 되나요?"

나는 그런 사람들에게 이렇게 대답한다.

"돈만 주나요? 돈도 주고 더 큰 것도 주지요."

많은 사람들이 책은 지금 자신이 살고 있는 삶에 직접적인 도움이 되지 않는다고 오해한다. 하지만 전혀 그렇지 않다. 책은 삶의 실질적인 유익과 성장을 가져다준다. 세상에서 성공할 방법을 무엇보다 잘 가르쳐주는 도구가 바로 책이다. 나는 책을 읽으며 성공자들의 성공 철학을 들을 수 있었다. 책을 통하지 않는다면 당신이 어디서 사회에서 성공한 사람들의 값진 성공 비법을 배울 수 있겠는가?

책은 우리에게 지식과 감동, 심리적 안정만을 주는 것이 아니다. 책은 우리에게 이 시대 사회에서 큰 성공을 거두고 각자의 분야에서 두각을 나타내는 성공자들의 '성공 철학'을 알려준다. 책이 내가 사는 인생에 실질적인 도움을 준다는 것이다. 당신의 성공을 위해 책만큼 값이 싸고 큰 도움을 주는 것도 없다. 자기 분야에서 최고가 된 사람들은 지금까지 쌓아온 자신만의 귀한 성공 노하우들을 책이라는 곳에 담는다. 책을 단순히 고상한 사람들의 문학적 취미 생활 정도로 생각하지만 전혀 그렇지 않다. 우리는 책을 읽으며 깨달음을 얻고 재미와 기쁨만 얻을 수 있는 것이 아니라 우리가 몸담고 있는 업무, 우리가 운영하고 있는 사업체를 성공적으로 운영하기 위한 비법을 터득할 수 있다. 사회적 성공을 이룬 사람들의 실질적인 전략을 배울 수 있다. 또 그 성공 철학을 통해 우리도 그들과 같이 성공할 수 있다. 그렇기에 책은 우리가 일하는 분야에서 두각을 나타내고 큰 성과를 내며 성공할 수 있도록 만들어주는 삶의 실질적인 무기인 것이다.

개그맨 고명환은 현재 사업을 하며 성공 가도를 달리고 있다. 그는 여러 번의 사업 실패 후 집중적인 독서를 시작했다. 책을 읽으며 성공한 사람들의 비결과 원리들을 배워나갔다. 장사에서 성공하고 자신의 분야에서 큰 성과를 올리는 여러 사람들의 책을 읽으며 사업 아이디어와 성공의 비결을 배워 결국 지금은 연 매출 10억 이상의 메밀국수 사장님으로 거듭났다. 그는 책을 통해 장사에 성공하고 자신만의 꿈을 이루고 눈부신 인생 만들었다는 사실을 알리기 위해 『책 읽고 매출의 신이 되다』라는 책도 펴냈다. 책이 정말 성공으로 이끄는 최고의 안내자라는 것을 삶을 통해 증명해주고 있다.

사업을 하고 가게를 운영하는 사람들에게 책은 현실과 동떨어진 그저 문학적 감동을 주고 심리적 위안만을 주는 문학적 도구만이 아니다. 사업을 하고 또는 장사를 하고 직장에 다니며 일을 하는 세상 모든 사람에게 책은 그 안에서 좋은 결과들을 내게 하는 '실질적인 성공 비법'을 가르쳐준다. 자신이 속한 분야에서 성공하기 위한 실질적인 비결들을 책에서 분명히 배울 수 있다. 비즈니스 성공학의 대가 '브라이언 트레이시'가 쓴 『백만 불짜리 습관』, 『개구리를 먹어라』 등의 책은 얼마나 많은 사람들을 성공하도록 도운지 모른다. 데일 카네기가 쓴 『인간 관계론』은 얼마나 많은 이들의 삶을 바꾸고 사업의 성장을 가져다줬는지 모른다. 그들의 세계적인 인기가 그것을 입증한다.

성공자들은 수많은 시련과 고통들 가운데서 발견한 노하우들을 책 속에 담아놓는다. 자신만의 꿈을 이루고 성공한 사람들은 자신만의 '성공 비결'을 책으로 담아 소개한다. 우리는 책이라는 도구를 통해 그들이 이룬 사회적 성공의 비결을 값싸게 들을 수 있는 것이다.

세상에는 문학적, 심미적 감동만 주는 문학책만 있는 것이 아니다. 문학 말고도 이건희 회장, 신격호 회장, 정주영 회장, 김승호 회장 등 사회 각 분야에서 큰 성공을 거두고 굴지의 기업을 일군 사람들의 성공을 다룬 책들이 있다. 이러한 책 속에는 보통 사업가나 일반인들이 생각조차 할 수 없는 그들만의 독특한 생각들과, 숱한 고난과 포기하라고 외치는 고통을 뚫고 엄청난 성공을 거둔 그들만의 성공 철학과 비법들이 담겨 있다. 성공한 사람들은 성공한 이유와 비결들이 있기 마련이다. 당신이 일하고 있는 분야에서 성공하고 싶다면 그 분야의 성공자들의 책을 찾아 반드시 읽길 바란다. 그들과 같은 큰 성공을 하고 싶다면 말이다.

자기 계발서나 성공자들의 이야기에서만 성공 비결을 배울 수 있는 것은 아니다. 소설이든 자기 계발서든 결국 모든 책은 인간과 사회를 다루고 있다. 인간의 근본적인 욕구와 사회의 흐름과 필요들에 대한 것들을 볼 수 있기에 자기 계발서나 성공 이야기에서만 아니라 우리는 에세이나 소설을 읽으면서도 충분히 자기 분야에서 성공할 수 있는 '성공의 원리'들을 발견할 수 있다.

고전 인문서 중에『손자병법』이라는 책이 있다.『손자병법』은 전쟁에서 싸우는 병법에 대한 가르침을 주는 책이다.『손자병법』에서는 승산을 미리 계산하고 전쟁에 뛰어들라는 성공 철학을 배울 수 있다.『군주론』,『도덕경』과 같은 책들에서도 얼마든지 성공 철학을 읽을 수 있다.

실패자들은 왜 실패하는가?

사업에 실패하는 사람들이 많은데 그 실패에는 여러 원인들이 있을 것이다. 하지만 수많은 경험과 시행착오를 겪으며 시장을 선도하는 성공자들의 목소리에 겸손히 귀 기울이지 않은 것이 실패의 원인이었던 것은 아닐까?

우리는 각 분야의 성공한 사람들을 한 사람 한 사람 만나볼 수 없지만 책이라는 귀한 도구를 통해 그들의 생각과 성공의 비결들 또 사업에 필요한 노하우들을 배울 수 있다. 이러한 책에는 어느 분야든 시장을 선도하며 고객들에게 사랑받는 CEO들의 비밀 노하우들이 담겨 있다. 이러한 그들의 가르침을 무시하는 것만큼 어리석은 것은 없을 것이다.

늘 실패만 하는 사업가들을 보면 자신의 사업 관련 책을 몇 권이나 읽었을지 안 봐도 뻔하다. 어떤 사업과 장사를 하든지 자신의 분야에 관련된 책을 최소 100권은 섭렵하고 뭔가를 본격적으로 시작해야 한다고 생각한다. 자신의 생각대로 가게와 사업장을 차리기만 하면 잘될 것이라는 환상을 가지고 장사를 쉽게 시작하지만 대부분이 쉽게 망한다. 성공하고 싶다고 말하면서 성공자들의 비법들을 무시한 채 자신의 낮은 수준의 생각으로 장사를 시작하는 것은 어리석은 것이다. 책을 읽으며 잘되는 가게들의 비법과 성공 원인을 배우고 적용하면 정말 다른 결과들을 맛볼 수 있을 것이다. 자신의 사업 분야 책을 100권 정도 읽게 되면 정말 그 사업의 많은 것들을 볼 수 있게 되고 사업의 방향성과 길을 발견하게 될 것이다. 무엇에 조심하며 집중해야 하는지도 배울 수 있을 것이다. 그런 사람의 기업은 망하기가 어려울 것이다. 이 시대 세계적으로 큰 성공을 거두는 기업가들과 투자가들 또 사회 여러 분야에서 선두를 달리고 있는 사람들이 어떻게든 책을 가까이 하는 것이 다 이유가 있는 것이다.

나는 장사에 관련된 책들을 읽으면서 성공할 수 있는 자세와 운영 기술들을 많이 배웠다. 그러고 나니 밥을 먹으러 식당에 가면 이 식당이 왜 안 되는지 무엇을 개선해야 하는지 한눈에 보였다. 소비자를 정말 생각하며 인기를 얻는 성공자들의 비결들을 배우니 정말 보는 것이 달라지고 생각하는 것이 달라진 것이다. 단적인 예로 냅킨을 채울 때 꽉꽉 가득 넣어 채우는 가게들이 많다. 그러면 초반의 손님들이 냅킨을 뽑을 때 빡빡해서 잘 뽑을 수 없고 힘을 주게 되면 냅킨이 뚝뚝 끊어진다. 불쾌함을 준다. 나는 이러한 가게들은 다시 가지 않는다. 이것만 봐도 손님들을 얼마나 생각하며 배려하고 있는지가 드러난다. 다른 서비스는 안 봐도 뻔하다. 성공하는 서비스가 좋은 가게들은 세심한 것에서 손님들을 배려한다. 나는 책을 읽으며 성공의 비결들을 깨달았던 것이다.

책에서 우리는 이 시대 시장을 선도하며 높은 수익을 올리는 사업체 사장님들의 '성공 철학'을 배울 수 있다. 그들을 직접 만나지 못해도 그들이 어떤 생각을 하며 어떤 자세와 마인드로 사업을 하며 어떤 철학을 가지고 사람들을 상대했는지 우리는 책을 보면서 깨닫고 배울 수 있다. 이런 성공 비법을 볼 수 있는 책을 왜 마다하겠는가?

책은 이처럼 정말 놀라운 도구다. 세상에서 가장 싼 최고의 성공 수업이다. 나는 독서에 열을 올리지 않는 수많은 사람들이 정말로 안타깝다. 자신의 분야에서 성공할 수 있는 비법들이 책에 나와 있는데도 불구하고 겸손한 마음으로 열심히 독서하지 않는다. 자신이 하고 있는 분야에서 빠르게 승진하고 빠르게 실적을 내고 큰 결과물들을 거두기를 원하는가? 그럼 미친 듯이 독서해야 한다. 책에서 놀라운 성공 비법들과 노하우들을 읽어야 한다. 책이 지금 내가 하고 있는 사업과 일에 실질적인 유익을 준다는 것을 깨닫는다면 당신은 이전과는 차원이 다르게 책을 더 사모하게 될 것이고, 책을 읽지 말라고 해도 찾아 읽게 될 것이다.

전쟁 같은 인생에서 승리를 거두고 성공하기 위해서는 반드시 독서가 필요하다. 우리는 어떤 일에 성공하기 위해 여러 사람을 찾아다니고 온갖 방법을 찾아다니지만 실상 당신이 하는 일의 성공을 위한 답은 책 속에 있다. 이미 성공한 사람들이 어렵게 얻은 그 성공 비결들을 공개했으니 감사히 받아먹어야 한다. 치열한 경쟁 사회에서 여러 시행착오를 겪고 터득한 성공 비법을 따라 행한다면 남들보다 빠르게 성공으로 나아가게 될 것이다! 당신이 원하는 사업과 삶의 성공 비법은 책 속에 있다는 것을 잊지 마라! 성공하기 위해 쓸데없는 곳을 떠돌지 말자! 성공 철학이 담긴 책으로 가자. 성공자들의 성공 비결을 읽고 그대로 실천해보자! 어떤 직종 어느 분야든 남들과는 다른 최고의 성과들을 올리게 될 것이다!

고객이 이기게 하라
오진권, 이상미디어, 2014

외식업계의 미다스의 손으로 통하는 저자는 놀부보쌈, 놀부부대찌개 등을 연이어 히트시킨 이후 '이야기가 있는 외식공간'이라는 회사를 세워 현재 국내외 14개의 브랜드를 만들어 연 매출 500억 원 이상을 기록하고 있다. 어떻게 하면 고객들의 마음을 사로잡고 장사에서 성공할지에 대한 식당의 핵심 비결을 전해주고 있다.

혹 내게 이 책은 식당을 운영하는 사람들에게 필요한 책이 아니냐고 물을 수 있겠다. 맞다. 이 책은 실제 식당 창업에 대한 실질적인 전략과 성공 비결을 알려주고 있는 책이다. 그런데 나는 이 책을 읽으며 성공의 비결만을 읽은 것이 아니라 삶의 깊은 지혜와 깨달음을 읽을 수 있었다. 장사의 성공 비결만이 아니라 사람들의 심리, 세상의 흐름까지도 읽을 수 있었고 어떻게 하면 내가 살아가는 세상에서 사람들의 사랑을 받으며 살아갈 수 있을지 깨달을 수 있었다. 정직과 진정성으로 장사하는 그의 철학을 보며 인생을 배웠다.

"손님이 카운터 앞에서 돈을 내면서 '자신이 이겼다'고 생각하는 식당은 절대 망하지 않는다."

고객이 이기게 하라는 저자의 철학이 나를 놀라게 했다. 엄청난 역발상이었다. 나는 책을 읽고 이 성공의 비결을 내 삶에 적용했다. 내 주변에 있는 모든 사람들은 결국 내 인생에 찾아온 손님 아니겠는가? 이기심을 내려놓고 나보다 남을 먼저 배려하고 내 성공과 잘됨보다 남이 성공하고 잘될 수 있도록 도와주었다. "어떻게 하면 고객이 이기게 할까?"를 생각하며 행동하자 나를 대하는 사람들의 태도가 달라지기 시작했다. 사람들이 나를 믿어주고 신뢰하고 나와 함께 일하기를 원하게 되었다. 직업의 영역, 장사의 영역, 관계 영역에서도 "고객이 이기게 하면 된다." 이 책을 읽으면 어떤 장사든 성공으로 나아갈 수 있으며 사람들에게 사랑 받으며 살아가는 인생의 성공 비결도 배울 수 있다.

인생의 방향을 설정하다
목표를 위한 나침반을 만들어라

> 우리는 어디로 가는지 알지도 못하면서 열심히 살기 때문에 시간을 더 낭비한다.
>
> - 피터 브레그만

인생의 방향을 모른 채 무작정 달릴 것인가?

"쉼 없이 인생을 달려왔어요. 그런데 어느 순간 제대로 인생의 방향을 잡고 가는지 의문이 들더라구요. 내가 무엇을 위해 이렇게 달려왔는지 모르겠어요. 이제라도 인생의 방향을 깨닫고 싶습니다."

40대 한 여성분이 한 독서 커뮤니티에 자신의 심경을 고백한 글이다. 이 고백이 한 여성만의 고백은 아닐 것이다. 세상을 살아가는 많은 사람들이 이러한 고민과 생각을 안고 산다. 직업이 있고 가정이 있다고, 경제적으로 여유가 생겼다고 인생이 진짜 안정된 것이 아니다. 자신이 누구인지 어디에 있는지 무엇을 위해 어떤 삶을 살아가야 할지 모른 채 살고 있다면 그것은 불안정한 삶이며 방황하고 헤매고 있는 것이다. 넓고 화려하지만 가야 할 방향도 모른 채 망망대해를 떠돌고 있는 배와 같은 인생인 것이다.

현대 시대에는 많은 사람들이 자신의 인생의 방향을 모른 채 무작정 열심히 달리고 있다. 어디로 달려가는지 모르면서 무작정 열심히 달린다. 달리면서도 공허함과 회의감을 느끼지만 주위 사람들이 뛰기에 그저 그냥 생각 없이 주위 사람들을 따라 달린다. 명품과 세상의 화려한 것들로 그 공허함과 막막함을 마취시키며 살아가고 있지만 오래 가지 않는다. 그런 인생은 혼란과 공허함이 끊이지 않는다. 자신이 걸어가야 할 삶의 방향을 모른 채 달려간다면 엄청난 허무함이 몰려온다. 그런 삶은 방황일 뿐이다.

이렇게 어디로 나아가야 할지 인생의 방향을 모른 채 공허함으로 살아가는 사람들에게 무엇이 필요할까? 그들에게 필요한 것은 바로 책이다. 집중적인 독서를 통해 인생의 방향을 발견할 수 있기 때문이다. 수많은 사람들에게 지금 절실히 필요한 것은 책이다. 우리는 책을 통해 우리의 삶이 어디를 향해 가야 하는지에 대한 '인생의 방향'을 발견할 수 있다. 책은 인생에 대한 사람들의 깊은 고민과 사색의 흔적이다. 책을 읽으면 다양한 사람들의 생각을 접하게 된다. 사람들은 '인생'을 어떻게 생각하는지 자신과 사회에 대해서는 어떻게 생각하는지 볼 수 있게 된다. 그러면서 나도 인생이 무엇인지, 나는 어디서 왔고 어디에 있으며 어디를 향해 가고 있는지 생각하게 된다. 그렇게 다양한 책을 집중적으로 읽게 되면 자신이 무엇을 위해 살아야 할지 어떤 방향으로 살아가야 할지 인생의 방향을 발견하게 된다. 책은 우리가 살아가야 할 목적과 의미를 발견하도록 도와주고 어떤 삶을 살아가야 할지 길을 밝혀주는 안내자이다.

내가 처음 책을 읽기 시작한 이유 중에 하나는 '인생의 방향'에 대해 알고 싶어서였다. 어려운 가정 환경 가운데서도 누구보다도 열심히 살아왔지만 내가 어떤 삶을 살아야 하는지 무엇을 위해 어떤 방향성을 가지고 살아야 하는지 알지 못했다. 어느 날 삶의 의미와 목적을 알지 못한 채 주어진 삶을 그저 열심히만 살고 있는 나를 발견했다. 나는 누구이며 나는 어디서 왔고 어디에 있으며 어디를 향해 가는지 알고 싶었다. 삶의 목적과 의미를 정말 알고 싶었다. 그래서 책을 들었다. 앞으로 무엇을 어떻게 하며 살아야 할지 몰라 앞이 안 보이고 막막할수록 책을 잡았다. 왜 뛰어야 하는지, 어디를 향해 뛰어야 하는지 그것을 알고 싶어 간절히 책을 읽기 시작했던 것이다.

책은 우리의 나침반이 된다

『나이 서른에 책 3,000권을 읽어봤더니』의 저자 이상민은 "책은 세상의 현자들이 쓴 것으로 인생의 길을 열 수 있는 나침반이다."라고 말했다. 책은 진정 우리 삶의 방향을 제시해주는 나침반이 된다. 어디로 가야 할지 모르고 방황하는 사람이 책을 읽을 때 인생의 방향이 보이기 시작한다. 자신이 무엇을 하며 살아야 할지 어떤 삶을 살아야 할지는 책을 읽을 때 비로소 보이기 시작하는 것이다. 수많은 우리 인생의 선배들이 이러한 생각들을 하며 치열하게 고민했다. 그런 고민의 흔적들이 바로 책이다. 이런 인생 선배들의 고민들이 담긴 책을 열심히 탐독하면 앞으로 걸어가야 할 인생의 길이 보이게 된다. 책이 주는 엄청난 유익이다. 우리는 많은 독서를 통해 단순히 지식을 얻고 문학적 감동을 얻는 것만이 아니라 무엇을 위해 어떻게 살아가야 할지 발견할 수 있다. 그렇게 독서를 통해 삶의 목적과 방향을 발견할 때 책은 삶을 승리로 이끌 무기가 된다.

책을 미친 듯이 읽으면서 나는 무엇을 향해 뛰어야 하는지 무엇을 위해 살아가야 하는지 앞으로 어떤 인생을 살아가야 하는지 깨달았다. 내가 누구인지 나는 어디에 있고 어디를 향해 달려가는지 책을 읽으면서 깨닫기 시작했다. 앞으로 어떤 일을 해야 할지 어떤 가치를 실현하며 인생을 살아야 할지도 보이기 시작했다. 그렇게 인생의 길을 발견하고 방향을 알게 되니 확신을 가지고 삶을 살게 되었다. 의미를 가지고 살아가게 되었다. 내

일이 기다려지고 기대되는 신나는 삶을 살게 된 것이다. 주위 누구도 이런 근본적인 방향을 제시해주지 않았지만 책이 앞으로 어떻게 살아야 하며 무엇을 하며 살아야 할지 가르쳐주었다. 삶의 근본적인 질문에 대한 답을 책을 읽으며 찾을 수 있었다. 내게 책은 인생의 힌트였고, 인생에 방향을 알려주는 나침반이었다.

나아가야 할 방향을 제시해주는 나침반 없이 넓은 바다를 항해 하면 어떻게 되는지 아는가? 맞다! 떠돌게 된다. 방황하며 헤매게 된다. 가야 할 방향과 목적을 알지 못하고 길을 걷게 되면 열심히는 걷지만 미래에 대한 두려움이 앞을 가린다. 삶의 의미를 모르고 인생의 목적을 모르니 무기력 하게 되고 의욕은 생기지 않는다. 자신이 살아갈 수 있는 최고의 삶을 살 수 없게 되는 것이다.

사람은 '의미'를 찾지 못하면 그저 그런 인생이 된다. 삶의 방향을 모르고 인생의 목적과 의미를 모르면 자신의 잠재력과 가능성을 전부 끌어낼 수 없고 확신에 찬 인생을 살 수 없다. 인생을 대충 살게 되고 행복하고 즐거운 인생을 기대할 수 없게 된다. 정말 삶의 방향과 목적을 아는 자들이 누구보다도 더 열심히 전력을 다해 인생을 살 수 있는 것이다. 자신의 가능성을 끌어내고 재능을 발휘하게 하고 최고의 삶을 살 수 있도록 도와주는 것이 바로 책이다. 책을 통해 인생의 길과 방향을 읽으면 방황하고 헤매지 않고 소중한 인생을 최고로 멋지고 의미 있게 살아갈 수 있다. 삶의 방향을 찾으면 정말 자신이 하고 싶은 것을 하며 날마다 보람차고 의미 있는 인생을 살아갈 수 있게 된다.

"책은 인생이라는 험한 바다를 항해하는 데 필요한 타인이 마련해준 나침반이요, 망원경이요, 지도다."

소설가이자 극작가 아놀드 베네트의 말이다. 책은 어둡고 험한 인생을 항해하는 데 길을 밝혀주고 방향을 알려주는 망원경이자 지도다. 인생의 방향을 모른 채 살아가면 겉으로는 웃고 있어도 속으로는 기쁘지 않고 행복하지 않다. 방황하고 있기 때문이다. 인생의 방향을 알려주는 나침반이 없다면 망망대해에서 정말 막막해진다. 두렵고 혼란스러워진다. 이렇게 앞이 보이지 않아 막막하면 사람들은 그 막막함을 잊기 위해 친구들과 술을 마시고 의미 없이 시간을 보낸다. 삶의 방향을 모르는 비슷한 수준의 친구와 신세를 한탄하거나 잡담을 하며 막막함을 잠시나마 잊으려 한다. 그렇게 막막함과 공허함과 두려움을 회피하려고 하면 삶은 더욱 깊은 막막함과 공허함으로 빠지게 된다. 시간을 낭비하지 말자. 그 시간에 책을 읽자! 수많은 사람들의 생각과 고민의 흔적인 책과 만나보자! 인간과 사회, 삶에 대해 깊게 생각하고 고민한 책과 만나 깊은 사색을 하고 나만의 인생의 방향과 길을 찾아보자. 책은 인생의 길을 보여주는 지도자 역할을 한다.

책은 우리의 삶의 나침반이 되어 우리가 누구이며 무엇을 위해 어디로 가야 할지 삶의 길을 찾도록 도와준다. 방향을 제시해준다. 책으로 다양한 생각을 만나고 삶의 의미와 방향에 대해서 고민하면서 인생의 의미와 목적을 발견하자! 독서하며 앞으로 걸어가야 할 인생의 길을 발견하자. 이 시대 대부분의 사람들이 무엇을 위해 어디를 향해 달려야 하는지 모른 채 남들 따라 덩달아 정신없이 뛰고 있다. 이러한 사람들 속에서 책으로 인생의 방향과 삶의 의미를 발견한다면 세상 그 누구보다 재밌고 의미 있게 행복한 인생을 살아갈 수 있다. 나는 책을 읽으며 명확한 인생의 목적과 뜻을 찾게 되었고 그것을 위해, 그것을 향해 재미있고 기쁘게 달려가고 있다. 책은 나에게 참 고마운 존재다. 책이 없었다면 나는 아직도 어디로 향해 가야 할지 알지 못한 채 그저 남들을 따라 그저 정신없이 살고 있었을 것이다. 잘 먹고 잘 살기 위해, 육신의 만족만을 채우기 위해 무작정 열심히 살아가고 있었을 것이다. 나는 집중 독서를 통해 삶의 방향을 발견했고 살아갈 이유와 의미를 찾게 되었다. 독서하며 삶의 목적과 의미를 발견하여 의미 있고 즐거운 나만의 눈부신 인생을 열어보자!

목적과 방향이 분명한 사람만이 의미 있고 즐겁게 인생을 살아간다. 또 그러한 사람들은 자신의 분야에 전심으로 몰입하고 빠져든다. 그래서 자신의 분야에서 두각을 드러내며 뛰어난 성과를 낸다. 당신은 삶의 목적과 방향을 알고 달리고 있는가? 아직 발견하지 못한 채 살아가고 있다면 지금 당장 책으로 가자! 책에서 인생의 방향을 발견할 수 있다. 당신의 삶은 완전히 달라질 것이다. 의미 있고 기쁨으로 가득 찬 삶을 살게 될 것이다. 책에서 삶의 목적과 방향을 발견하라! 책은 삶의 강력한 무기가 된다.

06. 통찰력이 생기다
세상의 흐름과 이치를 읽어라

내가 세계를 알게 된 것은 책에 의해서였다.
- 장 폴 사르트르

부딪쳐서 아는 데에는 한계가 있다

어린 시절 나는 부모님과 함께 '시장'에서 장사를 했다. 시장에는 수많은 물건들이 있고 다양한 사람들이 활동한다. 돈이 돌고 사람도 돈다. 세상의 다양한 가치들과 다양한 문화들이 공존하는 곳이 시장이다. 시장에서 오랜 시간 지내면 그 동네가 보이고 사람들의 삶이 보인다. 그것을 넘어 세상까지 보인다.

많은 사람들의 말과 행동과 생각을 경험하면서 또 그들의 필요들을 보면서 사람들을 읽고 세상을 어느 정도 읽을 수 있게 된다. 이처럼 삶의 현장에서 직접 몸소 세상을 겪으면 세상을 읽게 되고 이해하게 된다.

　그런데 세상에서 직접 부딪히며 세상을 읽는 것에는 한계가 있다. 우리가 유한한 시간과 공간 속에서 직접 세상의 모든 것을 경험하는 것은 불가능하다. 그러한 면에서 책은 시간과 공간을 초월하여 삶과 세상을 읽을 수 있는 최고의 도구가 된다. 책은 세상에 나와 다른 세상을 만날 수 있는 기회의 장이다. 나와 다른 사람들, 나와 다른 사람들의 직업들, 나와 다른 생각들, 나와 다른 문화들을 만나 볼 수 있는 경험의 장이 바로 책이다. 어떻게 보면 시장에서 내가 직접 사람들을 만나는 것보다 더 많은 사람들을 볼 수 있고 다양한 문화를 경험할 수 있는 책이 더 좋은 방법이다.

　"독서는 앉아서 하는 여행이며 여행은 돌아다니면서 하는 책 읽기다."라는 말이 있다. 우리는 세계를 전부 다 돌아보지 않고도 책상에 앉아 세상을 보며 세상을 읽을 수 있다. 시공간의 제약을 받지 않고 세상을 보고 이해할 수 있는 도구가 책이다. 책을 통해 세상을 읽는다는 것은 사회와 사람을 읽는다는 말이다. 나는 세상이 이렇게 크고 넓은지 다양한 사람들이 공존하는지도 책을 통해 알았다. 나와 다른 문화에서 다른 것을 보고 다른 것을 생각하며 살아가는 사람들이 정말 많다는 것을 책을 읽고서야 알게 됐다. 세상이 정말 광활하다는 것과 다양한 생각을 가진 사람들이 산다는 사실을 책을 읽고 나서 경험했다.

"내가 인생을 안 것은 사람과 접촉했기 때문이 아니라 책과 접촉했기 때문이다."

프랑스의 소설가 겸 평론가 아나톨 프랑스의 말이다. 책은 내가 보지 못하고 느끼지 못하는 다른 세상을 경험하게 해주는 최고의 도구이다. 책을 통해 세상의 수많은 것들을 간접적으로 느끼고 체험할 수 있다. 책을 보면 사람들의 생각을 접하게 되고 사람들이 무슨 생각을 하며 사는지 볼 수 있게 된다. 사회를 읽게 되고 사람을 읽게 된다는 말이다. 책을 읽으면 세상은 어떠한 곳인지 인간은 어떤 존재인지 깨닫게 된다. 책을 읽으면 읽을수록 사물과 현상에 대한 관찰력들이 생겨나고 시대를 읽을 수 있는 통찰력과 진단력이 생기고 시대에 처방을 내릴 수 있는 지혜가 생긴다.

책에서 세상의 이치를 읽어라

책을 보면 세상의 이치를 깨달을 수 있다. 세상이 돌아가는 원리가 무엇인지 세상은 어떻게 움직여왔는지 무엇이 세상을 움직이는지 알 수 있다. 책을 읽지 않고 내가 살아가는 세상을 알지 못하면, 나와 함께 살아가는 사람을 알지 못하면 올바른 인생, 나만의 인생을 살아갈 수 없다. 의미 있고 가치 있는 인생으로 나아가기 힘들다. 세상에서의 성공도 기대할 수 없다. 애플은 어떻게 사람들에게 가장 사랑을 받는 최고의 기업이 됐을까? 잡스는 아이폰을 만들 때 좋은 기술을 많이 넣어 투박한 디자인을 할 것인가, 기술은 조금 부족할지라도 심플한 디자인을 택할 것인가 많은 고민을 했다. 스티브 잡스는 사람들이 심플한 것에 매력을 느낀다는 사실을 간파했다. 사람들의 니즈를 읽었기에 더 좋은 기술이 아니라 사람들이 좋아하는 심플한 디자인을 채택해 아이폰을 성공시킬 수 있었다. 그 성공으로 인해 애플은 지금의 세계 최고의 회사가 되었다. 그는 어릴 때부터 평생 끊임없이 독서했기에 사람을 읽을 수 있었고 사람들의 마음을 끄는 인문학적 디자인을 채택하여 아이폰을 성공시킬 수 있었던 것이다.

기업이든 인생이든 시대를 읽고 미래를 예견할 수 있어야 승산이 있다. 사회가 어떻게 돌아가고 있는지, 앞으로 어떤 미래가 올 것인지 알아야 성공할 수 있고 자신의 삶을 꾸려나갈 수 있다. 세상을 읽으면 어떤 일을 해야 할지 어떻게 하면 성공하고 나만의 꿈을 이루며 건강한 삶을 살 수 있을지 알게 된다. 책을 통해 세상의 현실과 돌아가는 이치를 깨달을 때 어떤 삶을 살아야 할지도 알 수 있다.

세상의 원리를 읽지 못하고 어떻게 세상을 현명하게 살아갈 수 있겠는가? 세상이 어떤 곳이며 어떤 원리로 돌아가는지 알아야 삶의 길이 보이고 어떻게 무엇을 하며 살지 볼 수 있는 것이다. 세상을 읽지 못한다면 끌려 다니는 인생을 살게 된다. 세상에서 나만의 길을 걸을 수 없다. 책을 통해 내가 살아가는 세상을 알아야 그 세상 속에서 나만의 인생을 설계하고 내가 원하는 삶을 살아갈 수 있다.

책을 통한 세상과 사람에 대한 폭넓은 이해는 사람을 깊이 이해하며 공감할 수 있게 한다. 세계를 읽는다는 말은 사회와 사람을 읽는다는 것인데 사람을 알고 읽고 이해하는 것은 정말로 중요하다. 사람이라는 존재에 대해 알 때 이해하게 되고 이해하면 공감할 수 있게 되기 때문이다. 나는 책을 읽고 세상을 읽고, 사람을 읽으면서 되면서 내 주변 사람들을 대하는 태도가 달라졌다. 사람이라는 존재의 특성과 본질들을 알고서는 사람을 대할 때 존중하고 실수를 하더라도 용서하며 더 이해하게 되었다. 사람에 대한 이해의 폭이 넓어졌으며 누굴 만나든 섬기는 마음을 품게 되었고 사람을 사랑하게 되었다. 사람을 이해하고 공감하는 능력은 집중적인 독서로 가능한 것이다.

끊임없이 독서하며 세상을 읽으면 세상을 바라보는 시각이 달라지고 새롭게 세상을 보게 된다. 세상은 사람이 사는 사회와 사회 속에 사는 사람이라고 말할 수 있다. 세상과 사람에 대해서 깊이 생각하는 사람들이 책을 펴내는 저자들이다. 세상에 대해 고민하고 깊은 통찰력으로 세상의 본질을 읽고 사회를 진단하는 사람들의 책을 읽게 되면 자신도 모르게 그들과 같이 세상을 읽게 된다. 세상을 해석하게 되고 세상을 읽는 통찰력을 갖게 된다. 사회가 어떤 곳이며 어떤 흐름 가운데 있는지 보게 된다. 사회 속에 속해 살아가는 자기 자신을 알게 되고 이웃도 알게 된다. 당신이 세계를 알게 되고 파악하게 되면 당신의 사업의 방향은 물론이고 삶의 방향까지 볼 수 있다. 삶을 어떻게 살아가야 할지도 세상을 읽을 때 알 수 있게 된다.

책을 읽는 것은 사실 즐거운 일이다. 세상을 보고 배우고 세상을 읽을 수 있게 되기 때문이다. 세상을 아는 이 즐거움이 얼마나 큰지 모른다. 넓은 세계를 보고 세상의 이치를 깨닫고 세상이 돌아가는 원리와 많은 현상들을 보게 되면 삶이 재밌어진다. 그 재미로 책 속으로 떠 빠져들게 되는 것 같다. 책을 통해 사회를 사람을 읽는 일은 즐거운 일이다. 독서를 통해 세상을 보는 일이 얼마나 즐겁고 신나는 일인지 모른다.

우리는 세상에 대한 수많은 시선과 생각들이 담겨 있는 다양한 책을 통해 세상을 읽을 수 있다. 세상의 본질을 꿰뚫을 수 있는 통찰력을 얻을 수 있다. 집중적으로 많은 책을 읽으면 당연히 세상이 어떤 곳인지 알게 된다. 세상을 읽게 된다. 여러 이해관계로 얽혀 있는 세상이 보인다. 사회는 무엇으로 돌아가며 사람들은 무엇에 웃고 울며 열광하는지 보이기 시작한다. 내가 살아가는 사회와 함께 살아가는 사람들의 본질이 보인다. 그 위에 자신만의 사색과 통찰이 더해지면 당신의 사업과 직업의 방향은 물론이고 인생의 방향까지 알 수 있게 된다. 책이 아니면 어디 가서 세상의 이치와 세상이 흘러온 역사를 알 수 있을까? 세계 곳곳에 흩어져 사는 사람들의 생각과 고민, 그들의 문화를 책이 아니면 무엇을 통해서 경험할 수 있겠는가?

책을 읽으면 세상의 흐름을 읽을 수 있고, 세상이 어떤 방향으로 나아가게 될지 볼 수 있는 통찰력이 생긴다. 사회와 인류의 미래가 보이고 앞으로 어떻게 대처하며 준비해야 할지 알게 된다. 책을 통해 우리가 사는 세계를 읽는다면 인생은 정말 다르게 바뀔 것이다. 책을 통해 세상을 읽어라! 책은 삶의 무기가 된다.

07. 스스로 생각하는 능력이 생기다
깊이 사색하고 성찰하라

나는 똑똑한 것이 아니라 단지 문제를 더 오래 연구할 뿐이다.
- 알버트 아인슈타인

독서하면 지식만이 아니라 생각하는 능력을 얻는다

보통 사람들은 책은 어떤 지식을 얻기 위한 도구라고 생각한다. 그러나 책은 단순히 어떤 정보만을 전달하는 도구가 아니다. '스스로 생각하는 능력'을 키워주는 도구이다. 스스로 많이 생각하도록 생각의 힘을 길러주는 도구이다.

우리는 독서를 왜 하는 것일까? 지식을 얻기 위한 목적도 있지만 단순 지식만을 얻기 위해 책을 읽는 것이 아니다. '스스로 생각하는 능력'을 얻기 위함이다. 그렇다면 스스로 생각하는 능력을 배우려면 어떻게 책을 읽어야 할까? 독서를 통해 '스스로 생각하는 능력'을 배우려면 깊은 사색이 필요하고 자신과 사회를 성찰하는 것이 필수다. 책은 스스로 생각하게 하는 좋은 도구다. 요즘 유행어 중에 '뽐뿌'라는 말이 있지 않은가? 이 유행어는 '펌프'를 일본식 발음으로 읽은 것이다. 책은 평소에 약하게 미동만 하는 나의 '생각'에 펌프질을 해준다. '뽐뿌'라는 단어에서 발전되어 '뽐뿌질'이라는 유행어가 생겼는데 어떤 행동을 하도록 들쑤신다는 의미이다. 책은 생각에 '뽐뿌질'을 해준다. 생각을 자극하고 계속 더 생각하고 싶게 만들어준다.

지식을 많이 외우는 것이 독서가 아니다. 스스로 질문하고 사고하고 답을 찾는 과정이 '독서'다. 글자를 많이 읽는 것이 참된 독서가 아니다. 책에서 말하고 있는 내용들을 가지고 깊이 사색하고 고민하고 나를 비춰보는 것이 참된 독서다. 책은 나를, 내가 처한 상황을, 세상을 생각하게 하는 도구다. 나보다 더 많은 고민과 성찰과 배움을 가진 사람들이 쓴 책을 읽지 않으면 어떻게 나에 대해서 또 내가 겪고 있는 삶에 대해서, 내가 살아가는 세상에 대해서 생각하겠는가. 독서하며 사색하고 성찰하지 않는 사람에게 '스스로 생각하는 능력'이 있을 리 만무하다.

3,000권의 책을 읽고 인생을 바꾼 작가 이상민은 『나이 서른에 책 3,000권을 읽어봤더니』라는 책에서 이렇게 말한다.

"무엇보다도 필요한 것은 고민과 성찰이다. 즉 되새김질이다. 책을 읽고 나서 내용을 얼마나 알고 있느냐, 밑줄을 얼마나 그었느냐, 얼마나 포스트잇을 붙였느냐, 얼마나 책을 접어놓았느냐는 중요하지 않다. 깊은 사색이 중요하다. 처절한 사투와도 같은 성찰이 절대적으로 필요하다."

그렇다. 이상민의 말처럼 책의 주장과 지식을 단순히 인식하는 것만이 아니라 그 안에 담긴 의미를 이해하고 깊이 사색하고 자신을 성찰할 때 스스로 생각하는 능력은 커지게 된다. 정말 중요한 것은 독서를 통해 '스스로 생각하는 능력'을 키우는 것이다. 깊은 고민과 성찰이 있을 때만 독서는 제대로 된 힘을 발휘한다.

책을 읽고 나서 처절한 고민과 성찰의 사투를 벌일 때만이 진짜 성장이 일어난다. 그것이 인생을 바꿀 수 있는 강력한 힘이 되는 것이다. 생각의 힘을 길러야 한다. 생각하는 힘이 결국 인생을 살아가는 힘이고 삶을 바꿀 수 있는 힘이기 때문이다. 삶에 여러 가지 문제들이 닥쳤을 때 스스로 생각하는 능력이 없는 사람은 쉽게 혼란에 빠지고 극심한 좌절에 빠진다. 문제와 어려운 상황들을 이겨나갈 힘이 없기 때문이다. 그러나 독서를 통해 깊이 사색하고 생각하는 능력을 얻는 사람은 자신에게 닥친 문제들을 담담하게 진단하고 깊이 있게 생각하며 결국 해결 방법을 찾아낸다. 독서하는 사람은 어려움이 닥쳤을 때 무엇이 문제인지 생각하고 문제의 본질을 보려고 한다. 자신을 돌아보며 해결책을 찾아 빠르게 어려움과 고난을 뚫고 나간다.

독서를 통해 스스로 생각하는 능력을 기르는 것이 얼마나 중요한지 모른다. 스스로 생각하는 능력을 기르지 못한 사람은 시대의 흐름에 쓸려가는 인생을 살아간다. 남들이 학원 가니까 나도 학원에 간다. 남들이 취업을 준비하니 나도 취업을 준비한다. 남들이 넓은 집과 좋은 차를 꿈꾸기에 나도 그것을 꿈꾼다. 자기 자신의 주관과 생각이 없이 사람들과 세상의 흐름을 따라 삶을 살아간다. 세상의 흐름에 따라 아무 생각 없이 흘러가는 것이다. 옆집 철수가 좋은 직장에 취직하니 나도 좋은 직장에 취직해야 한다. 남들이 여행가니 나도 여행을 가야만 한다. 사람들이 인정해주니 대기업과 '사'로 끝나는 직업을 가져야 한다. 사회가 정해놓은 기준과 생각에 무작정 따라 생각하고 살아간다. 주위 누군가가 "이게 이렇대."라고 하면 그것이 맞는 줄로 생각하고 또 누가 "저게 저렇대." 하면 그것이 맞는 줄로 생각한다. 자신의 주체적인 생각 없이 사람들이 생각하는 대로 자신도 똑같이 생각하며 줏대 없이 흔들리는 인생, 끌려 다니는 인생을 살게 된다. '스스로 생각하는 힘'이 없기 때문이다. 책을 통해 스스로 생각하는 힘을 길러야 세상의 흐름에 끌려 다니지 않을 수 있다. 스스로 생각하는 힘이 있어야 내가 원하고 바라는 인생을 살아갈 수 있다.

스마트폰 대신 책을 잡아라

나는 요즘 스마트폰 게임 열풍이 불고 있는 것에 대해서 환영하지 않는
다. 어딜 가나 어린아이건 대학생이건 직장인이건 노인이건 모두가 스마
트폰을 붙들고 게임에 빠져 있다. 가끔씩 머리 식히기 위해 하는 것은 몰
라도 틈만 나면 게임 하는 것은 개인적으로나 국가적으로나 발전을 가져
오지 못한다. 이러한 현상은 좋지 않은 현상이다. 게임은 책을 읽는 시간
과 혼자만의 고민의 시간을 빼앗기 때문이다.

세상을 지배하고 이끄는 사람들은 틈만 나면 게임하면서 시간을 보내
지 않는다. 그들은 작은 시간이 나면 책을 꺼내들고 독서한다. 안랩 대표
안철수는 엘리베이터에서 읽는 책이 따로 있다고 한다. 그는 엘리베이터
를 기다리는 시간이라도 붙잡아 책을 읽고 사색하는 시간을 가지고자 그
렇게 노력한다. 이들이 왜 자투리 시간까지 붙잡아 독서를 하는 것일까?
단순히 많은 이야기들과 정보들을 알고 싶어서일까? 아니다. 책을 읽으며
생각하고 사색하고 싶기 때문이다. 스스로 많은 생각들을 할 수 있는 소스
를 얻고 싶기 때문이다. 이 글을 읽고 있는 여러분도 자투리 시간을 붙잡
아 열심히 독서하고 여유가 생길 때 그것을 가지고 깊이 생각하는 시간을
가져봐라. 책을 읽고 사색하는 시간들이 쌓이면 '스스로 생각하는 능력'이
커질 수밖에 없다. 그것은 반드시 당신의 인생에 모든 영역에서 변화를 일
으킬 것이다.

이 시대 최고의 성공한 기업가이면서 독서광인 빌게이츠는 "자신의 생각을 가능하게 하는 것이 독서이다. 독서는 내 생각의 소스이다."라고 말했다. 생각의 소스인 책을 미친 듯이 읽으면서 스스로 생각하는 힘을 키웠고 그 힘을 가지고 세계 최고의 스마트폰 '아이폰'을 만들어 냈고 '애플'이라는 최고의 IT 기업을 세운 것이다.

책은 단순히 정보를 얻는 장이 아니라 그것을 넘어 스스로 생각하고 사고하는 생각의 장이자 삶의 깊은 통찰을 얻는 '배움의 터'인 것이다. 내가 처음 책을 찾게 된 이유도 뭔가 생각을 깊고 넓게 해나가려고 하는데 그것이 진전이 안 되었기 때문이었다. 큰 세계를 향해 앞으로 빠르게 전진하려는 자동차에 기름이 없는 느낌이었다. 스스로 깊이 생각하고 싶었다. 그러나 생각의 소스, 자극제가 없었던 것이다. 나는 생각의 소스를 찾기 위해 책을 찾았다. 무조건 혼자 사색한다고 의식이 확장되고 생각이 깊어지는 것이 아니었다. 혼자 생각하고 상상하는 것은 한계가 있다. 책을 읽으면서 다른 이들의 생각을 접해야 나의 생각도 만들어지는 것이고 사고가 깊어지고 의식이 확장되는 것이다. 내가 그렇게 생각의 소스인 책을 읽으면서 '스스로 생각하는 능력'이 자라나기 시작했다.

『자기 경영노트』,『생각의 비밀』,『알면서도 알지 못하는 것들』의 저자이자 전 세계에서 가장 큰 도시락 회사를 운영하는 CEO 김승호 회장은 "자녀들에게 남기고 싶은 최고의 유산은 무엇인가요?"라는 질문에 "제가 공부를 많이 하지 않았는데도 살아남을 수 있었던 건 스스로 생각하는 능력이 있었기 때문입니다. 어느 학교에 들어가든, 어떤 직업을 갖든 중요한 건 스스로 생각하는 것입니다. 독서를 통해 생각하는 능력을 얻게 되면 어떤 문제나 실패 앞에서도 당당하게 다시 일어설 수 있습니다. 꿈을 꾸고 그걸 이루기 위해 노력할 수 있는 기반이 됩니다."라고 말했다. 책을 통해 '스스로 생각하는 능력'을 기르는 것이 얼마나 중요한지 알려주는 대목이다.

'생각하는 힘'을 키우기 위해서는 깊은 사색과 고민 또 자신과 세상을 비춰보는 성찰이 필요하다. 저자의 주장에 의문을 갖고 그들의 생각과 주장에 대해서 깊게 고민해보자! 이런 과정 없이 책을 읽는다면 사고의 힘은 길러지지 못한다. 독서의 참된 유익을 얻지 못하게 되는 것이다. 책을 읽으며 스스로 생각하는 시간을 반드시 가져야 한다. 사람들은 밥을 먹고 바로 뛰거나 일하지 않고 소화하기 위해 커피를 마시거나 산책을 한다. 우리도 책을 읽고 또는 생각을 자극하는 구절들을 읽고 그 책의 내용을 소화시키는 사색과 고민의 시간을 가져야 한다. 실제로 그 사색하고 저자의 생각을 의심해보고 의문을 가지는 그 시간을 통해 '스스로 생각하는 능력'이 급격하게 성장하게 되는 것이다.

우리가 독서에 열중하는 것은 단순히 '나 몇 권 읽었어!' 남들에게 자랑하기 위함이 아니다. 단순히 여러 가지 지식들을 머리에 담기 위함도 아니다. 우리가 독서해야 하고 독서하는 이유는 바로 '스스로 생각하는 힘'을 키우기 위함이다. 우리는 '생각하는 능력'을 키우고자 책을 읽는 것이다. 깊이 사색하고 자신을 성찰하는 시간을 가져야만 스스로 생각하는 힘이 자라고 사고의 성장이 일어나게 된다. 책을 빠르게 많이 읽는 것이 목적이 아니라는 것을 명심해야 한다. 단순히 많은 책을 읽는 것 자체가 우리의 목표가 되어서는 안 된다. 독서의 질은 생각을 얼마나 많이 했느냐에 달린 것이다. 독서의 핵심과 본질은 바로 '스스로 하는 생각'이라는 사실을 잊지 말아라!

08

사명을 찾다
책에서 '진짜 원하는 것'을 찾아라

위대한 이들은 목적을 갖고, 그 외의 사람들은 소원을 갖는다.
- 워싱턴 어빙

가슴을 뛰게 하는 일, 내일이 기다려지는 일

"당신은 월요일이 기다려지는가?"

매주 일요일 저녁 중·고등학교 동창들과 한 팀이 되어 축구를 한다. 저녁 늦게 축구 시합이 끝나고 나면 너도나도 할 것 없이 "하, 내일 또 월요일이야. 주말 너무 빨리 갔어! 내일 출근해야 되네. 일하기 진짜 싫다."라며 탄식을 쏟아낸다. 당신도 일요일이 되면 내 친구들과 같이 탄식을 쏟아내는가? 대부분의 사람들은 매주 일요일이 되면 월요일이 오지 않길 바란다. 회사에 출근하기 싫기 때문이다. 이들은 왜 이렇게 월요일을 싫어하는 것일까? 자신이 하고 싶은 일이 아니라 돈 때문에 억지로 일을 하고 있기 때문이다. 자신이 진정으로 원하는 일이 아니기 때문이다. 자신의 가슴을 뛰게 하는 일이 아니기 때문에 내일이 기다려지지 않는 것이다.

나는 초등학교 때 축구를 너무 좋아했다. 또 축구를 잘했다. 축구를 좋아하는 아이들끼리 학교에 일찍 나가 1시간가량 축구를 했다. 나는 그 당시 내일이 너무 기다려졌다. 수업 때문이 아니라 내가 좋아하는 축구를 할 수 있어서 그랬다. 축구를 하는 것이 내게는 큰 행복이었고 기쁨이었다. 내가 가장 좋아하는 것을 할 수 있었기에 내일이 기다려졌던 것이다. 자신이 가장 좋아하는 일을 찾고 그 일을 할 때만 내일이 기다려지는 인생을 살 수 있다.

현대인들은 엄청나게 바쁜 삶을 살아가간다. 바쁘게 돌아가는 세상 속에서 우리는 자신이 누구인지, 어떤 사람인지 잊은 채 그저 바쁘게만 살아간다. 타인의 시선에는 정도 이상의 관심을 쏟지만 자기 자신에 대해서는 잘 알지 못하며 살아간다. 자신의 기호뿐만 아니라 자신의 감정에 대해서도 알지 못한다. 상대방을 필요 이상으로 인식하며 '나'라는 사람을 잊어버리며 살고 있는 것이다. 사회적 기준을 잣대로 삼아 그 기준에 맞추고자 부단히 노력하며 살아가고 있다. 자기 자신을 아는 것이 가장 중요함에도 그것을 알지도 못할 뿐만 아니라 찾으려 노력조차 하지 않고 있다.

그들 중에 집중적으로 독서하는 사람들이 있을까? 아마 없을 것이다. 한국의 대부분의 평범한 사람들은 책을 읽지 않는다. 집중적으로 독서하는 사람을 보기가 힘들다. 평일에는 일 때문에 바빠서 책을 못 읽는다고 한다. 그런데 주말이 되도 똑같다. 금요일이 되면 친구들과 클럽가고 술 마시기 바쁘다. 토요일과 일요일은 잠을 자고 늦게 일어나 여자 친구를 만나거나 늦게 일어나 친구들과 커피를 마시며 수다로 시간을 보낸다.

대부분의 사람들이 자신이 무엇을 가장 좋아하는지 무엇을 할 때 기쁘고 행복한지 어떤 일을 하는 것이 나의 가능성과 재능을 살릴 수 있는 것인지 고민하지 않는다. 그들은 자기 자신을 바로 아는 것이 인생에 있어 얼마나 중요한 것인지 알지 못한다. 그러한 고민이 없기에 책도 읽지 않는 것이다. 독서는 자기 자신이 누구인지 발견할 수 있는 최고로 빠르고 효과적인 방법이다. 책 속에서 자기 자신이 무엇을 원하고 좋아하는지 발견할 수 있다. 자기 자신이 무엇을 원하는지 찾지 않는 사람이 책을 읽고 있을 리 없을 것이다.

세상에는 두 부류의 사람이 있다. 하기 싫은 일을 억지로 하며 내일이 오지 않길 바라는 그저 그런 사람과 자신이 하고 싶은 일을 하며 자유롭고 행복하게 최고의 인생을 사는 사람이다. 이들의 큰 차이점은 무엇일까?

출근하는 내일이 오지 않길 바라며 그저 그런 인생사는 사람들의 특징은 자신의 가슴을 뛰게 하는 정말 원하고 좋아하는 일이 아니라 원하지 않는 일을 하면 산다는 것이다. 그들은 자기 자신이 무엇을 좋아하고 무엇을 하고 싶어 하는지에 대해서는 알지 못한다. 찾으려고도 하지 않는다. 상황이 닥치는 대로 또는 부모, 친구, 교수가 추천해준 일을 하며 억지로 회사에 나가는 인생을 살고 있다.

반면에 최고의 인생을 사는 사람들은 자신의 사명을 깨닫고 자신이 있어야 하는 자리를 아는 사람들이다. 자신에게 진짜 맞는 옷을 찾아 인생 전부를 쏟으며 기쁨과 즐거움으로 일하며 살아가는 사람들이다. 그런 사람들은 결국엔 경제적 여유를 누리며 다른 사람들을 살리는 그런 최고의 인생을 살아간다. 이 시대 성공한 사람들, 사회를 혁신시키고 사회에 선한 영향력을 끼치는 사람들은 자신이 정말 좋아하는 일을 하는 사람들이다. 그들은 일을 할 때 눈에서 빛이 난다. 일을 할 때 힘들고 지치는 것이 아니라 생기가 돈다. 자신이 좋아하는 일을 하기 때문에 하면서도 기쁘고 즐거운 것이다. 능률도 올라가고 성과는 말할 것도 없다. 대부분의 사람들이 평범하고 존재감 없이 사는 이유는 '자기 자신'과 정말 마주하지 않기 때문이다. 자기 자신의 내면의 목소리에 귀 기울이지 않고 '남들의 시선과 사회의 기준'에 맞춰 인생을 살아가기 때문이다.

최고의 인생을 살 수 있는 비결은 정말 자신이 원하는 것이 무엇인지 아는 것에 있다. 세계에서 가장 영향력 있는 경영사상가인 찰스 핸디는 "우리 자신의 발견은 세상의 발견보다 중요하다."라고 말했다. 결국 최고의 인생을 사는 비결도 세상에서 성공하는 비결도 자기 자신과 마주하는 것이다. 자신이 무엇을 좋아하는지 어떤 것을 진정으로 원하는지 찾는 것에 우리의 인생의 수준이 달려 있다. 그런데 그것을 찾는 것은 책을 통해서 가능하다. 독서는 '진정한 나'와 마주할 수 있게 하는 최고의 도구이다.

독서는 세상을 보는 안목만 키워주는 것이 아니다. 나를 보는 안목도 키워준다. 독서해야 사고가 깊어지고 '진정한 나'를 돌아볼 여유가 생긴다. 독서는 단순히 지식을 얻고 깨달음을 주는 것만이 아니라 자기 자신이 어떤 사람인지 무엇을 원하고 잘하는지 돌아보게 해준다. 자기 자신은 어떤 강점이 있고 어떤 부분에 특화되어 있는지 무엇을 좋아하는지 알 수 있도록 독서가 그것을 도와준다.

1년간 독서에 미치는 삶을 시작하면 당신은 흘러가는 시간들을 모을 것이고 조용한 시간들이 확보될 것이다. 조용하게 독서하며 사고가 확장되고 세상과 사람들을 이해하게 되면서 점점 나 자신이 어떠한 사람이며 나 자신은 누구인가, 내가 좋아하는 것은 무엇이며, 나는 어떤 일들에 흥미를 느끼는지 발견하게 될 것이다.

나만의 재능, 나의 기쁨을 찾아라

"나의 마음을 흔들고 나를 전율시키는 일이 무엇인지 당신은 알고 있는가?"

자신이 진짜 하고 싶은 일이 무엇인지 알고 있냐는 말이다. 정말 자신이 좋아하는 일을 찾아 그것에 도전하지 않으면 평생 하기 싫은 일을 하며 아무 보람 없이 쉬는 날과 월급날만 기다리는 인생을 살아야 한다. 자기 분야에서 두각을 나타내며 성공한 사람들은 모두 자신이 정말 원하고 하고 싶은 일을 하는 사람들이다. 자신의 가슴을 뛰게 하는 진짜 자기 일을 하고 있다는 것이다. 크게 성공하며 모두에게 인정받는 사람들! 그들 모두는 자신이 진정으로 원하는 일을 찾고 그 일에 몰두하는 사람들이다.

자신의 재능! 나만이 할 수 있는 일! 내가 하면서 기쁨을 느낄 수 있는 일! 당신은 정말 알고 있는가? 자신이 정말 원하며 하고 싶은 일이 무엇인지 묻지 않는 것은 실패하는 인생의 지름길이다. 후회감이 가득하고 지루한 인생을 사는 길이다. 누구나 이러한 인생을 살고 싶지 않을 것이다. 지금은 독서하며 자기 자신과 마주해야 하는 시기이다. 우리는 누구나 자신만의 재능과 달란트를 가지고 있다. 책은 이것을 찾게 해준다. 책을 통해 자신의 강점과 좋아하는 일을 발견할 수 있다. 자신에게 딱 맞는 옷을 찾을 수 있다. 책은 자기 자신을 볼 수 있게 하는 최고의 도구이기 때문이다.

책은 세상에 있는 수많은 꿈들과 삶들을 보게 하고 또 그러한 다양한 세상 안에서 살아가는 나 또한 보게 해준다. 책에 미친다면 자기 자신을 보지 못할 수가 없다. 진정한 나를 발견하는 책 읽기를 지금 시작하자! 성공하고 꿈을 이루며 보람차고 의미 있게 살아가는 사람들은 모두 이 답을 찾고 전념한 사람들이다. 독서를 통해 자신에게 가장 잘 맞는 옷을 찾을 수 있다. 책은 세상의 수많은 사람들, 직업들, 생각들을 만나볼 수 있는 기회기 때문이다. 책 안에서 정말 자신이 진짜 원하는 것을 발견할 수 있다.

책을 읽으면 남을 의식하고 세상의 기준에 따라 살아가는 것이 아니라 자기만의 삶의 철학과 신념을 세우게 되고 자기 자신만의 꿈을 꾸게 된다. 자신의 재능과 가능성에 집중하고 자신이 정말 원하는 그런 진짜 꿈을 품게 된다. 세상에서 수많은 경험들을 하며 의식이 깨어 있는 사람들의 생각들을 듣고 그들의 이야기를 들으며 생각을 깨어나고 자신에게 집중하는 것이 세상에서 성공하고 행복한 인생을 사는 비결임을 깨닫게 된다. 자신이 무엇을 잘하는지 무엇을 원하는지 모르고 남들 따라가는 이 시대에 책을 읽으면 자신의 마음에 귀 기울이고 가슴 뛰는 꿈을 설계하게 된다. 꿈 없는 가짜들과는 차원이 다른 인생을 살게 된다. 자신이 누구인지 무엇을 좋아하며 잘하는지 모른 채 그저 다들 남들 따라가는 시대에 책은 인생의 강력한 무기가 된다. 남의 눈치만 보며 다 남들 따라가는 시대 속에서 독서는 삶을 돌아보게 만들며 나보다 멋지고 행복하고 풍요로운 삶을 살아가는 사람들을 보면서 자신만의 삶을 찾도록 이끌어준다. 미친 독서를 통해 자신의 재능과 가능성을 발견하고 자신이 정말 원하고 좋아하는 것을 찾는다면 자신만의 의미 있고 성공한 삶을 살 수 있다. 자신의 삶의 주인공이 되며 자신의 분야에서 뛰어난 실력을 발휘하게 되고 세계 속에서도 주인공으로 우뚝 서게 될 것이다.

책을 읽으면 자신이 정말 좋아하는, 자신을 흥분케 하는 그런 일을 발견할 수 있다. 그것뿐인가? 자신이 가장 좋아하는 일을 깨닫는 것뿐만 아니라 그것을 시도하고 도전할 수 있는 용기도 준다. 자신의 가슴이 시키는 일을 알지만, 현실을 생각하며 하지 못하고 있는 사람들에게는 그것에 도전할 수 있는 용기와 자신감을 준다. 책 속에서 자신이 가장 원하는 것이 무엇인지 찾자. 자신의 최고의 강점이 무엇인지 발견하자. 책은 삶의 무기가 된다.

최고의 유산
중앙일보 강남통신 팀, 토트, 2016

『최고의 유산』은 자녀가 더욱 행복하고 가치 있는 삶을 살아가는 데 기준이 될 만한 정신적 유산을 찾아 명사들을 만나고 그들의 자녀 양육의 철학과 실제 삶의 이야기를 엮은 책이다. 이 책은 돈이 아닌 삶에 대한 이야기다. 작은 생활 습관부터 삶을 대하는 태도와 철학까지, 자녀 교육의 현장에서 흔들리는 후배 부모들에게 선배 부모들이 전하고 싶은 메시지를 담고 있다.

25인의 명사들이 자녀를 어떻게 기르고 성장시켰는지 보면서 한 부모의 '자녀'인 내가 어떻게 앞으로 살아가고 성장하며 건강하게 세워질지 그 원리와 비결을 깨달았다. 어떤 자세와 태도를 가지고 지금의 삶을 준비하고 나아가야 할지 큰 힌트들을 얻었다. 명사들은 사랑과 자유, 배려와 예의, 이웃과 나누는 삶을 중시했다. 의로움을 좇고 용감하게 살아야 한다고 말하며 누구와도 비교하지 말고 자신만의 열매를 맺어야 한다고 가르쳐주었다. 또한 그러한 삶을 살기 위해서는 독서가 필수적임을 깨닫게 해주었다.

"누구와도 비교하지 말고 너만의 열매를 맺어라."

이 말은 나의 가슴에 새겨져 있는 구절이다. 젊은 거장 피아니스트 손열음의 어머니께서 아이를 이러한 가치관으로 키워낸 것을 보고 감탄했다. 이 책을 읽은 후 나는 누구와도 비교하지 않고 내 강점과 재능을 살리고 내가 하고 싶은 일에 집중하며 살게 되었다. 정말 나만의 열매를 맺는 삶을 살아가고 있다.

이 시대 명사들은 자녀들을 어떤 생각과 가치관으로 무엇을 중요시했는지 볼 수 있고 또 그런 교육을 받으며 자란 아이들이 어떻게 건강하고 재능을 발휘하며 세상에 선한 영향력을 끼치는지 잘 보여주고 있다. 깊은 감동뿐만 아니라 삶의 깊은 깨달음과 원리들을 명인들의 과정과 결과들을 보며 배울 수 있어 많은 도움이 되었다.

4장

인생을 확
바꾸기 위한
미친 독서
8단계

먼저
닥치는 대로 읽어라

게으름은 피곤하기 전에 쉬는 습관일 뿐.
- 쥘 르나르

관심 가는 분야부터 일단 읽어라

내가 처음 책을 읽기 시작했을 때에 어떤 책을 얼마나 어떻게 읽어야 할지 도무지 감을 잡지 못했다. 독서에 대해 아무것도 모른 채 막막하기만 했다. 20년이 넘는 인생을 살면서 교과서 빼고 책을 10권도 읽지 않은 사람이 책을 본격적으로 읽자니 막막한 것이 당연했다. 일단 나는 1년 100권의 목표를 세웠다. 책을 몇 권 읽다 보니 미친 듯이 읽으면 1년 100권은 가능할 거라 생각했다. 그 당시 내게는 엄청난 목표치였다. 그렇게 100권이라는 독서 목표를 정했지만 여전히 무슨 책을 읽어야 할지, 어떻게 책을 읽어야 할지 알지 못했다. 주위에 어떻게 독서해야 하는지 가르쳐주는 사람도 없었고 책을 왜 읽어야 하는지 독서의 위력에 대해 말해주는 사람도 없었다.

책을 어떻게 읽어야 할지 몰랐기에 1년 100권이라는 목표를 가지고 그냥 닥치는 대로 읽었다. 내가 스스로 읽고 싶은 책부터 닥치는 대로 읽기 시작했다. 누구에게 멋지게 보이거나 고상하게 보이는 책이 아니라 내 스스로 관심이 가고, 읽고 싶은 책들을 골라 닥치는 대로 읽어나갔다. 역사, 철학, 경영, 정치, 성공학, 성공 사례, 신앙 등 여러 분야의 책을 닥치는 대로 그냥 읽어나갔다. 그러다 이 시대 성공한 사람들의 성공 이야기를 읽으면서 가슴이 뛰는 것을 경험했다. 시련과 역경을 딛고 일어나 업계 최고가 된 그들의 험난하면서도 스펙터클한 성공 이야기를 볼 때면 영화를 보는 것 같았다. 가슴이 뛰었고 너무 즐거웠다. 아픔과 고통의 시간을 겪어온 그들의 이야기를 들으며 정말 많은 위로를 받고 큰 용기를 얻었다. 그들의 책을 읽을 때마다 그들이 "당신도 어려운 상황에 있지만 포기하지 마세요. 나처럼 이겨내고 눈부신 삶을 살 수 있습니다."라고 말을 거는 것 같았다. 그들의 진실한 충고와 역경을 극복한 삶은 공감을 불러일으켰고 좌절하고 힘들어하던 마음을 어루만져 다시 일어날 힘을 주었다. 감동과 용기와 희망을 얻으면서 나는 그렇게 책과 가까워졌다.

독서량이 10권을 지날 때였다. 나는 학교 교수님들이나 강의하러 오셨던 강사님들께 이메일을 보내 독서를 시작하려는데 어떤 책을 읽어야 할지 추천해달라고 했다. 교수님과 여러 강사님들이 내게 좋은 책들을 소개해주셨다. 그런데 그분들이 소개해주신 책들 중 다 읽은 책들도 간혹 있지만 읽지 못한 책들이 많았다. 추천해주신 책들을 몇 권 읽어봤지만 내용이 너무 어려웠고 읽으면서 전혀 흥미를 느끼지 못했기 때문이다. 그분들은 나의 상황이나 나의 수준을 모르고 그분 자신에게 좋았던 책들 위주로 추천을 해주셨던 것이다. 그 당시 나는 평생 동안 읽은 책이 10권을 막 지나던 시기였다. 그랬기에 교수님들의 추천 도서가 내 수준에 맞지 않았던 것이다.

그러던 와중에 철학을 가르치는 학교 교수님께 "제가 책을 본격적으로 읽고 있는데 어떤 책을 읽어야 할까요?"라고 이메일을 보냈다. 교수님께서는 이러한 답변을 주셨다.

"일단 읽고 싶은 책부터 닥치는 대로 읽으세요. 손이 가는 대로, 마음이 가는 대로 원하는 책을 닥치는 대로 계속해서 읽다 보면 성장하고 어떤 책을 읽어야 할지 보일 겁니다."

실망스러웠다. 내가 기대했던 것과는 완전 딴판의 답변이었다. '아니 서울대 나왔다면서 왜 책 추천해달라고 하는 학생에게 저렇게 답을 하지? 그냥 귀찮아서 저러나?'라며 불평했다. 그러나 나중에 점점 책을 읽어가면서 이것이 얼마나 적절한 답변이었는지 깨달았다. 그 답변이 얼마나 나를 생각하고 내 수준을 고려해주신 답변인지 나중이 되어서야 알게 되었다.

나는 교수님의 말을 참고해서가 아니라 무슨 책을 읽을지 몰라 그냥 내가 관심이 가고 재미를 느끼는 책부터 닥치는 대로 읽어나갔다. 나중이 돼서야 내가 교수님의 말대로 닥치는 대로 독서했다는 사실을 깨달았다. 그때는 방법을 몰라 가릴 것 없이 잡히는 대로 읽어나갔다. 유명하다는 책은 물론 책 제목이 매력적이면 그냥 꺼내 읽었다. 한동안 그렇게 닥치는 대로 가리지 않고 읽고 싶은 책들을 읽었다. 내가 가장 좋아했던 성공 스토리가 담긴 책을 수십 권 읽다 보니 다른 영역에서의 갈증들이 올라오기 시작했다. 읽어오던 책을 통해 용기와 희망, 자신감을 얻었지만 뭔지 모를 갈증이 올라왔다. 그래서 인생의 근본적인 답을 찾는 철학책을 읽기 시작했다. 철학책을 많이 읽다 보니 또 다른 부분에서의 갈증이 생겼다. 자연스럽게 다른 분야의 지식이 알고 싶어졌다. 그러면서 궁금하고 갈증이 올라오는 분야로 옮겨가며 책을 읽어나가게 되었다. 그렇게 계속해서 독서의 영역을 늘려나갔고 그와 함께 독서량도 자연스럽게 늘어갔다. 책을 읽어나갈수록 막막함이 사라지고 어떤 책을 읽어야 할지 감을 잡게 되었다. 읽고 싶고, 알고 싶은 영역들이 생기게 되고 어떤 책들을 얼마나 읽어야 할지 감이 잡히기 시작했다.

책을 읽다 보면 다른 좋은 책에서 가져온 인용 구절들이 나온다. 마음을 끌어당기고 가슴을 뜨겁게 하는 인용 구절들이 있다. 그 인용에는 인용한 저자와 책 제목이 쓰여 있다. 나는 당시 내 마음을 울린 한 문장이 담겨 있는 책이라면 분명 내게 깨달음과 성장을 줄 것이라 생각했다. 그래서 그 인용이 된 책을 독서노트에 적어 다음 읽을 책 리스트에 올렸다. 어떤 책을 읽을지 몰랐지만 일단 닥치는 대로 읽어나가다 보니 이런 식으로 다음 읽을 책들을 정할 수 있었다. 덤으로 좋은 책들을 자연스럽게 발견할 수 있었다.

일단 양을 채워야 길이 보인다

일단 무슨 책을 어떻게 읽어야 할지 몰라도 닥치는 대로 읽어나가야 한다. 분야나 책의 질을 따지지 말고 일단 닥치는 대로 읽어야 한다. 그럼 앞으로 무슨 책을 어떻게 읽어나가야 할지 길이 점점 보이게 될 것이다. 그때 철학 교수님께서 해주신 조언이 정말 맞는 말이었다. 철학 교수님의 조언을 따르고자 한 것은 아니었지만 본의 아니게 그대로 따르면서 독서의 길을 찾았다. 어떻게 독서 계획을 짜야 할지, 책을 읽으며 어떤 부분을 건너뛰어야 할지, 어느 분야의 책을 얼마나 읽어야 할지 독서에 눈을 뜨게 되었다. 책을 닥치는 대로 읽어나가다 보니 어떤 방법으로 독서해야 하는지 파악하게 된 것이다.

몇 해 전 헬스를 좋아하는 친구의 권유로 웨이트 트레이닝을 시작했다. 운동을 막 시작할 때는 벤치프레스를 바(bar)만으로도 들기가 힘들었다. 몸에 근력이 너무 없었던 것이다. 하루에 한 번 저녁 시간에 모여 열심히 운동을 했다. 무게를 드는 운동이라 처음에는 너무 힘들었다. 가슴 운동을 해도 가슴이 자극이 되는 것인지 어깨가 자극되는 것인지 알지 못했다. 그냥 전신이 다 힘들었다. 운동을 계속해도 온몸이 힘들기만 했다. 친구에게 자세가 안 좋아서 그냥 힘들기만 한 것이 아니냐고 물었다. 친구는 "그냥 일단 막 들어! 자세 신경 쓰지 말고."라며 혼을 냈다. 일단 최대한 많이 닥치는 대로 들게 시켰다. 그렇게 한 달 두 달 세 달이 지나자 몸 전체에 근육들이 붙기 시작했다. 모든 부위에 어느 정도의 힘이 생기자 각 부위별로 운동을 할 때 그 부위의 자극이 느껴지기 시작했다. 가슴 운동을 할 때는 가슴에 집중적으로 자극이 오는 것을 느꼈다. 어떻게 운동을 하는 것인지 감을 찾게 되었다. 그때부터는 친구의 큰 도움 없이 나 혼자서도 몸 부위별로 자극을 느끼며 운동할 수 있게 되었다.

독서에 있어서도 원리는 똑같다. 독서의 근육이 붙기 전에는 일단 양을 채워야 한다. 읽는 책이 수준 높은 도서면 좋지만 그렇지 않아도 모든 책들에는 배울 점이 있기 때문에 어떤 책이건 괜찮다. 독서의 근력이 없는 사람이 좋은 책인가 나쁜 책인가 가려가며 필요한 책만 읽겠다는 것은 어떻게 보면 어리석은 것이다. 분야를 가리고, 좋은 책과 나쁜 책을 가리는 것은 지금 할 때가 아니다. 내가 처음 헬스를 배울 때 무작정 무게를 많이 들면서 자극점을 찾았듯이 책도 일단 닥치는 대로 많이 읽어야 한다. 일단 어느 책이든 독서의 양을 채워야 의식이 뚫리고 생각이 유연해진다. 어느 정도 지식이 쌓이고 의식이 성장하면 어떤 책을 읽어야 할지, 어떻게 책을 읽어야 할지 자연스럽게 보이기 시작한다.

독서에 관한 책들이 많이 나오고 있고 여러 가지 다양한 방법들이 제시되고 있지만 초보 독서가라면 일단 닥치는 대로 많이 읽어야 한다. 어렵고 고상한 책들이 아니라 자신이 가장 좋아하는 분야의 책을 많이 읽어야 한다. 그래야 책과 가까워지게 되고 독서의 재미를 느끼게 된다. 그것을 한 후에야 다음을 생각할 수 있다. 내가 처음 독서를 시작할 때 누군가에게 좋다는 책을 강요받거나 틀에 갇힌 독서를 했다면 나는 독서의 참맛을 보지 못했을 것이다. 독서의 재미를 느끼지 못한 채 그냥 억지로 몇 권 읽다가 독서하는 삶을 포기했을 것이다. 그렇게 했다면 지금의 수준까지 절대 오지 못했을 것이다.

재미를 전혀 못 느끼거나 부정적인 책들만 아니라면 일단 많이 읽어라! 닥치는 대로 따지지 말고 읽어라! 독서 근육이 붙어 자극을 느낄 수 있을 때까지 닥치는 대로 읽어라! 독서에 대한 눈이 트이고 좋은 책과 나쁜 책들을 구분할 수 있는 지혜와 분별력이 생길 때까지 닥치는 대로 읽어라! 그럴 때 비로소 앞으로 어떻게 독서를 해나가야 하며 어떤 독서 생활을 해야 할지 길이 보이기 시작할 것이다.

02. 좋은 책은 반복해서 읽어라

> 어떤 책들은 맛보기용이고 어떤 책들은 삼키기용이며
> 몇몇 책들은 씹고 소화시키기용이다.
> 즉, 어떤 책들은 일부만 읽으면 되고 어떤 책들은 다 읽되
> 호기심을 가질 필요는 없으며
> 몇몇 책들은 완전하고 충실하고 주의 깊게 읽어야 한다.
> - 프랜시스 베이컨

반복해야 내 것이 된다

작년 연말 친한 친구들과 친구네 집들이를 갔다. 집에서 맛있는 음식을 먹으며 시간을 보냈다. TV 채널을 돌리다 우연히 영화를 보게 되었다. 나는 1년에 영화를 한 편이나 두 편 볼까 말까 한다. 그런데 그날이 1년에 한 번 영화 보는 그날이 되었다. 〈신세계〉라는 제목의 영화였다. 나는 처음 보는 영화였지만 친구들은 이걸 어떻게 처음 볼 수 있냐며 신기해했다. 한 친구는 자기는 이 영화를 7번 이상 봤다고 내게 자랑했다. 그 친구는 보는 내내 거의 모든 장면에서 연기자보다 빨리 대사를 쳤다. 모든 대사들을 외

우고 있는 것 같았다. 너무 깜짝 놀랐다. 나는 그것을 보면서 영화를 좋아하는 사람들이 굉장히 많다는 걸 알게 됐다. 또한 사람들은 재밌는 영화가 있으면 몇 번이고 돌려본다는 사실을 그제야 알게 됐다.

재밌는 영화를 여러 번 돌려본다는 사실을 알고서 내 안에 '재밌는 영화는 저렇게 여러 번 돌려 보면서 왜 좋은 책은 한 번만 읽고 마는 거지?'라는 물음이 올라왔다. 많은 사람들이 책을 한 번만 읽고 보이지 않는 곳에 쌓아놓는다. 책을 읽는다는 사람들 중에 책을 한 번만 읽고 마는 사람들이 굉장히 많다. 사람들은 좋은 책을 만나면 감동을 받고 깨달음을 얻는다. 그러고는 보이지 않는 곳에 치워놓는다. 한 번 읽으면 됐다고 생각하기 때문이다. 하지만 전혀 그렇지 않다. 한 번 읽었다고 좋은 생각들과 깨달음들이 전부 흡수되는 것이 아니다.

좋은 생각과 깨달음이 담긴 좋은 책은 한 번만 읽어서는 안 된다. 우리는 좋은 책이 주는 그 깨달음과 지혜를 내 안에 깊이 담아야 한다. 그 좋은 생각과 통찰들을 가지고 더욱 깊이 생각하며 자신의 것으로 만들어야 한다. 그런데 한 번 읽고 마는 것으로 그런 유익을 누릴 수 없다. 반복해서 읽어야 내 속에 각인되고 가슴에 담겨 그 지혜가 온전히 내 것이 되는 것이다. 그렇기 때문에 좋은 책이라면 반복해서 읽어야 한다. 친구가 좋은 영화를 반복하여 보면서 대사를 줄줄 외웠듯이 좋은 책도 여러 번 보며 자신의 것으로 만들어야 한다.

크리스천들에게 가장 좋은 책은 무엇일까? 단연 '성경'일 것이다. 크리스천이 성경을 한 번 읽고 마는가? 아니다. 삶의 절대적 기준과 진리라고 믿는 성경 말씀을 읽고, 읽고 또 읽는다. 한 번만 읽고 던져놓는 경우가 없다. 한 번으로는 부족해 몇 번, 수십 번 통독을 하기도 한다. 아침에 일어나 말씀을 읽고 저녁에 자기 전에 또 말씀을 읽는다. 그것뿐인가? 가슴에 와 닿고 감동을 주는 말씀은 외우기까지 한다. 심지어 그 말씀을 묵상하는 시간도 갖는다. 성도들은 성경을 한 번 1독을 하면 바로 또다시 2독을 시작한다. 너무도 중요하기 때문에 평생 동안 반복하면서 읽는 것이다. 그 진리의 말씀이 자신의 심령에 새겨지고 행동의 변화까지 일으키길 원하며 반복하는 것이다. 그렇게 어릴 때부터 평생을 반복해서 성경을 읽는다.

이것은 크리스천들에게만 있는 독서 방법이 아니다. 이미 오래전부터 조선의 왕들과 여러 유능한 선조들도 좋은 책을 반복해서 읽었다. 세종대왕은 '백독 백습'이라는 독서법을 가지고 있었다. 책을 백 번 읽고 백 번 써본다는 것이다. 한 권의 책을 백 번 이상 읽고 쓰면 그 뜻이 저절로 드러난다는 의미를 담고 있다. 조선시대 최고의 교육가, 학자, 사상가로 인정받는 퇴계이황은 세상을 이해하는 안목과 통찰력을 기르기 위해 책을 읽고 또 읽고, 외우고 또 외웠다. 깊이 있는 양서를 반복해서 읽는 것은 우리 선조들이 행한 최고의 독서 방법이었다.

우리도 이 자세를 배워 좋은 책이 있다면 반복해서 읽고 또 읽어야 한다. 한 번 열심히 정독했다고 해서 그 안에 담긴 지혜와 깨달음들이 내 것으로 담겼다고 착각해서는 안 된다. 한 번 읽고 어딘가에 박아놓아서는 안 된다. 읽고 또 읽는 반복을 해야 그 안에 담긴 깊이 있는 생각들, 세상을 바라보는 지혜들이 내 안에 새겨질 수 있다. 그래야만 머리가 아닌 가슴속에 책의 지식과 깨달음들이 담기게 되고 그것을 통해 인생이 바뀔 수 있는 것이다.

좋은 책을 반복해서 읽는 비법

좋은 책을 발견했다면 절대 한 번 읽는 것에 그치지 말고 반복적으로 읽어 내 것으로 승화시켜야 한다. 좋은 책을 반복해서 읽을 때도 방법이 있다. 이 방법을 따라가면 지루하게 느껴지지 않고 좋은 책을 재밌게 반복해서 읽고 내 것으로 만들 수 있다. 일단 좋은 책을 만나면 끝까지 전부 읽는다. 다 읽었다면 책장에 좋은 책들만 모아두는 공간을 만들고 그곳에 따로 보관해놓는다. 그리고 다음 읽어야 할 책으로 넘어가는 것이다. 좋은 책한 권을 끝내고 바로 다시 읽는 것은 지루하게 느껴질 수 있다. 좋은 책이라고 한 번에 몇 번씩 반복해서 읽는 것보다는 다음 읽어야 할 다른 책을 읽고 생각날 때 다시 '그 좋은 책'을 꺼내서 읽는 것이 좋다. 2주에 한 번 또는 한 달에 한 번이어도 좋다.

읽었던 책들을 다시 읽을 때는 꼭 정독하지 않아도 괜찮다. 쭉쭉 읽어나가면서 기억을 되살리고 새롭게 느껴지는 것을 흡수하면 된다. 밑줄을 그은 부분이나 형광펜으로 표시한 부분을 중심적으로 가볍게 보면 된다. 내가 정리한 종이에 써놨던 메모들을 보는 것도 좋은 방법이다. 이전과는 다른 느낌으로 다가올 것이다. "오, 이 책에 이런 내용이 있었네? 정말 유익하다. 엄청난 지혜다!"라며 탄성을 내지르게 될 것이다. 나는 좋은 책들을 다시 읽으면서 이러한 경험들을 많이 했다. 이전에 느끼지 못했던 것들을 느끼고 이전에 이 책을 읽으며 깨달았던 것에 몇 배가 되는 깨달음을 얻기도 했다. 그러니 좋은 책은 꼭 분류해서 다시 읽자. 반복해서 읽는 것에는 큰 힘이 있다는 것을 잊지 마라!

로버트슨 데이비스는 "훌륭한 건축물을 아침 햇살에 비춰보고 정오에 보고 달빛에도 비춰보아야 하듯이 진정으로 훌륭한 책은 유년기에 읽고 청년기에 다시 읽고 노년기에 또 다시 읽어야 한다."라고 말했다. 많은 책들을 읽다 보면 훌륭한 건축물과 같은 훌륭한 책들을 발견하게 된다. 잠든 나의 의식을 깨우고 잘못된 편견에서 벗어나 건강한 생각을 갖도록 도와주는 수준 높은 좋은 책들이 있다. 이런 책들은 한 번만 보고 끝내서는 안 된다. 우리의 가슴을 울리고 깊은 깨달음을 준 좋은 책들은 몇 번이고 반복해서 다시 읽어야만 한다. 로버트슨 데이비스의 말처럼 좋은 책을 유년기에 읽었을 때 얻을 수 있는 것들이 있고 청년기 또 노년기에 읽으면서 얻을 수 있는 것이 또 있다. 각 나이에 따라 독서의 수준에 따라 책을 읽으며 느끼고 깨달을 수 있는 것이 정말 다르다.

20년이 넘는 세월 동안 책을 10권도 안 읽던 내가 하루에 한 권 또는 2일에 한 권씩 읽자 속이 울렁거렸다. 조금씩 지쳐가고 있었다. 그러던 중 책장에 독서 초반 시절에 읽었던 책이 보여 다시 꺼내 훑어봤다. 그런데 내가 전에 느끼지 못했던 것들이 보이고 느껴졌다. 똑같은 책이었지만 이전에 느끼고 얻었던 깨달음과는 또 다른 수준으로 깨달음과 감동이 느껴졌다. 줄치지 않고 그냥 지나갔었던 구절들이 줄을 쳐야 될 뿐만 아니라 외워야 할 좋은 구절들로 다가왔다. 독서 초보 시절에 책을 보며 느낄 수 있던 것보다 훨씬 다양하고 깊이 있는 깨달음과 지혜들을 깨닫게 되었다. 신기했다. 그 당시 중요하게 생각하지 않은 것들이 중요하게 느껴지기도 한다. 나는 이것을 경험하고 이제는 좋은 책을 반복적으로 읽고 있다. 그로 인해 얻는 유익이 참으로 크다. 이 유익을 놓쳐서는 안 된다. 좋은 책이라 생각된다면 한 번 읽고 내팽개치지 말고 꼭 따로 보관해 반복해서 읽고 엄청난 지혜와 깨달음들을 얻길 바란다.

책을 10권 읽고 훌륭한 책을 볼 때와 독서량이 100권 500권이 넘어가고 나서 똑같은 책을 볼 때는 엄청난 차이가 있다. 지금 내가 보고 있는 책들을 1년 뒤에 보면 또 다른 느낌으로 다가올 것이다. 같은 책이지만 나이에 따라, 시기에 따라, 읽는 독자의 수준에 따라 얼마든지 다른 것을 느낄 수 있다. 얻을 수 있는 깨달음과 지혜, 세상을 보는 안목에는 엄청난 차이가 난다. 보통의 얕은 수준의 책들을 또 읽으라고는 하지 않겠다. 하지만 깊이 있고 울림을 주고 나의 고정관념과 부정적이며 나쁜 생각들을 깨뜨린 좋은 책이라면 꼭 반복해서 읽길 바란다. 반복해서 읽고 그 지혜와 세상을 보는 안목들이 온전히 내 것이 되도록 해야 한다. 좋은 책이라면 반드시 반복해서 읽어라!

질문하며 읽어라

> 교육은 일종의 계속되는 대화이고,
> 그 대화는 세상일이 보통 그렇듯 여러 가지 관점이 있음을 인정한다.
> - 로버트 허친스

질문하지 않는 대한민국

2010년 서울에서 열린 G20정상회담 폐막 기자 회견장에서 있던 일이다. 오바마 미국 대통령은 한국인 기자들에게 질문권을 주었다.

"한국 기자들에게 질문권을 하나 드리고 싶군요. 정말 훌륭한 개최국 역할을 해주셨으니까요."

그런데 그 순간 정적이 흐른다.

"누구 없나요?"

오바마는 재차 묻는다. 한국 기자들 중 어느 누구도 나서서 질문하지 못하고 있었다. 그 순간 중국의 한 기자가 나서서 질문을 해도 되냐고 물었다. 오바마는 당황했고 한국 기자들에게 의견을 묻고 질문이 없으면 질문을 받겠다고 대답했다. 오바마는 한국 기자들을 향해 질문할 사람이 없냐고 재차 물었지만 정적만 흐를 뿐이었다. 결국 중국 기자에게 질문권이 넘어갔다. 이 사건은 황당한 해프닝으로 기사에 실리기까지 했다.

이 장면은 정상 회담에서만이 아니라 한국 학교 수업에서도 날마다 연출된다. 한국 학생들은 선생님이나 교수의 말을 받아 적을 뿐 질문을 거의 하지 않는다. 초등학교에서 대학교 강의실에 이르기까지 질문 시간은 모두에게 불편한 침묵의 시간이다. G20에서 일어난 해프닝은 어쩌다 볼 수 있는 일이 아니라 우리의 학교와 강의실에서 매일 일어나고 있는 일이다. G20에서의 해프닝은 질문하지 않는 한국의 현실을 잘 드러내주는 사건이었다.

우리나라 사람들은 '질문'하기 참 싫어하는 사람들이다. 아니 질문하는 것을 두려워하는 사람들이다. 한국의 교육이 그렇게 만들었는지도 모르겠다. 주입식 교육을 받으며 자라났기에 질문하는 일에 익숙하지 않은 것이 사실이다. 한국 사람들이 질문을 못하는 것에는 여러 이유가 있겠지만 질문하면 수업의 흐름을 방해한다는 생각과 이목이 집중되는 것에 대한 두려움 또는 시간 없는데 질문한다고 하는 사람들의 따가운 시선들 때문이다. 하지만 질문하지 못하는 정말 핵심적인 이유는 스스로 생각할 수 있는 능력이 부족하기 때문이다. 누구의 말을 들으며 스스로 생각하지 않기에 질문할 거리가 없는 것이다. 많은 사람들이 "정말 저 사람이 말하는 주장이 사실일까?", "다른 각도에서 볼 수 있지 않을까?" 하는 생각과 건강한 의심을 하지 않는다. 듣거나 읽으면서 스스로 생각하지 않기에 질문하지 않는 것이다. 상대방 의견에 대해 생각하지 않기에 질문을 못하는 것이다.

　질문하지 못하는 습성은 독서에 있어서도 여전하다. 사람들은 수업 때도 질문하지 않지만 책을 읽으면서도 여전히 질문하지 않는다. 질문하면서 읽지 않기에 기억에 남는 내용도 없고 궁금한 점도 없다. 대부분의 사람들이 그냥 글자를 읽는 행위만 할 뿐이다. 질문하지 않고 저자가 말하는 대로 생각 없이 받아들이고 그것을 외우는 독서는 단순 지식의 양은 늘릴 수 있지만 의식과 사고를 성장시키지는 못한다. 그렇게 단순 읽기와 암기로는 사고가 확장될 수 없고 참된 지식의 팽창을 이룰 수 없다. 이러한 독서는 가짜 독서다. 질문 없는 독서는 '죽은 독서'다. 단순히 책을 읽는 것으로는 자신이 가지고 있는 의식 수준의 한계를 뚫고 성장할 수 없다. 책을 읽는 동안 질문해야만 참된 성장을 이룰 수 있다. 그렇기 때문에 우리는 계속해서 '질문'하며 독서해야 한다.

질문은 알고 싶은 것에 대한 탐구다. 깊이 이해하기 위한 갈망이며 무엇을 더 알고 싶어 하는 열정이다. 질문은 내가 가지고 있던 의식과 충돌하거나 내 지식의 수준보다 높을 때 나오게 된다. 질문은 자신이 가지고 있는 것보다 더 많은 것을 알기 위한 탐구의 몸부림이다. 지금의 상황, 지금의 지식, 지금의 의식의 한계를 뚫고자 하는 움직임이 '질문'이라는 것이다. 질문은 독서의 효과를 엄청나게 높여주는 도구다. 질문은 상상력과 아이디어의 촉매제이기 때문이다.

독서의 효과를 배가시키는 '질문'

우리는 왜 질문하며 책을 읽어야 할까? 질문하며 읽어야 할 이유가 있다. 질문은 사고의 힘을 길러준다. 질문은 생각을 자극한다. 생각의 힘을 키우는 행동인 것이다. 질문할 때 뇌의 활동은 활발해지며 풍부한 사고가 가능하게 된다. 질문할 때 상상력이 작동되어 창의성이 생겨난다. 또 질문은 우리로 하여금 상대방의 주장에 대해서 깊이 생각하게 만든다. 질문은 독서의 효과를 배가시키는 최고의 읽기 방법이다.

나는 독서할 때 궁금하거나 나의 생각과 상반되는 견해가 있으면 그 부분을 종이에 메모했다. 길을 걸어갈 때나 시간이 남을 때 그 써놓은 질문에 대해서 고민하고 사색했다. 내가 가지고 있던 생각과 부딪히는 것이 있으면 질문했다. 나의 생각보다 더 발전적이며 높은 수준의 가치 있는 생각이라면 나의 이전의 생각을 버리고 그 생각을 취했다. 저자의 생각이 나의 가치관과 너무 맞지 않고 발전적이지 않다면 또 다른 생각들도 있구나 하며 선반 위에 올려놓았다. 책을 읽으며 이러한 과정들을 계속 밟아왔다. 그냥 생각 없이 무작정 책을 읽기만 하지 않았다. "왜?", "정말?", "다르게 생각할 수 있지 않을까?" 등의 질문을 끊임없이 던지며 저자와 소통했다. 그러면서 사고의 힘이 엄청나게 자라나기 시작했다. 그냥 아무런 질문 없이 책을 읽는 것과는 차원이 다른 성장을 하게 됐다. 관심을 가지고 저자의 생각에 귀 기울이면 질문하게 되어 있다. 배우고 싶은 사람이 질문하는 법이다. 그리고 그런 사람이 성장하게 되는 법이다.

질문하며 책을 읽다 보니 나의 생각이 깊어지는 것을 스스로 느낄 수 있었다. 어느 순간부터 누구의 말을 듣거나 읽을 때면 깊이 생각하고 사고하는 나 자신을 보게 되었다. 이처럼 질문은 녹슬어 있는 머리에 기름을 발라 두뇌의 활동을 돕고 깊이 생각하는 사람이 되게 한다. "왜", "정말 그럴까?", "무슨 근거로 저렇게 주장하지?" 등의 질문을 해야 생각하는 힘이 자라난다. 질문은 아주 생산적이며 우리의 의식과 사고의 힘을 키워주는 행위이다.

질문은 나의 사고를 자극하여 풍부하고 유연한 생각들을 할 수 있도록 돕는다. 질문할 때 사고의 힘이 길러지고 우리의 상상력은 자극된다. 질문하지 않는 독서는 단순 지식의 양을 늘려주지만 스스로 생각하고 사고하는 힘은 키워주지 못한다. 질문하는 독서만이 스스로 사고하고 자신만의 생각의 틀을 만들어 주관 있는 사람으로, 깊게 생각하는 사람으로 만들어준다.

우리가 책을 읽을 때 질문해야 하는 이유가 또 있다. 질문하면서 나의 생각을 더욱 정리하게 되고 상대방의 말도 더 깊이 있게 이해할 수 있게 된다. 책을 읽는다는 것은 작가와 끊임없이 소통하며 대화를 나누는 행위이다. 질문과 대답이 계속해서 이어지면서 나의 생각이 더욱 체계가 잡히게 된다. 질문을 하면서 나의 생각을 정리하게 되고 상대방의 주장과 논리를 깊이 있게 이해하게 된다. 나의 생각을 정리하고 체계화시키는 데 질문만한 도구가 없다. 질문은 놀랍게 나를 성장시킨다.

질문하며 책을 읽어야 할 중요한 이유가 또 있다. 질문을 하며 읽어야 어떤 한 책이나 어떤 한 작가를 맹신하지 않을 수 있다. 어떤 책이라도, 어떠한 작가라도 그 생각은 잘못된 것일 수 있다. 우리는 책의 모든 내용을 그냥 받아들여서는 안 된다. 세상에는 수많은 사람들이 살고 있고 각자의 환경이 다르고 각 사람마다 품고 있는 생각들이 다 다르다. 어떤 하나의 사건에 대해서도 바라보는 시선들이 모두 다르다. 질문과 의심과 사색 없이 무조건적으로 어떤 한 사람의 주장과 생각을 받아들이면 자기 자신의 주관 없이 한 가지의 시선으로만 세상을 바라보는 편협한 사람이 되고 만다. 우리는 책을 읽으며 저자의 주장에 대해 비판적 사고를 해야 한다. 책은 다양한 생각을 접하고 경험할 수 있는 도구이다. 생각의 힘을 기르고 나만의 주관과 나만의 시선을 적립할 수 있는 도구다. 그것이 가능하려면 질문해야 한다. 책을 읽으며 받아들일 것은 받아들이고 버릴 것은 버릴 줄 알아야 하는 것이다. 질문이 이것을 가능하게 한다.

진정한 책 읽기는 수없이 질문을 던지며 자신만의 답을 얻어가는 과정이다. 저자의 주장에 대해 고민하고 사색하면서 거기에 자신의 생각을 융합하면 자신만의 새로운 주장과 지식이 나온다. 질문하며 자신만의 답을 찾게 되는 것이다. 그러면서 책의 저자 어깨 위에 오를 수 있는 것이다. 질문을 통해 이러한 성장을 이루어야 한다. 질문 없는 가짜 독서는 우리 뇌를 자극시킬 수 없고 상상력과 창의성을 키워줄 수 없다. 질문 없는 가짜 독서는 시간 낭비일 뿐이다. 오히려 편협한 사람이 되는 지름길이다.

책의 유익과 효과를 제대로 경험하기 위해서는 반드시 질문하며 책을 읽어야 한다. 좋은 독서는 쉼 없이 질문하는 독서다. 생각 없이 받아들이는 수동적인 독서는 상상력과 창의력을 잃게 하고 독서의 재미를 잃게 만든다. 질문은 자신의 지식과 사고의 한계를 뛰어넘고자 하는 행위이다.

끊임없이 저자의 생각에 질문하며 자신만의 답을 찾아가려는 것이 진정한 성장을 이끄는 독서다. 창의성 계발과 사고 확장은 질문할 때 일어날 수 있다. 질문하는 독서야말로 진정 자신의 성장을 이루는 최고의 도구다. 진정한 독서의 효과를 얻게 하는 최고의 도구다.

저자의 생각을 만나면 반드시 질문하고 사색해라! 질문 없는 독서는 가짜 독서요 성장을 가로막는 것임을 잊지 말아야 한다. 글자만 읽는 독서는 이제 그만하자. 질문하는 진짜 독서로 나아가자. 끊임없는 질문을 통해 성장하자!

04. 절대 깨끗하게 읽지 마라

책이 더러울수록 인생은 빛난다. 독서의 진정한 유산은 메모다.

- 스티브 레빈

지저분하게 읽을수록 많이 남는다

공부 못하는 학생들의 특징이 무엇인 줄 아는가? 하나같이 책이 깨끗하다는 것이다. 성적이 낮은 대부분의 학생들의 책은 아주 깨끗하다. 필기한 흔적이 없다. 수업 중에 선생님이 중요하다고 집어준 내용과 꼭 알아야한다고 강조한 내용을 필기하지 않은 것이다. 책과 씨름하지 않았기 때문에 책이 새 책같이 깨끗한 것이다. 어릴 때 내가 그랬다. 축구만을 좋아하던 어린 시절 나는 교실에서 수업을 듣고 있어도 필기를 한다거나 줄을 쳐가면서 듣지 않았다. 수업시간에 축구 생각을 하거나 뒷문으로 몰래 나가

복도에서 축구공에 색칠을 하며 시간을 보냈다. 그랬기 때문에 시험기간에 공부를 하고 싶어서 책을 펴도 책을 읽는 것 외에 더할 수 있는 것이 없었다. 뭘 적어놓거나 필기한 것이 없었기 때문이다. 그래서 초등학교 때는 언제나 성적이 바닥이었다.

중학교에 들어가고 나서 내 성적이 얼마나 심각한지 깨닫고 공부를 하기 시작했다. 수업을 들으며 선생님이 말씀하는 모든 것을 받아 적었다. 교과서를 읽으면서는 중요하다고 생각되면 줄을 긋고 형광펜으로 표시했다. 수업 때 선생님들께서 중요하다고 하며 강조하는 내용들은 줄을 치고 공책에 바로바로 정리했다. 시험기간에는 중요하다고 표시한 문장들을 모아 정리하며 시험공부를 했다. 그렇게 중요 내용들에 줄을 치고 필기를 하자 성적이 오르기 시작했다. 책에 필기가 많아지고 형광펜의 줄이 많아질수록 좋은 성적을 거두기 시작했다. 책이 깨끗할수록 남는 것이 없었고 성적은 떨어졌다. 반대로 책이 지저분해질수록 남는 것이 많아지고 성적은 빠르게 올라갔다.

책을 읽는 것에 있어서도 똑같다. 책을 읽을 때도 깨끗하게 읽으면 남는 것이 없고 의식이 성장하지 않는다. 반면에 줄을 긋고 형광펜으로 칠하고 나만의 표시를 하며 지저분하게 읽으면 남는 것이 많아지고 깨달음과 지혜가 더해진다. 한 권의 책을 내 것으로 담기 위해서는 지저분하게 책을 읽어야 한다. 밑줄을 긋고 형광펜을 동원하고, 자신만의 표시를 해보자. 이러한 자신만의 낙서를 하지 않는 것은 아무 생각 없이 책을 본다는 것이다. 그냥 아무 생각 없이 책을 읽으면 중요하다고 느껴지는 구절이 없다. 내 안에 꼭 담고 싶은 문장이 느껴지지 않는다. 주의 깊게 읽지 않기 때문에 삶을 바꿀 수 있는 문장도 그냥 흘려보내게 된다. 나는 많은 책을 읽지만 지금도 책을 읽으면서 펜과 형광펜으로 줄을 치고 나만의 표시를 하며 책을 읽는다. 책을 지저분하게 읽고 있다.

밑줄을 긋고 형광펜을 칠하고 자신만의 필기를 하며 읽는 것은 그냥 눈으로만 보는 것보다 시간이 조금 더 들 수 있다. 그러나 눈으로만 읽는 것보다 훨씬 큰 유익이 있다. 그 중요 내용은 내 안에 각인되고 나의 생각이 성장하게 만든다. 그 중요한 문장들이 내면의 의식을 바꿔주고 내게 지혜가 필요할 때 적용할 수 있게 해준다. 읽었다면 반드시 흔적을 남기자! 흔적을 남기며 내 것을 꼭 담아내자!

책을 내 안에 담는 핵심 비법

책 안에 있는 핵심 내용들과 깨달음을 내 것으로 만들기 위해서는 지저분하게 책을 읽어야 한다. 한 권의 책을 내 안에 깊이 담기 위한 '나만의 팁'이 있다. 실질적인 팁과 함께 그에 따른 유익도 함께 공개하겠다.

1. 밑줄 치고 형광펜으로 칠해라

첫 번째 팁은, 희망과 용기를 주고 감동을 주며 나의 잠든 생각과 의식을 깨워주는 문장에 밑줄을 긋는 것이다. 책을 읽다 보면 보배로운 문장들을 만나게 된다. 나는 이런 문장들을 만나면 두꺼운 볼펜으로 밑줄을 긋는다. 줄을 그을 때는 꼬불꼬불 줄 긋는 것보다 일직선으로 깔끔하게 줄을 긋는다. 지렁이같이 줄을 그어봤지만 눈에 잘 들어오지 않고 너저분한 느낌을 주었다. 줄 그은 내용이 눈에 잘 들어오지 않았다. 그래서 그때부터 밑줄은 일자로 깔끔하게 긋는다. 그러면 훨씬 잘 눈에 들어오고 기억에 남는다. 볼펜으로 줄친 문장보다 더 중요하고, 더 깊은 깨달음을 준 문장이 있으면 볼펜이 아니라 형광펜을 이용해 해당 문장을 칠한다. 형광펜이 볼

펜보다 더 눈에 잘 띄기 때문에 더 중요하고 공감되는 문장에는 형광펜을 칠하는 것이다. 그러면 나중에 책을 다시 훑어볼 때도 표시한 문장들을 쉽게 찾아볼 수 있고 줄친 문장들의 중요도도 금방 구분할 수 있다. 사실 어떤 형식으로 표시하든 상관은 없다. 정말 중요한 것은 자신의 눈에 확 띄게 표시하는 것이다.

이렇게 밑줄을 긋고 형광펜으로 칠하고 자신만의 표시를 하면 어떤 유익이 있을까?

먼저 이렇게 책에 밑줄을 긋고 형광색으로 칠하고 나만의 표시를 하며 읽으면 주요 내용과 핵심 문장들을 잊지 않을 수 있다. 훨씬 많은 문장들을 기억하고 내 안에 담을 수 있다. 내게 "책을 읽긴 읽는데 다 읽고 나면 기억나는 것이 없고 남는 것이 없는 것 같아요."라며 자신의 독서 고민을 털어놓는 사람들이 많다. 그들은 책을 그냥 눈으로만 읽었기 때문이다. 그냥 생각 없이 눈으로 책을 읽는 사람은 귀한 보배와 같은 문장들을 만나면 잠시 잠깐은 기억하겠지만 좋은 문장들과 나에게 감동을 준 문장들은 금세 머릿속에서 증발되고 만다. 밑줄을 긋고 형광펜으로 눈에 띄게 표시를 해야 감동되는 문장과 책의 핵심 내용들을 잊지 않고 내 안에 담을 수 있다. 줄을 치고 형광색으로 칠하면 지나가면서도 자연스럽게 눈에 띄게 된다. 책을 넘길 때 한 번이라도 다시 보게 되어 훨씬 깊이 기억에 남게 된다.

밑줄을 긋고 형광펜으로 표시하며 책을 읽는 것에는 또 다른 유익이 있다. 줄을 치고 색깔로 표시를 해놓으면 나중에 책의 내용을 압축시키고 요약할 때 빠르게 요점만 찾아낼 수 있는 유익이 있다. 책을 읽고 난 후 책의 핵심 내용을 정리할 때 내가 표시해둔 부분이 책을 피면 눈에 바로 들어오기 때문에 훨씬 빠르고 편리하게 정리할 수 있게 된다. 줄을 치고 표시를 안 한다면 어떻게 이 일을 쉽고 빠르게 할 수 있겠는가? 어떻게 보면 이렇게 지저분하게 읽는 것이 책을 더 깊이 또 빨리 읽는 길이다.

밑줄 그으며 책을 읽으면 얻을 수 있는 유익은 이것뿐만이 아니다. 나중에 갑자기 나를 울리고, 감동을 주고 내 안에 깨달음을 준 문장들이 생각날 때가 있다. 그러면 조금만 책을 넘기면 바로바로 떠오른 문장들을 찾을 수 있게 된다. 이것도 엄청난 유익이다. 그렇게 해서 찾게 된 문장은 정말 평생 기억에 남게 된다. 또한 그 문장들은 나의 삶을 변화시킨다. 이러한 유익이 있기 때문에 책을 깨끗이 읽지 말고 밑줄을 긋고 여러 가지 표시를 하며 지저분하게 읽어야 한다.

2. 여백에 나만의 생각을 기록한다

한 권의 책을 나만의 것으로 담기 위한 나만의 두 번째 팁은 책의 여백에 나만의 느낌과 생각을 기록하는 것이다. 나는 책을 읽으면서 떠오르는 생각이나 아이디어 또 문장을 읽고서 들었던 다짐과 결심을 여백에 기록한다. '이건 너무 편협한 생각인데?' 또는 '다르게 생각해볼 수 있지 않을

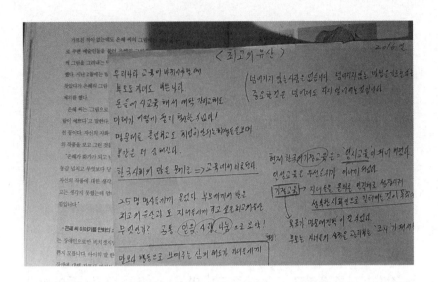

까?' 하는 나의 생각을 쓴다. '이 문장 너무 좋아', '너무 재밌고 창의적이다.' 등 나의 느낌과 생각을 기록하기도 한다. 그러면 책과 소통하는 느낌이 들고 더욱 책에 몰입하게 된다. 줄 그었던 문장을 끌어와 그에 대한 나만의 의견을 여백에 써보자. 글을 읽고 나의 생각을 적다 보면 나만의 생각이 정립되고 저자의 생각보다 더 깊은 생각을 할 수 있게 된다. 이것을 통해 저자의 생각을 발판삼아 저자를 뛰어넘을 수 있는 것이다.

저자의 생각에 나의 코멘트를 달면 그 문장은 내 것이 된다. 저자보다 더 깊은 지혜들과 깨달음을 얻으며 나의 생각을 정립해나갈 수 있다. 나의 경험상 이 방법은 참으로 유익했다. 책을 내 것으로 만들 수 있게 해준 좋은 방법이다.

이상한 이야기 같지만 책은 지저분하게 읽어야 한다. 그래야 책이 내 안에 깊이 들어온다. 그래야 내 삶에 써먹을 수 있다. 책을 깨끗하게 읽는 것은 책을 무시하는 태도다! 아무런 필기와 기록 없이 눈으로만 책을 읽는 것은 삶을 바꿔줄 책을 대충 읽는다는 뜻이다. 정말 책을 진지하게 배움을 얻고자 읽는다면 나를 각성시키고 나의 생각을 성장시키며 나를 감동하게 하는 문장들을 만나게 되고 그 문장 앞에서 형광펜을 들지 않을 수가 없게 된다. 책을 존중하는 것은 중요한 문장에 줄을 치고 중요 구절을 옮겨 쓰며 책에 배움의 흔적을 남기는 것이다. 이렇게 책의 가르침과 지혜들을 담으려고 노력하는 자가 책을 존중히 여기는 사람이다. 그냥 깨끗하게 읽는 사람과 비교할 수 없이 많은 지식과 깨달음을 얻게 된다. 똑같은 책을 읽더라도 많은 것을 기억하고 깊은 깨달음과 지혜를 얻게 된다.

이제는 나를 깨뜨리고, 나의 마음을 흔들고, 굳어 있던 나의 의식을 깨우는 그런 좋은 문장에 줄을 긋고 형광펜으로 칠해보자! 한 권의 책을 내 안에 깊이 담기 위해서는 밑줄을 긋고 형광펜으로 칠하며 여백에는 자신만의 생각과 결심 등을 써야 한다! 책이 말하는 가르침과 지혜를 내 안에 모두 담아내겠다는 마음으로 책을 읽으며 진짜 내 것으로 담아내자!

줄을 치고 형광펜으로 표시하고 여백에 옮겨 쓰고 내 생각을 적는 것은 저자의 생각에 집중하겠다는 표시이며 저자가 알려주는 것들을 모두 담아내겠다는 강한 의지와 결연한 의지다. 배움을 향한 열정이다. 이런 겸

손하며 배움을 향한 갈망이 있는 사람에게 책은 자신이 가지고 있는 지혜,

깨달음, 통찰력을 100%, 아니 120%로 줄 것이다. 책은 지저분하게 읽자.

그래야 내 안에 깊이 담긴다!

섬기며 다스리는 사람
홍성건, 예수전도단, 2005

저자인 홍성건 목사가 예수전도단에서 강의한 내용을 중심으로 쓰여진 책으로, 예수전도단의 비전과 훈련 목표를 포괄하고 있다. 거룩한 영향력을 가진 그리스도인들을 열방과 사회 각 영역으로 파송하려는 예수전도단의 비전과 훈련 목표를 정확하게 반영하고 있다. 개인의 자리에서부터 나라 전체에까지 영향력을 넓혀가는 리더의 삶을 제시하고 있다.

어떻게 나라와 사회를 변화시켜가야 할지 그 자세와 태도에 대해서 자세히 알 수 있는 책이었다. 나 자신이 누구인지 자신의 정체성을 분명하게 인식할 수 있게 해주었고 모든 사람들에게는 세상에서 하나님의 동역자로 선한 영향력을 끼쳐야 하는 사명이 있음을 깨닫게 해주었다. 하나님을 믿는 믿음이 나만 기쁘고 행복한 개인적인 신앙에 머무는 것이 아니라 사회와 나라를 변화시키는 삶으로 그 믿음이 나타나야 함을 깨닫게 해준 책이다. 나를 뛰어넘어 사회의 무너진 각 영역을 회복시키고 가난하고 굶주린 자들에게 나아가 사랑을 실천해야 함을 책을 통해 분명하게 알게 되었다.

내가 열방의 복의 근원임을 깨달아 나의 생각, 마음, 미래의 폭이 크게 확장되었다.

"하나님은 당신을 축복하셔서 풍성한 삶을 살게 하십니다. 더구나 하나님의 약속은 당신을 복의 근원으로 삼으셔서 땅의 모든 족속을 축복하시는 것입니다."

책을 읽고 그대로 실천한다면 신앙의 수준이 확장되고 축복의 근원으로서 사회에 각 영역에서 변화를 일으키는 시대적인 지도자로 세워질 수 있는 계기가 될 것이다.

05. 감동받은 구절은 옮겨 써라

읽는 것만큼 쓰는 것을 통해서도 많이 배운다.
- 액톤 경

밀려오는 감동을 붙잡아라

책을 미친 듯이 읽으면서 책을 통해 많은 감동을 받았다. 감동이라는 말로는 표현할 수 없을 만큼 가슴이 터질 듯한 감동과 전율을 느꼈다. 쉽게 눈물을 흘리지 않는 단단한 내가 책을 읽으면서 많은 감동을 받고 눈물을 흘리는 경우가 많았다. 정말 고단한 삶과 역경 속에서 끝까지 견디며 그 고통을 통해 성장하고 눈부신 인생을 창조한 사람들의 이야기에 몰입하다 보면 나도 모르게 눈물이 흘렀다. 사실 아침에 수많은 아줌마들의 눈시울을 적시는 드라마보다 더 감동적인 것은 책이다. 책에서 얻는 감동은 실로 드라마에서 얻는 감동보다 더 크다.

책을 읽으며 많은 감동을 받고 가슴이 뜨거워지는 것을 경험했다. 그런데 문제가 있었다. 조금만 지나면 그 감동들이 쉽게 사라지는 것이었다. 책을 다 덮을 때쯤이면 나의 마음을 흔들고 나의 가슴을 울린 구절들이 생각이 나지 않았다. 무엇이 문제인지 고민했다. 문제는 나에게 감동을 준 문장을 읽으며 감동만 받고 그냥 지나갔던 것이다. 책을 읽다 보면 마음에 깊은 감동을 주고 깨달음을 주는 좋은 문장들이 있다. 머리를 꽝 하고 때리는 문장들, 몸에 소름이 끼치게 하며 가슴을 뜨겁게 해주는 그런 문장들이 있다. 그런 문장들은 눈으로만 봐서는 안 된다. 반드시 옮겨 써야 한다. 옮겨 쓰면서 내 것으로 만들어야 한다. 내 안에 담아야 한다. 결국 그 문장들이 나를 변화시키고 나를 성장시키는 문장이기 때문이다. 반드시 문장을 옮겨 쓰며 그 감동들과 깨달음들을 붙잡아둬야 한다.

책을 읽으며 빈 공간에 감동이 되는 구절을 옮겨 써보자. 나는 실제로 좋은 문장을 발견하면 그 옆에 빈 공간에 바로 똑같이 옮겨 쓴다. 다이어리에 옮겨 쓰는 것도 좋다. 그런데 그것보다 훨씬 더 좋은 방법이 있다. A4 용지에 손으로 옮겨 쓰는 것이다. 옆에 A4 용지를 두고 그곳에 감동을 준 문장을 옮겨 적는 것이다. 다이어리에 문장을 옮겨 적으면 공간이 좁기 때문에 답답하다. 하지만 A4 용지를 이용해서 감동되는 문장을 옮겨 쓰면 공간도 넉넉하고 나중에 그 문장들만 따로 보기도 훨씬 편하다. 내 마음을 흔들고 나를 전율시키는 그런 문장들이 있다면 읽기만 하지 말고 꼭 옮겨 써야 한다. 그렇게 밀려오는 감동들을 붙잡자!

"똑같은 문장을 왜 옮겨 써요?"라고 묻는 사람이 있을 것이다. 감동되는 구절을 옮겨 써야 하는 이유가 다 있다. 그 이유와 효과에 대해서 알아보자.

1. 감동적인 문장을 더 잘 기억하기 위해서다

감동적인 구절을 옮겨 써야 하는 첫 번째 이유는 감동되는 문장을 더 잘 기억하기 위해서다. "기록을 통해 기억된다."는 말이 있다. 손으로 옮겨 쓰면 눈으로만 보는 것보다 훨씬 더 기억에 남는다. 원래 무엇을 외울 때는 하나의 감각만 사용하는 것보다 여러 감각을 사용하는 것이 훨씬 효율적이라는 연구 결과가 있다. 눈으로만 보는 것보다 눈으로 보고 손으로 쓰고 말하면 훨씬 빠르게 우리 기억에 남게 된다. 감명 깊었던 구절들, 나를 감동시킨 구절들은 옮겨 쓰면 내 안에 각인이 된다. 우리가 책의 모든 내용들을 기억 속에 담을 수는 없지만 감동을 준 문장들은 꼭 내 속에 담아야 한다. 그러기 위해서 손으로 옮겨 써야 한다. 훨씬 더 기억에 남게 된다.

2. 쓰면서 한 번 더 생각하기 위함이다

감동적인 문장을 옮겨 써야 하는 이유는 그 문장에 대해 생각하기 위해서다. A4 용지나 공책에 감동되는 문장을 옮겨 쓰는 것은 내 손으로 감동되는 문장을 한번 써보는 것이다. 그 문장을 한 자 한 자 손으로 쓰면서 그 문장에 대해서 다시 생각할 기회를 얻게 된다. 쓰는 시간이 얼마나 된다고 그런 효과가 있는지 반문할 수 있다. 그런데 그냥 눈으로만 보고 감동을 얻는 것과 엄청난 차이가 있다. 그 잠깐의 시간을 무시해서는 안 된다. 손으로 작가의 지혜와 깨달음이 담긴 구절을 옮겨 쓰면서 그 잠깐의 시간에 그 문장에 대해 사색할 수 있게 된다. 옮겨 쓰는 과정에서 그 문장에 대해 생각하게 되고 눈으로 보는 것보다 더 깊이 문장을 이해할 수 있게 된다. 나는 옮겨 쓰면서 한 번 더 그 문장에 대해서 생각했고 기억의 효과가 증가했다. 뿐만 아니라 문장에 대해 더 깊이 이해하여 그 문장을 내 것으로 만들 수 있었다.

3. 책의 중심 내용들이 한눈에 정리된다

감동적인 문장을 옮겨 써야 하는 또 다른 이유는 책의 중심 내용들을 한눈에 볼 수 있기 위해서다. 깨달음을 주고 감동을 준 문장들은 보통 책의 핵심 문장들인데 그것을 옮겨 적으면 책의 핵심, 중요 내용이 한눈에 정리된다. 나에게 깨달음을 주고 가슴을 울린 문장들을 하나하나 옮겨 쓰다 보면 그것이 쌓인다. 책을 다 읽을 때쯤이면 그것은 깨달음과 감동되는 구절이 담긴 책의 핵심 요약본이 된다. 감동되는 구절들과 깨달음을 주는 구절을 옮겨 쓰는 것만으로 책의 핵심을 요약할 수 있다니 얼마나 큰 유익인가. 그렇기 때문에 감동적인 구절을 옮겨 써야 한다.

4. 감동적인 구절을 외울 수 있게 해준다

감동적인 문장을 옮겨 쓰는 또 다른 이유는 감동을 주고 깨달음을 준 문장을 외우기 위함이다. 그 문장을 한 번 더 써볼 수 있고 생각하기 위한 것도 있지만 그 좋은 문장을 외우기 위해서이다. 나는 나의 마음을 흔들고 가슴을 뜨겁게 하는 문장들을 A4 용지에 적는데 그것 중에 몇 개를 간추려 입으로 말하면서 외운다. 나는 책을 읽으며 한 번의 감동으로 그냥 만족하고 싶지 않았다. 감동적인 문장들을 내 것으로 담고 싶었고 그 문장들을 옮겨 써서 외우기 시작했다.

도쿄대학 연구학 박사 사이토 다카시는 "소리 내어 읽는 것은 10번 읽는 효과를 발휘하여 평생 지식이 된다."라고 말했다. 정말 자고 있는 나의 의식을 깨우고 나의 식은 가슴을 뛰게 하는 감동되는 구절들을 A4 용지에 적어 하나하나씩 외워나갔다. 자기 전 그 용지를 꺼내 외우며 잠에 들었다. 잠들기 전만이 아니라 시간이 남는 자투리 시간에 좋은 구절들을 외웠다. 복무하는 학교에서도 작은 틈이 나면 감동되는 구절을 옮겨 쓴 종이를 보며 입으로 읊조리며 외워나갔다. 그렇게 외운 문장은 내 것으로 심겨졌다. 그렇게 외웠던 문장들은 진짜 내 지식이 되었다.

감동을 주고 깨우침을 주는 구절들을 외우면 그 문장을 곱씹을 수 있다. 그 문장들을 음미할 수 있게 된다. 그냥 눈으로만 보고 지나가는 것보다 계속 내 입에서 음미하며 외우면 그 문장을 통해 느낀 감동과 깨달음은 배가 된다. 맛있는 요리를 입에 넣고 꿀꺽 삼키지 않고 천천히 음미하듯이 감동되는 구절도 외우면서 음미하고 느껴야 한다. 그렇게 감동을 주고 깨달음을 주는 문장들을 외우면서 음미하면 그 지혜는 정말 내 것이 된다. 내 가치관을 형성하고 내 의식과 사고를 성장시킨다.

옮겨 써서 외우는 것은 단순히 저자의 문장을 기억하게 하는 것만이 아니라 저자의 지혜와 깨달음을 응용하여 더 깊은 생각과 지혜로 나를 이끈다. 나는 이것을 수없이 경험했다. 내게 감동을 준 문장을 외우는 과정에서 머릿속으로 계속 생각하게 되는데 그러면서 저자의 좋은 문장 위에 내 생각이 더해지면서 저자가 깨달은 것보다 더 깊은 수준의 깨달음을 얻게 되었다. 사고의 확장이 일어나게 되는 것이다.

다산 정약용은 두 아들에게 보낸 편지에서 좋은 문장을 옮겨 쓰는 것이 얼마나 중요한지 설명했다.

"선택하고 싶은 문장과 견해는 뽑아서 따로 필기를 해서 간추려놓아야 한다. 그런 식으로 한 권의 책을 읽더라도 자신의 공부에 도움이 되는 것은 뽑아서 적어 보관하고, 그렇지 않은 것은 재빨리 넘어가야 한다. 이런 식으로 독서를 하면 백 권의 책이라도 열흘이면 다 읽을 수 있고 자신의 것으로 삼을 수 있다."

　책을 읽기만 한다고 모든 내용을 기억하고 담을 수 있는 것이 아니다. 우리가 독서하는 중에 많은 문장들을 읽지만 결국 내 안에 남는 것은 내 가슴을 흔들고 마음에 감동을 준 문장들이다. 결국 그것이 우리 안에 기억 되고 남아 마음과 생각을 성장시킨다. 감동을 주고 깊은 깨달음을 주는 문 장을 온전히 담기 위해서는 따로 옮겨 써야 한다. 옮겨 써야 더 생각하게 되고 나아가 외울 수 있게 되고 결국 내 것으로 만들 수 있는 것이다.

　시간이 더 걸린다고 생각하지 말고 가슴을 뜨겁게 하고 깨달음을 주고 감동을 준 구절을 옮겨 써보자! 그리 많은 시간이 걸리지 않는다. 옮겨 쓰 면서 한 번 더 생각하고 외워보자! 그냥 눈으로만 읽는 것과는 차원이 다 르게 내 안에 기억되고 깊이 이해될 것이다. 그렇게 내 안에 깊이 담긴 깨 달음들은 평생 써먹을 수 있는 삶의 지혜로 자리 잡을 것이다. 우리는 책 을 단순히 빨리 읽는 것이 아니라 효과적으로 읽어야 한다. 감동되는 문장 을 옮겨 쓰는 것은 사고력을 키우고 지혜를 내 것으로 만드는 효과적인 독 서로 당신을 이끌 것이다. 내 마음을 감동시키고 나의 의식을 깨우고 내 가슴을 뛰게 하는 구절이 있다면 지금 바로 옮겨 써보자!

06. 책 내용을 종이 한 장에 담아라

> 인간은 양도할 수 없는 자기 계발 권리를 지닌다.
> - 저메일 그리어

A4 용지는 최고의 도구다

내게 어떻게 책을 효과적으로 읽어야 할지 묻는 사람들이 많다. 그런 사람들에게 나는 "책 한 권을 종이 한 장에 담아보세요!"라고 말해준다. 단순히 눈으로만 책을 읽지 말고 책의 핵심 내용들과 나의 의식을 깨우는 문장들을 모아 책 한 권을 종이 한 장에 담아야 한다. 이것의 유익은 정말 많다. 집중력을 높여주는 것뿐만 아니라 여러 유익을 준다. 독서의 질을 한층 올려주는 좋은 방법이다. "그 많은 책의 내용을 종이 한 장에 담는다고?" 의문을 갖는 사람들이 있다. 그들에게 어떤 도구와 방법으로 그 많은 양의 책을 한 장의 종이에 담는지 설명해주려 한다. 또한 그에 따른 유익들도 함께 소개할 것이다.

지금부터 한 권의 책을 효과적으로 종이 한 장에 담는 나만의 특별한 방법을 소개해주고 싶다. 내가 공유하고 싶은 나만의 특별한 방법은 책의 내용을 옮겨 쓸 때 다이어리나 수첩이 아니라 'A4 용지'를 사용하는 것이다. 나는 책을 읽을 때 A4 용지를 필수품으로 챙긴다. 책을 처음 읽기 시작할 때부터 A4 용지 한 장을 옆에 두고 시작한다. 그 이유는 책의 내용을 종이 한 장에 담기 위해서다. 수많은 문장으로 이루어진 책을 A4 한 장에 담아내는 것이다. 책을 읽어가면서 저자의 핵심 생각이라고 생각되는 문장이나 나에게 감동과 깨달음을 주는 문장이 있으면 A4 용지에 옮겨 쓴다. 읽으면서 각 챕터별로 핵심 메시지를 정리할 수도 있고 또는 두 챕터 당 한 번 핵심을 정리할 수도 있다. 각 장 전체를 읽고 정리해도 되고 책을 읽는 도중 핵심이라 생각되는 문장을 쓸 수도 있다. 한 권의 책을 종이 한 장에 담는 것은 어렵지 않다. 책을 읽으며 자신이 중요하다고 생각되는 문장이 있다면 A4 용지에 바로 적으면 된다. 꼭 책에 나온 그대로 적지 않아도 괜찮다. 그 핵심 문장을 소화하여 자신의 말로 풀어 적어도 좋다. 그렇게 핵심 문장이 모이면 한 권의 책이 '종이 한 장'에 담기는 것이다.

저렴하고 적당한 크기인 A4 용지를 활용하면 효율적으로 한 권의 책을 종이 한 장에 정리할 수 있다. 보통 사람들은 다이어리나 작은 수첩을 가지고 다니며 그것을 독서노트로 삼는다. 그 독서노트에 책의 핵심 내용들을 적는다. 그런데 그것에는 문제가 있다. 보통 사람들은 그 독서노트에 독서 계획이나 각 책의 핵심 내용 등 잡다한 모든 내용을 써놓는다. 여러 내용들이 짬뽕되어 혼란을 일으키게 된다. 가뜩이나 공간이 좁은데 책의 핵심 내용 정리와 독서 계획과 목표 등을 함께 쓰기 때문이다.

나도 초보 시절에는 다이어리나 수첩을 독서노트로 정하고 독서노트에 모든 것을 다 적었다. 독서의 목적, 목표, 기간 등을 포함해서 책의 내용과 나의 생각까지 전부 다 함께 적었다. 그렇게 되니 독서노트를 너무 빨리 바꾸게 됐다. 한 달에 다이어리를 2권씩 쓸 때도 생겼다. 그러면 내가 한 달 동안 읽어나가는 책들과 앞으로 읽을 책들을 한 번에 확인할 수가 없었다. 책의 핵심 내용들도 확인하기 힘들었다. 이전의 다이어리를 찾아봐야 했기 때문이다. 이렇게 독서노트에 책의 핵심 내용부터 독서 생활의 모든 것을 기록했었지만 흐름이 끊겨 좋지 않았다. 다이어리나 수첩들로 된 독서노트는 보통 크기가 작았기 때문에 독서 생활의 계획을 적기에도 충분하지 않았다. 책의 중요한 내용들을 담기에는 턱없이 부족했다. 그래서 생각해낸 것이 A4 용지다. 나는 책의 핵심 내용들은 A4 용지에 따로 적기로 했다. 현재 나는 독서노트는 주간, 월간, 연간 계획을 기록하거나 책의 리스트들을 기록하는 용으로만 주로 사용한다. 그러니 독서노트가 깔끔해졌고 금방 바꾸지 않게 되었다.

 A4 용지를 사용하여 책의 핵심 내용을 담는 것에는 또 다른 좋은 점이 있다. 다이어리나 작은 수첩들은 크기가 작고 책과 분리되어 있다. 그래서 내가 적어놓은 것을 바로바로 체크하기가 힘들어서 불편하다. 반면에 A4 용지는 너무 크지도 않고 작지도 않은 공간에 핵심 내용만을 적을 수 있어서 사용하기 좋다. 또 A4 용지를 반 접어서 책 속에 끼워넣고 다니면 그렇게 편할 수가 없다. 독서노트를 따로 안 가지고 다녀도 핵심 문장들을 적을 수 있고 그것을 언제든지 확인할 수 있다. 그것들을 보면서 책의 흐름을 놓치지 않을 수 있다. 아주 효율적이고 좋은 방법이다.

 책을 읽을 때 꼭 A4 용지를 함께 가지고 다니는 것을 추천한다. 읽다 보면 마음을 흔들고 가슴을 뛰게 하는 그런 문장들이 있는데 아무 종이가 없으면 적지 못하기 때문이다. 나는 책 읽을 때 항상 A4 용지를 끼워서 다니며 핵심 문장이나 나의 가슴을 뛰게 하는 문장들을 바로 기록했다. 책 여백에 적는 것도 한계가 있고 정리가 바로 되지 않는다. 또 나중에 그 좋은 문장들을 찾으려면 책 전부를 뒤져야 한다. A4 용지를 활용하면 그러한 수고도 줄일 수 있을 뿐더러 책의 중요한 내용과 좋은 문장들을 한눈에 볼 수 있게 된다.

나는 A4 용지를 책 속에 끼워넣고 다닌다. A4 용지의 3분의 2정도 되는 공간에 책의 핵심 내용과 좋은 문장들을 적는다. 남는 3분의 1공간에는 책을 읽고 난 후 얻은 깨달음과 나만의 생각을 적는다. 그냥 책의 요점만을 적는 것보다는 책을 읽으며 들었던 자신의 생각을 기록하는 것이 좋다. 많은 사람들이 자신의 생각과 느낌을 글로 쓰라고 하면 겁을 먹고 두려워한다. 그러나 글을 잘 쓸 필요도 없다. 누구 보여줄 것도 아니니 그냥 책을 읽으면서 떠오른 생각이나 책에 대한 소감들을 자신감 있게 쓰면 된다. 쓰다 보면 점점 생각을 정리하는 것이 빨라지고 글을 조리 있게 쓸 수 있게 된다. 나의 생각과 느낌들을 쓰면서 책 내용을 더듬게 되고 책의 핵심을 잘 정리하여 기억할 수 있게 된다. A4 용지는 책 한 권을 한눈에 담을 수 있는 좋은 도구다. 여러분들도 나와 같이 A4 용지를 활용하여 책의 내용을 편리하면서도 효율적으로 종이 한 장에 담길 바란다. 인생을 바꾸기 위해 독서하는 여러분의 독서 생활에 큰 유익을 주는 방법이기에 꼭 실천했으면 좋겠다.

책을 종이 한 장에 담는 것의 유익

한 권의 책을 '종이 한 장'에 담으면 좋은 점이 많다. 먼저 두껍게 느껴지는 책의 내용을 한 장으로 줄임으로써 핵심 내용을 쉽게 파악하게 할 수 있게 된다. 한 장에 기록된 내용은 책의 내용에서 핵심 문장에서도 엑기스만 담은 내용들이다. 책을 다 읽고 정리된 종이 한 장을 보면 책의 핵심만 한눈에 파악할 수 있다. 책의 핵심만 간략하게 정리되어 있기에 중요 내용들을 쉽게 기억할 수 있게 해준다. 시험기간에 학생들이 책의 핵심만 정리하여 한눈에 보고 외우는 것과 같은 원리라고 할 수 있다.

책을 종이 한 장에 담는 것의 또 다른 좋은 점은 읽었던 책을 다시 찾아볼 때 핵심 내용만을 빠르고 쉽게 확인할 수 있다는 것이다. 책은 수많은 문장들로 이루어져 있다. 보통은 책은 분량이 대략 A4 용지 110장가량 되고 그것보다 더 많은 양의 책들도 많이 있다. 책을 다시 읽을 때 책 한 권이 종이 한 장에 정리되어 있으면 쉽게 핵심만 읽을 수 있다. 한 장으로 정리된 종이가 없다면 처음부터 책을 다시 봐야 할 것이다. 핵심이 무엇인지도 찾으려면 너무 너무 힘들어진다. 그렇기 때문에 우리는 책 내용을 종이 한 장에 담아야 한다.

A4 용지 100장의 분량이 넘는 책을 핵심만 뽑아내어 1장으로 요약하는 것은 책의 핵심을 분간하고 중요 문장을 보는 능력을 키워준다. 엑기스만 뽑아내 정리하기 때문에 각 장과 챕터별로 핵심을 간파하는 능력을 갖게 된다. 한 권의 책을 A4 용지 한 장에 담는 것은 책의 많은 내용 중에 저자의 핵심 생각이 담긴 중요 내용을 뽑아내고 정리하는 것을 훈련시킨다. 요점만을 간략하게 쓰는 글쓰기 능력도 길러준다. 그것뿐만이 아니다. 책을 종이 한 장에 담게 되면 '내가 저 양이 많은 책을 이 종이 한 장에 핵심만

담았다는 거야?'라며 스스로 성취감을 느끼게 된다. 그렇게 성취감을 느끼게 되면 책에 대한 애정이 생기고 책 읽기에 재미가 붙는다. 한 권의 책을 읽어나갈 때마다 한 장의 핵심 요약본이 완성되는 것을 보면서 엄청난 동기 부여를 받게 된다. 지치지 않고 힘차게 책을 읽어나갈 수 있도록 힘을 준다.

책을 읽으며 핵심 내용 또는 자신을 감동하게 하고 큰 깨달음을 준 문장들을 A4 용지에 정리해보자. 각 챕터별 요점을 정리해도 좋다. 책을 읽다 중요한 문장이라고 생각되면 A4 용지에 적어보자. 그것이 쌓이면 양이 많아 보이는 책 한 권이 종이 한 장에 담기게 된다. 그 한 장을 통해 책의 중심 내용들을 빠르게 확인할 수 있고 기억할 수 있게 된다. 또한 다시 책을 볼 때 손쉽게 내용들을 확인할 수 있게 된다. 또한 핵심 내용만을 정리할 수 있는 능력도 자라나게 된다. 이제는 A4 용지를 준비하여 한 권의 책을 종이 한 장에 담아보자! 이전과는 다른 차원의 독서로 들어가게 될 것이다.

07. 나만의 독서노트를 가져라

어떤 분야에서든 유능해지고 성공하기 위해선 세 가지가 필요하다.
타고난 천성과 공부 그리고 부단한 노력이 그것이다.
- 헨리 워드 비처

남의 방식으로 노트를 쓰지 마라

한국은 누가 유명해지거나 누가 성공하면 무작정 다 따라 하는 경향이 있다. 유명인과 성공자의 좋은 습관들과 자세를 배우는 것은 좋은 것이다. 하지만 자신만의 취향과 색깔은 따라가지 않고 남이 이 방법으로 잘됐으니 무작정 나도 해보자 하는 식의 자세는 정말 버려야 한다. 이 시대는 남들을 따라 하면 실패하는 시대이다. 나 자신만의 개성과 재능을 살려 나만의 색깔을 가지고 나아가야 성공하는 시대이다. 가수나 사업가나 실패하는 사람들의 특징은 모두 남을 따라 한다는 것이다. 남을 따라 하지 말고 '나만의 것'을 찾아야 한다. 누구도 따라 해서는 안 된다. 자신만의 것을 발견하고 그것을 따라가야 무엇에든지 성공할 수 있다. 남을 따라 하지 않고 자신만의 길을 갈 때 자신만의 행복한 인생을 살 수 있다.

성공하고 행복한 인생을 살아가기 위해서 남의 인생을 따라가지 말아야 하듯 '독서노트'를 만드는 것에 있어서도 똑같다. 맹목적으로 남들을 따라 해서는 안 된다. 시중에 나와 있는 독서에 대한 책들을 보면 '독서노트 작성법'에 대해 알려주는 것을 볼 수 있다. 독서광들에게 독서노트 작성법을 배우게 되면 시행착오를 줄이고 빠르고 효과적으로 독서할 수 있다. 독서광들의 좋은 팁을 얻을 수 있는 점에서 유익하다. 하지만 기억해야 할 것은 그들은 '자신만의 독서법'을 알려주고 있는 것이다. 우리는 독서 천재들의 노하우들을 가져와야 하고 거기서 좋은 팁을 얻어야 하지만 그대로 똑같이 따라 해서는 안 된다. 사람마다 처해 있는 상황이 다르고 강점들이 다르다. 집중도와 독서 스피드도 각각 다르다. 그런데 왜 획일화된 독서 노트법을 똑같이 따라 하려고 하는가? 누구를 따라 만든 '독서노트'는 자신에게 맞지 않는 옷을 입은 것과 같다. 자신에게 최적화된 독서노트만이 큰 효과를 낼 수 있다. 독서광들의 독서노트법을 잘 활용하고 그들의 장점을 접목시키되 무조건적으로 따라 하지 말자. 나만의 독서 스킬과 노하우를 가지고 자신에게 딱 맞는 효과적이면서 자신의 개성이 담긴 '나만의 독서노트'를 만들어보자.

"독서노트요? 굳이 그런 것까지 만들어서 책을 읽어야 하나요?"라고 묻는 사람들이 있다. 나는 매번 자신 있게 "독서노트 반드시 만들어야 합니다."라고 대답한다. 나는 독서를 통해 의식과 사고를 성장시키고 일반인들과 다른 생각을 하며 인생을 바꾸고자 하는 사람이라면 반드시 독서노트를 쓰라고 권하고 싶다. 꼭 독서노트를 만들어야 하는 데에는 이유가 있다.

1. 독서노트가 있어야 계획적인 독서가 가능하다

우리나라에는 독서하는 사람들이 많지 않다. 그나마 간간히 독서하는 사람들 중에서도 대부분은 계획 없이 그냥 자신이 읽고 싶어 하는 책을 간간히 시간될 때나 마음의 위로를 얻고 싶을 때 읽는 것이 전부다. 대부분이 이렇게 계획 없이 취미로 또는 시간 때우기용으로 읽고 있다. 이러한 독서는 사고와 의식의 폭발적인 성장을 절대 가져올 수 없다. 취미로 생각날 때 또는 시간이 남을 때 하는 독서는 흐지부지되고 남는 것이 없게 된다. 독서노트로 계획을 짜서 독서하지 않으면 금방 책 읽기를 포기하게 된다. 체계적이지 못하고 부분적인 독서는 인생을 바꿀 만한 성장을 가져오지 못한다. 책을 읽고 의식과 사고를 효과적으로 성장시키기 위해서는 계획적으로 분명한 목적과 목표를 가지고 독서해야 한다. 독서노트가 없으면 계획을 세울 수 없다. 자신의 계획과 목표들을 기록하고 날마다 확인하며 책을 읽어야 제대로 된 독서 효과를 볼 수 있다.

우리가 알다시피 학교와 학원 어디서나 커리큘럼을 가지고 계획을 세워 놓고 교육을 시작한다. 그런데 생각해보자. 학교에서 월간, 연간 계획 없이 그저 학생들을 모아놓고 되는 대로 수업을 짜서 시작한다고 하면 어떻게 되겠는가? 분명한 목적과 계획 없이 되는 대로 수업한다면 교육은 효과적이지 못하고 시간만 낭비하게 될 것이다. 학교나 학원이 명확한 목적과 기간을 계획해서 학생들을 가르치듯이 우리도 독서노트를 만들어 계획적으로 책을 읽어야 한다. 독서노트를 만들어 구체적인 계획과 목표를 세우고 독서해야 한다. 읽을 책들의 리스트를 만들고, 독서 목표량을 정하고 기간을 설정해야 한다. 독서노트를 만들어 독서하면 계획적으로 책을 읽게 되고 독서의 유익을 제대로 누릴 수 있다. 독서노트를 만들고 분명한 목적과 목표를 세우길 바란다. 책을 읽고 인생을 바꾸고자 하는 사람들은 반드시 '독서노트'를 만들어 계획적인 독서를 해야 한다.

2. 독서노트가 있어야 읽은 책들이 정리되고 머릿속에서 기억된다

독서에 대한 중요성을 깨닫고 독서로 내 낡아빠진 의식과 사고를 바꾸기 위해 집중적인 독서를 시작했다. 10권이 넘고 20권이 넘고 30권이 넘었다. 그런데 갈수록 책을 다 읽어도 남는 것이 없다는 느낌을 받았다. 책의 내용들이 기억에 남지도 않았다. 그래서 독서노트를 쓰기 시작했다. 공책을 구입해 독서노트를 만들었다.

독서노트에 내가 읽은 책, 읽고 있는 책, 읽을 책을 분류해서 기록했다.

그리고 책을 읽고 나면 노트에 간략하게 책의 내용을 적고 나만의 생각과 느낌을 기록했다. 기록할 뿐만 아니라 그것을 시간될 때마다 읽고 다시 생각했다. 그렇게 계속해서 독서를 해나가면서 나만의 독서 방법을 터득해 나갔다. 책을 읽기만 하는 것이 아니라 독서노트에 요점을 정리하며 나의 생각까지 곁들여가며 나만의 독서 방법을 체계화했다. 나중에는 계획과 목표 등을 적는 독서노트와 각 책의 핵심 내용과 나의 생각을 적는 종이를 따로 만들었다. 그렇게 나만의 독서노트를 활용해 책을 읽어나가다 보니 책의 내용과 깨달음들이 기억에 남게 되고 그에 대한 나만의 생각까지 머릿속에 남게 되었다. 독서노트 없이 무작정 책을 읽었던 것보다 엄청나게 효과가 있었다. 내용뿐만 아니라 그에 대한 나의 생각까지 머릿속에 저장되는 효과를 볼 수 있었다.

3. 독서노트가 있으면 자신의 독서 생활을 반성하고 성찰할 수 있다

독서노트를 만들면 자신의 독서 생활을 돌아볼 수 있게 되고 더욱 효과적인 독서로 나아갈 수 있다. 책을 읽는 것도 중요하지만 중간중간 자신을 살피고 반성하며 성찰하는 것이 너무나 중요하다. 미친 듯이 책을 읽는 삶을 살다 보면 나도 모르게 힘들고 지칠 때가 있다. 그럴 때 독서노트는 큰 힘이 된다. 자신이 독서하는 목적과 목표 기간 또 내가 했던 다짐들을 보면서 힘을 얻고 다시 독서에 열중할 수 있게 된다. 자신의 목표를 다시 상기하면서 나태해진 자신을 반성하게 되고 더욱 독서에 열중할 힘을 얻게 된다. 나는 독서노트에 독서의 목적, 목표 독서량, 목표 기간, 책 리스트 등을 써놓는데 그와 함께 독서의 유익과 필요성을 알려주는 독서 명언을 써놓는다. 책 읽는 것이 힘들어지고 지루해질 때가 있다. 그때 독서노트에 적어놓은 명언을 보면 정신이 바짝 든다. 다시 책을 열심히 읽어야겠다는 열정이 솟아나게 된다. 책을 향한 간절함을 새롭게 한다.

나는 복무할 때 독서의 중요성을 깨닫고 복무하는 학교에서 미친 듯이 책을 읽어나갔다. 그런데 책을 읽어도 책 읽는 속도가 붙지 않았다. 그러다 내 독서 생활에 장애물을 발견했다. 음악을 듣는 습관으로 인해 학교를 나가면 남는 시간에 책을 잘 읽지 못하는 것을 발견했다. 그래서 독서노트에 '이어폰은 독서에 큰 방해물이다! 이어폰 가지고 다니지 않기!'라고 기록했다. 집중적인 독서를 방해하는 장애물을 발견하고 독서노트에 주의점을 쓴 것이다. 그 다음부터는 이어폰을 잘 가지고 다니지 않는다. 그 뒤로 남는 시간이나 자투리 시간이 생기면 귀에 이어폰을 꽂는 것이 아니라 책을 꺼내 읽게 되었다. 이후로 자투리 시간을 살리면서 독서 집중도와 속도가 엄청나게 상승했다.

이렇게 독서노트는 자신을 돌아보아 책에 집중할 수 있게 하고 효과적으로 독서 생활을 이어갈 수 있도록 도와준다. 독서노트를 만들면 부족했던 부분들이 무엇인지 자신을 파악하면서 자신에게 맞고 효과적인 독서 방법을 찾아나갈 수 있게 된다. 자신의 독서 패턴과 성향을 돌아보게 되고 효과적이며 유익한 독서가 되도록 돕는 역할을 해준다.

　독서노트는 계획적인 독서를 가능하게 하며 읽은 책의 내용을 머릿속에 각인시켜주며 자신의 독서 생활을 반성하고 더욱 성장할 수 있도록 돕는다. 독서노트는 독서력 향상에 큰 도움을 준다. 그냥 무작정 책을 읽는 것과 독서노트를 만들어 책을 읽는 것과는 차원이 다른 결과를 가져온다. 독서노트를 만들기 막막하고 힘들다면 내게 요청해라. 당신의 강점과 특성을 살린 효과적인 독서노트를 만들 수 있도록 도울 것이다. 지금 당장 자신의 개성과 노하우가 담긴 '자신만의 독서노트'를 만들자! 지금까지와는 다른 놀라운 독서 효과를 보게 될 것이다.

실천까지가
진짜 독서다

> 길을 아는 것과 길을 걷는 것은 분명히 다르다.
> -영화 <매트릭스> 중에서

독서의 열매를 경험하다

책을 미친 듯이 읽고 독서의 임계점을 경험하면 의식과 사고의 엄청난 성장을 경험하게 된다. 그런데 여기서 놓치지 말아야 할 중요한 사실이 있다. 정말 중요한 것은 놀랍게 바뀐 의식과 사고를 가지고 행동으로 옮겨야 한다는 것이다. 독서에서 얻은 지식과 지혜가 아무리 많아도, 깨달음이 태산만 해도 실제 생활에서 실천하지 않는다면 아무 쓸모없는 것이 된다. 우리의 독서가 단순히 지식을 얻는 것에서 멈추면 안 된다. 의식이 확장되고 사고가 유연해지며 통찰력이 생겼다면 그것을 가지고 내 삶에서 실제적으로 적용하여 실천해야만 한다. 책을 읽는 것은 단순히 생각만을 바꾸기 위함이 아니기 때문이다. 책 속에서 배운 것들을 내 삶에 실천하여 이전과는 다른 새로운 삶을 살기 위해 책을 읽는 것이다.

　본격적으로 책을 읽어가면서 내가 깨달은 것을 머리에만 담아놓지만 말고 삶에 적용해보기로 했다. 성공자들에게서 배운 좋은 삶의 자세들을 하나씩 실천해보았다. 『생각의 비밀』의 저자 김승호 회장이 하루에 6시를 두 번 보는 사람이 성공한다고 해서 실제로 그 다음날부터 새벽 6시에 일어나기 시작했다. 안랩 대표 안철수는 "이 시대 필요한 리더는 원칙을 지키고 정직과 성실로 살아가는 사람들입니다."라고 책에서 말했다. 그래서 나만의 건강한 원칙을 세우고 매사에 정직하려고 부단히 노력했다. 실수를 하고 잘못한 일이 있으면 솔직하게 이야기하고 용서를 구했다. 성실하고자 학교에서나 택배일에서나 누구보다 노력했다. 『고객이 이기게 하라』의 오진권 회장이 고객들이 요청하기 전에 먼저 알아차리고 부족한 반찬을 채워줘야 그것이 서비스이고 고객을 감동시킨다고 말했다. 거기서 깨달음을 얻고 그대로 실천했다. 복무하면서 사람들의 필요가 무엇인지 눈여겨보고 선생님들이나 학생들이 말하기 전에 그들의 필요를 채워주었다. 지나가는 선생님들에게 먼저 다가가 밝게 인사하고 내가 꼭 해야 할 일들이 아니어도 열심히 도와주었다.

보통 사회복무요원들은 복무지에서 사고도 많이 치고 할 수 있으면 어떻게든 농땡이를 피우려고 하기 때문에 어떤 사람이 오든지 복무요원을 바라보는 시선이 좋지 않았다. 나에 대한 시선도 처음에는 그렇게 좋지 않았다. 그런데 책에서 깨달은 좋은 자세와 생각들을 하나하나 실천해나가자 학교에 계신 선생님들께서 나를 너무 좋아해주시기 시작했다. 지나갈 때마다 격려의 말씀을 해주시고 사무실로 불러 맛있는 것을 챙겨주시기도 했다. 교장, 교감 선생님께서는 요즘 청년들 같지 않게 성실하고 진심이 느껴진다며 자기 밑에서 일을 시켰으면 좋겠다고 하시며 많은 칭찬을 해주셨다. 학부모님들께서는 몸이 불편한 아이들을 진심으로 대하고 세심하게 돌봐준다며 감사의 마음을 담은 선물을 사주시기도 했다. 또한 학생들이 감사하다며 찾아와 선물을 주기도 했다. 나는 모든 선생님들과 학생들에게 밝고 건강한 청년, 성장 가능성이 많은 성실하고 진실한 청년으로 인식되었다.

책에서 얻은 가르침을 가지고 삶에서 실천하니 정말 삶에 변화가 일어난 것이다. 그때 나는 실천의 힘이 얼마나 막강한지 깨달았다. 나에 대한 인식과 태도를 바꿀 수 있다는 것이 놀라웠다. 책에서 깨달은 깨달음과 지식들을 머릿속에만 담아놓지 않았고 실천했기에 이러한 삶의 변화들을 맛볼 수 있었던 것이다. 독서한 대로 실천하자. 값진 열매들을 얻을 수 있었다.

좋은 생각을 하는 사람들은 세상에 많다. 발전적인 생각을 하는 사람도 많다. 기발한 아이디어를 떠올리는 사람도 세상에 많다. 그런데 왜 극소수의 사람들만이 성공하고 세계적인 리더로 일어나는지 아는가? 극소수의 사람만이 자신의 생각과 아디이어를 행동으로 옮기기 때문이다. 평범한 사람과 성공한 사람의 차이는 단순히 지식의 양이 아니다. 실천의 차이다. 성공한 사람들은 전부 자신의 생각을 생각으로만 머물게 하지 않고 행동으로 옮긴 사람들이다. 이것이 어느 분야에서든지 성공한 사람과 평범한 사람을 가르는 큰 차이인 것이다.

영화 〈매트릭스〉에는 이러한 명언이 나온다.

"길을 아는 것과 길을 걷는 것은 분명히 다르다."

좋은 생각이 머리에만 머무는 것과 그 좋은 생각이 행동으로 나오는 것 사이에는 엄청난 간격이 존재한다. 많은 사람들이 책을 읽어도 삶이 변하지 않는다고 불만을 내뱉는다. 책을 읽는 많은 사람들이 의식과 사고가 어느 정도 바뀌지만 그저 생각의 변화만으로 그친다. 얻은 깨달음을 삶에서 풀어내지 않기에 실제적인 삶의 변화들을 경험하지 못하는 것이다. 이 시대 길을 안다고 하는 사람들이 너무 많다. 그러나 그 어려운 길을 걸어가는 사람은 보기가 힘들다. 우리는 길을 아는 사람이 아니라 길을 걷는 사람이 돼야 한다. 진정한 앎은 지식적으로 아는 것을 넘어 그대로 실천하고 행동하는 것까지다. 이제 진정한 독서, 진정한 앎으로 나아가야 할 때이다. 길을 안다고 외치는 사람이 아니라 길을 걷는 사람이 삶을 바꾸는 사람들이며 세상을 바꾸는 사람들이다.

행함 없는 독서는 죽은 독서다

독서라는 것은 Input(들어감)이 있으면 실천이라는 Output(나옴)도 반드시 나와야 한다. 단순히 생각이 유연해지고 새로운 아이디어가 떠오르며 세상을 꿰뚫어 볼 수 있는 통찰력을 가지는 것만으로는 진짜 독서라고 할 수 없다. 놀랍게 바뀐 우리 생각과 자세로 실제 삶에서 행동해야만 한다. 우리 머리에 있는 것은 현실이 아니다. 행동으로 나타나야 현실이 되고 변화가 일어난다. 내 삶에 실질적인 유익을 주는 것이다. 우리 삶에 아무 유익과 변화를 주지 못하는 '실천 없는 책 읽기'는 죽은 독서다. '진짜 독서' 한다는 것은 지식과 지혜를 깨닫는 것이 아니라 그것을 가지고 실천하는 것이다. 성경에서는 행함 없는 믿음은 죽은 믿음이라고 하지 않았던가! 행함 없는 독서는 죽은 독서다. 가짜 독서다.

우리는 그저 마음의 위로를 얻고 지식을 좀 더 얻기 위해 책을 읽는 것이 아니다. 단순 지식은 인터넷 검색이면 금방 얻는다. 그런 것으로는 절대 삶이 바뀔 수 없다. 깨달은 대로 행할 수 없다면 이전보다 더 나은 삶으로 나아갈 수 없다. 우리의 책 읽기는 매일매일 닥쳐오는 일상의 삶에서 지혜롭고 합당하게 행동하기 위함이다. 머릿속에 머물러 있는 것은 그저 생각일 뿐이다. 어떤 변화도 가져오지 못한다. 독서의 진정한 목적은 삶의 변화다.

지금까지 세상은 수없이 발전하며 바뀌어왔다. 단순히 좋은 생각, 뛰어난 이론들로 세상이 바뀐 것이 아니다. 악한 독재 정권이 잘못된 것이라고 깨달을 뿐만 아니라 건강한 사회로 바꾸고자 헌신하고 투쟁하며 고군분투한 사람들로 인해 세상은 바뀌었다. 생각만 품고 있지 마라! 단순히 생각이 바뀌고 의식의 상태가 바뀐 것만으로 만족하지 말고 그것을 가지고 반드시 삶의 영역 가운데 실천해라! 놀라운 결과들이 나타날 것이다. 관계의 영역, 재정의 영역 등 삶의 다양한 영역들에 변화를 보게 될 것이다.

단순히 책을 열심히, 많이 읽는 사람이 아니라 책을 읽고 그 내용대로 실천하는 사람만이 자신의 인생을 눈부시게 바꿀 수 있다. 방대한 지식과 깨달은 지혜들을 가지고 작은 것이라도 하나씩 실천해보자! 작은 것, 사소하게 보이는 것부터 실천하면 나중에는 큰 것들을 실천할 수 있게 될 것이고 정말로 삶이 바뀌는 것을 경험하게 될 것이다.

세상에는 두 부류의 사람만이 있다. 아는 것을 실천하는 사람과 실천하지 않는 사람이다. 아침을 일찍 깨우는 것이 좋다는 사실은 세상 누구나 안다. 그러나 그것을 행하는 사람과 행하지 않는 사람들로 나뉠 뿐이다. 독서의 중요성은 대한민국 사람 누구나 다 안다. 하지만 책을 읽는 사람은 극소수에 불과하다. 내가 복무 시절 독서의 중요성만을 인식한 채로 그쳤다면 지금의 나는 없을 것이다. 독서의 중요성을 깨닫고 정말 인생을 걸고 독서에 매진했기 때문에 어려움과 시련의 세월을 견뎌낼 수 있었고 자존감을 회복하며 변화된 삶으로 나아갈 수 있었다. 그렇게 집중적인 독서를 하면서 깨달은 것을 내 삶에 계속해서 실천했기에 지금은 작가, 강연가, 독서 코치, 동기 부여가, 1인 창업가로서 나만의 꿈을 이루며 남들과 다른 인생을 살고 있는 것이다. 책에서 배운 지혜와 깨달음들을 머릿속에만 담아두지 않았고 어떻게든 삶에서 실천한 것이 이 모든 것을 가능하게 한 것이다.

내 주변에는 책을 열심히 읽는 사람이 있다. 그런데 그 사람은 몇 년 동안 책을 읽어도 여전히 부정적인 말들만 하고, 뒤에서 사람들의 험담을 한다. 문학적인 이야기와 여러 잡다한 지식들은 많이 아는 것 같았지만 삶에서는 책대로 행동하지 않고 있었다. 실천이 없는 책 읽기는 배우기만 하고 행동하지 않는 '헛똑똑이'를 만들어낼 뿐이다.

정말 중요한 것은 단순히 책을 1,000권, 3,000권 읽는 것이 아니라 깨달은 것을 가지고 삶에서 살아내는 것이다. 우리는 단순히 책만 열심히 읽고 끝나는 사람이 되어서는 안 된다. 아무리 많은 것을 배우고 깨달았더라도 실천하지 않으면 아무 쓸 데가 없는 것이다. 잠깐의 감동과 지식 쌓는 것으로 끝내는 것은 진정한 독서라 할 수 없다. 배우고 깨달은 것을 삶에서 풀어내는 것까지가 진짜 독서다. 그리고 그 진짜 독서가 삶의 변화를 일으키고 인생을 바꾸는 것이다.

책을 통해 얻은 지식, 가슴을 뛰게 한 그 깨달음을 가지고 실제 삶에 적용하여 실천해보자! 그것이 우리의 삶을 이전과는 완전히 다른 삶으로 바꿀 수 있는 유일한 방법이다. 실천까지가 진짜 독서라는 사실을 잊지 말자! 이 글을 읽는 모두가 책을 통해 깨달은 것을 삶에서 실천하여 하루하루 살아가는 실제 삶 속에서 좋은 열매들을 맺길 바란다. 그렇게 배운 대로 열심히 실천하여 건강한 삶의 변화들을 많이 경험했으면 좋겠다.

아프니까 청춘이다
김난도, 쌤앤파커스, 2010

인생에서 가장 고민이 많은 20대를 위해 던지는 김난도 교수의 따뜻한 멘토링이다. 불안한 미래와 외로운 청춘을 보내고 있는 이 시대 젊은이들에게 42편의 격려 메시지를 하나로 묶어 소개하고 있다.

"네 눈동자 속이 아니면 답은 어디에도 없다."

이 말은 내 가슴속 깊이 새겨져 있다. 책을 읽으며 내 열망과 내가 진정 원하는 꿈을 따라가는 삶을 살아야 한다는 것을 깨닫고 내가 무엇을 좋아하고 무엇을 하면 행복한지, 정말 잘하고 즐겁게 할 수 있는 것이 무엇인지 찾기 시작했다. 책을 읽기 전에는 입시 준비만 했지 이런 것들은 생각해보지도 않았다. 그래서 "어떻게 내가 좋아하고 원하는 것을 찾지?"라며 헤매고 있었다. 그때 이 책의 이 구절을 만났다. 정말 내 눈동자 속이 아니면 답은 어디에도 없다. 자기 자신을 직면하는 것이 필요하다고 말한다.

나는 이 책을 읽으며 부모의 기대, 사회의 분위기를 잊고서

"나는 무엇을 원하는가?"

"나는 무엇을 할 때 행복한가?"

"나는 무엇을 가장 잘하는가?"

"나는 누구인가?"를 진지하게 고민하게 됐다. 자기 성찰을 통해 진정한 꿈 찾기를 시작하게 되었다.

내가 가진 조급함과 두려움들을 저자는 잘 파악하고 공감해주었다. 그 조급함을 내려놓고 나 자신에게 집중하게 해주어 나의 꿈을 찾을 수 있도록 나를 자극해주었다. 또 사회가 인정하고 정해놓은 행복에 대해 의심하고 다시 생각하게 해주었고 나의 행복에 대해서도 깊이 고민하고 정립할 수 있는 기회를 주었다. 불안하고 힘든 상황이라고 해도 그 불안과 힘듦을 성장의 밑거름으로 삼고 앞으로 계속 도전하도록 큰 힘을 주었다.

21세기 대한민국에서 살아가는 청년인 '나' 자신에 대해서 진지하게 생각해보고 내가 몸담고 있는 지금 사회를 돌아보게 해주었다. 20대뿐만 아니라 누구나 읽으면 좋은 책이다. 강요하는 분위기가 아니라 옆에서 좋은 선생님이 담담하게 나를 돌아보도록 말을 건네는 것 같았다. 편안하게 책을 읽으며 나와 사회에 대해 깊이 생각할 수 있게 해준 책이다.

5장

미친 독서로
1년 안에
삶이 바뀐다

01.

딱 1년만
인생을 걸어보자

> 인생은 과감한 모험이던가, 아니면 아무 것도 아니다.
>
> - 헬렌 켈러

1년에 100권이라는 목표

책을 읽자고 다짐하고서 열심히 책을 읽어나갔다. 그런데 책을 읽다 보니 계획을 세워 독서해야겠다는 생각이 들었다. 명확한 목표와 계획을 가지고 뛰어들어야 큰 효과를 볼 것 같았다. 지금까지 책과는 거리가 먼 삶을 살았지만 책을 어느 정도 보니 진짜 미친 듯이 읽으면 1년에 100권은 읽을 수 있을 것 같았다. 그래서 일단 1년 100권의 목표를 세우고 본격적인 독서를 시작했다. "1년 동안 내 모든 것을 걸고 집중해서 책을 읽어보자! 포기하지 않고 책에 미친다면 이 기간이 반드시 인생의 큰 전환점이 될 거야!"라고 생각하며 스스로 다짐했다. 이 기간을 통해 마음과 자세가 달라지고 생각의 큰 성장을 이루고 싶었다. 간절한 마음으로 1년 동안 100권의 목표를 세우고 전력투구했다.

본격적인 독서를 시작하고서는 아버지를 도와 택배 할 때와 잠 잘 때 빼고는 거의 모든 순간 책을 읽었다. 슈퍼 갈 때도 책을 들고 나갔다. 친구를 만날 때도 책을 들고 나가고 가족끼리 밥 먹으러 갈 때도 책을 들고 나갔다. 물론 밥 먹으면서도 책을 봤다. 심지어 화장실 갈 때고 책을 들고 갔다. 주위 사람들이 미쳤냐고 했다. 나도 내가 미친 것 같았다. 그만큼 간절했다. 취미로 독서한 것이 아니었다. 인생 전부를 내걸고 미친 듯이 책을 읽었다. 내 생각을, 마음을, 의식을 완전히 바꾸고 싶었다. 새롭게 인생을 바꾸고 싶은 마음으로 간절했다. 그래서 미친 듯이 책을 읽어나갔다.

처음에는 "책을 읽는다고 인생에 그렇게 큰 도움이 될까? 괜히 내가 시간 낭비 하는 거 아니야?"라는 의심이 들기도 했다. 하지만 이러한 생각들은 가면 갈수록 강한 확신으로 바뀌었다. 책을 읽어갈수록 생각이 바뀌고 의식이 성장하는 것을 스스로 느꼈기 때문이다. 30권, 40권, 50권 독서의 양이 점점 늘어날수록 미친 듯이 책에 빠지면 인생이 변한다는 사실을 확신하게 되었다. 그러고서는 더욱 깊이 책에 빠져들었다.

'불광불급', 아닐 불, 미치광이 광, 미칠 급으로 이루어진 사자성어로 미치지 않으면 미치지 못한다는 뜻이다. 어떤 일이든 그 일에 미쳐야 뜻을 이룰 수 있다는 말이다. 세상에서는 기존의 것을 변화시키거나 큰 결과를 내기 위해서는 자신의 전부를 쏟아야만 한다. 『미쳐야 미친다』의 저자 정민은 "세상에 미치지 않고 이룰 수 있는 큰일이란 없다. 학문도 예술도 사랑도 나를 온전히 잊는 몰두 속에서만 빛나는 성취를 이룰 수 있다."라고 말했다. 자신의 인생을 걸고 미친 듯이 몰입해야 성공하고 달성하고 원하는 결과를 얻게 되는 것이다. 독서도 마찬가지다. 부정적이고 낮은 수준의 의식은 쉽게 바뀌지 않는다. 책 읽는 것에 목숨을 걸고 미쳐야 엄청난 사고의 성장을 경험하고 인생을 바꾸는 기적을 경험할 수 있는 것이다.

"수능이 다가올수록 떨어져도 원이 없겠다는 생각이 들더라고요. 안 돼도 그렇게 슬플 것 같지 않았어요. 할 만큼 해봤으니깐, 할 수 있는 건 다 했으니깐, 오히려 편안해졌어요. 지구 탈출 수준의 집념과 노력을 했기에 후회도 없을 것 같았어요."

고등학교 졸업 후 막노동하며 동생 학비를 벌었고 4수에 도전하여 결국 서울대를 수석으로 들어간 장승수의 고백이다. 장승수도 인생을 걸고 후회 없이 수능 공부에 몰입했기에 이러한 엄청난 성과를 낼 수 있었다. 후회 없이 1년 동안 책에 미쳐보자! 장승수처럼 원이 없다는 고백이 나올 정도로 책에 몰입해보자! 반드시 인생의 큰 돌파를 이룰 것이다. 인생을 완전히 바꾸는 터닝 포인트가 될 것이다.

중요한 것은 완전히 집중하여 독서에 몰입하는 것이다. 책에 몰입하고 미치기 위해서 시간과 마음과 생각을 정리해야 한다. 온전히 독서할 수 있도록 환경을 조성하고 정신과 생각을 가다듬어야 한다. 중요한 시험을 준비하는 수험생들의 모습을 보자. 그들은 초집중하고 몰입할 수 있는 환경을 만든다. 시험공부에 집중하기 위해 이전까지 하던 분주한 일들을 내려놓고 마음과 생각을 오직 공부에 집중시킨다.

운동선수들은 어떠한가? 남자 운동선수들은 머리를 짧게 자르고 여자들은 화장을 하지 않는다. 평소 옷은 티 한 장과 바지로 간단하게 입는다. 외모를 꾸미지 않는 이유가 무엇이겠는가? 삶의 모든 분야에서 에너지를 아껴 자기가 하는 운동에 온 정신과 에너지를 쓰기 위해서이다. 자신의 생각과 행동의 모든 것을 절제하고 자신의 분야에 온 힘과 에너지를 쏟아내는 것이다. 독서로 인생을 바꾸기를 원한다면 몰입하고 초집중할 수 있는 환경을 조성해야 한다. 누구도, 무엇도 의식하지 못하고 빠져드는 몰입이 큰 성과를 낼 수 있는 비결이기 때문이다.

취미가 아니라 인생을 바꾸는 독서!

취미로 책 읽는 것이 아니다. 생각과 의식의 폭발적 성장을 통해 인생을 바꾸겠다는 분명한 목적을 가지고 1년은 자신의 전부를 쏟는 독서를 해야 한다. 정말 말 그대로 1년 동안은 미쳐야 한다. 정말 중요한 것은 미치는 것이다. 미친다는 것이 무엇인가? 완전히 푹 빠져 몰입한다는 것이다. 1년 동안 읽고 싶을 때 편하게 책을 읽으라는 말이 아니다. 죽기 살기로 책에 빠져들어야 한다. 삶의 혁명을 일으키기 위해서는 모든 시간과 정신과 생각을 모아 독서에 전념해야 한다는 말이다. 불필요한 행동들과 습관들을 버리고 오로지 책에 미쳐야 한다. 자신이 봐도 미친 것 같다고 느껴질 정도로 책 읽는 일에 미쳐야 한다. 그렇게 단기간에 몰입하여 독서한다면 반드시 인생은 바뀌게 되어 있다. 1년을 뜨겁게 책과 시간을 보내고 나면 이전과는 차원이 다른 생각을 하며 남다른 의식을 가지고 살아가는 자신의 모습을 보게 될 것이다. 이전과는 완전히 바뀐 당신의 생각과 의식이 당신을 새로운 삶으로 이끌 것이다. 이전과는 다른 것들을 보게 되고 다른 것들을 꿈꾸며 행동하게 될 것이다.

지금의 불만족스러운 인생을 바꾸길 원한다면 1년간 독서에 미쳐라! 인생 역전을 위해 1년도 투자하지 않으려 하는가? 위대하고 의미 있는 최고의 인생을 만들기 위해 1년만은 자신의 전부를 쏟아보자! 인생의 수준을 엄청나게 높일 수 있다면 1년은 전부를 걸고 투자해볼 수 있지 않겠는가?

3년에 1,000권을 2,000권을 이야기하는 사람들도 있다. 하지만 그것은 아무 일도 하지 않고 책만 읽는 사람들에게 가능한 양이다. 나는 긴 인생에서 1년 정도는 모든 걸 내려놓고 책 읽기에 전념하는 것도 좋다고 생각한다. 권장할 일이다. 일을 모두 그만두고 할 수 있다면 그것보다 좋은 것은 없다. 그러나 못 해도 좋다. 생계와 직장이 있다면 1년에 100권부터 돌파하자!

1년간의 집중 독서는 '독서의 임계점'을 돌파하게 해준다. 책 몇 권으로 사람이 바뀌지 않는다. 수십 년 동안 굳어져 온 생각과 의식은 100권의 독서 임계점을 넘어야 변화되기 시작한다. 이 시간을 통해 의식의 도약을 경험하게 되고 책이 재밌어지고 책의 맛을 느끼게 될 것이다. 1년 100권의 독서는 거기서 끝나는 것이 아니라 더 깊은 독서로 이끌어줄 것이다. 1년이라는 시간을 통해 더 넓은 독서의 삶으로 나아가게 될 것이다. 당신이 인생을 정말 아낀다면 1년 단기간에 폭발적인 독서로 내면과 외면의 삶을 풍요롭게 해야 한다. 1년간의 독서가 당신의 인생을 바꿔줄 것이다. 이 글을 읽는 모두가 꼭 도전하고 '1년-100권의 독서'에 뛰어들었으면 좋겠다. 인생은 너무나 값지고 소중하기 때문이다. 누구나 자신만의 최고의 인생을 살 수 있기 때문이다. 딱 1년간만 독서에 미쳐보자! 그렇게 미친 듯이 책을 읽는 독서광들에게 미래가 있고 성공이 있고 눈부신 삶이 있는 것이다.

1년이란 시간에 100권은 누구나 가능하다. 평생 책 10권도 읽지 않던 내가, 심지어 낮에는 학교에서 복무하고 저녁에는 온 동네를 누비며 택배를 하던 내가 100권을 읽어냈다. 나같이 책과 거리가 멀었던 사람도 해냈다. 당신이라면 나보다 더 잘해낼 수 있다. '시간이 없다고?', '일 때문에 바빠서 못 읽을 것 같다고?' 남들이 스마트폰 보는 시간에 책을 읽으면 된다. 대중교통에서 음악을 듣는 시간에 책을 읽으면 된다. 남들이 술 마시고 담배 피고 의미 없이 수다 떨 때 책을 읽으면 된다. 얼마든지 자투리 시간을 모을 수 있고 얼마든지 그 시간에 인생을 바꾸는 독서를 할 수 있다. 자신의 미래를 위해 모든 것을 절제하고 시험공부에 뛰어드는 수험생들처럼 우리도 멋진 앞날을 위해 이제는 삶의 모든 것들을 절제하며 독서해야 한다. 의미 없이 흘려보내는 시간을 붙잡아 독서하는 것은 1년 후, 3년 후, 10년 후를 준비하는 정말 최고의 자기 투자이다. 오늘부터 흘려보내는 시간에 책을 읽어보자. 그렇게 인생을 바꿔보자!

3년 너무 멀다. 1,000권 너무 크게 느껴진다. 현실적으로 와 닿지 않는다. 1년 100권의 벽부터 깨보자! 5년에 100권이 아니다. 평생 100권이 아니다. 1년 안에 100권을 독파하자!

'딱 1년만 책에 미쳐라!' 1년만 말이다. 나는 3년, 5년을 말하고 싶지 않다. 딱 1년이다. 이 1년으로 내 남은 60, 70년의 인생을 놀랍도록 바꿀 수 있다면 당연히 1년은 자신의 모든 것을 걸고 투자할 수 있지 않겠는가?

1년 동안의 인생을 건 몰입 독서가 당신의 의식과 사고를 폭발적으로 성장시키고 당신으로 하여금 엄청난 꿈을 꾸게 하고 행동하게 할 것이다. 1년만 자신의 모든 것을 걸고 독서에 빠져보자! 상상할 수 없는 삶의 변화 들을 경험하게 될 것이다.

02. 더 넓은 세계를 만나라

성공의 커다란 비결은 결코 지치지 않는 인간으로 인생을 살아나가는 것이다.
- 알버트 슈바이처

우물 밖 넓은 세계를 보게 하는 책

대부분의 사람들은 매일매일 비슷한 환경에서 비슷한 생각을 하며 살아간다. 비슷한 음식을 먹고 비슷한 생각을 가진 사람들을 만나고 익숙한 틀 안에서 작은 경험들을 하며 살아간다. 그렇기 때문에 많은 사람들이 비슷한 인생을 살고 있는 것이고 남들과 다른 자신만의 특별한 인생을 살지 못하는 것이다. 넓은 세계를 보지 못하면 인생은 쉽게 바뀌지 않는다. 바뀔 생각도 못하고 살아간다. 자신이 살고 있는 세상이 전부인 줄 알기 때문이다. 넓은 세계를 보지 못하고 자신이 살고 있는 좁은 세상에서 좁은 생각들을 하며 작은 일에 목숨을 걸고 삶을 살아가게 된다. 우물 안 개구리로 작은 인생을 살아간다. 책을 통해 넓은 세계를 경험해야만 크고 넓은 세상에서 자신의 재능을 발휘하며 큰 영향력을 끼치는 나만의 특별하고 멋진 삶을 살 수 있다.

집도 가난하고 맨날 같은 동네에서 택배 배달만 하며 해외여행도 못 가본 내가 책을 읽으면서 넓은 세상을 보기 시작했다. 책에서 본 세상은 너무나 넓고 광활했다. 책 읽기 전 나는 작은 세계에 갇혀 있었다. 내가 보고 있고 살고 있는 세상이 전부라고 생각했다. 미친 듯이 책을 읽어가며 내가 그동안 얼마나 작은 세계에서 살고 있었는지 깨달았다. 우물 안 개구리가 바로 나였다.

책을 만나고 나서부터는 세상에는 정말 넓고 다양한 것들이 공존한다는 사실을 알게 됐다. 우물 밖의 넓은 세계를 본 것이다. 여행할 시간과 여유가 없었지만 책을 통해 넓디넓은 세상을 경험했다. 책을 읽으며 내가 살고 있는 지구 반대편의 사람들의 생각과 문화들을 접할 수 있었다. 책을 읽을 때마다 내가 살고 있는 환경과 다른 환경을 만날 수 있었고, 나와는 다른 생각과 가치관을 가진 사람들도 만날 수 있었다. 생각의 폭이 넓어지기 시작했다.

독서는 여행이다

　사람들은 넓은 세계를 보고 싶어 여행을 떠난다. 익숙한 환경을 떠나 여행을 통해 새로운 환경에 자신을 던지는 것이다. 정말 여행을 하면 넓은 세계를 경험할 수 있다. 나와 다른 인종의 사람들을 만나고 내가 먹던 것과 다른 음식들을 먹고, 내가 걷던 것과는 다른 길을 걷고, 내가 보던 것과는 다른 것들을 보고 경험하게 된다. 여행은 넓은 세계를 경험할 수 있는 좋은 도구다. 그러나 이렇게 직접 여행하는 것에는 한계가 있다. 물론 직접 여행을 다니면서만 느낄 수 있는 것들이 있지만 나는 물리적으로 다니는 여행보다 책으로 세계를 여행하는 것이 더 큰 유익이 있다고 생각한다.

　중국 잔홍즈 작가는 책에 대해서 "책은 앉아서 하는 여행이고, 여행은 걸어 다니면서 하는 독서다."라고 말했다. 독서는 정말 여행 중에 여행이다. 책을 읽으면 훨씬 넓고 깊게 세상을 만날 수 있다. 책을 읽으면 내가 직접 여행하는 것보다 비교할 수 없이 많은 곳을 다닐 수 있고 다양한 것을 경험할 수 있다. 생각 없이 다니는 여행보다 책을 통해 넓게 세상을 보는 것이 더 유익하다. 사실 독서가 넓고 넓은 세상을 보여주는 진짜 여행이다.

　책을 보면 내가 가기 힘든 곳의 세상을 볼 수 있다. 책을 읽으면 고대 시대도 여행할 수 있다. 시간과 공간을 넘어 나와 다른 시대의 사람들의 삶 속으로 들어갈 수도 있다. 그들의 생각과 삶을 엿볼 수 있다. 그들의 음식,

그들의 옷, 그들의 마음과 생각 등 모든 문화들을 볼 수 있는 것이다. 책을 통해서 말이다.

나는 책을 보면서 내가 학교에서는 경험할 수 없고 시장에서 장사하며 느낄 수 없고 택배 하며 느낄 수 없던 수많은 것들을 경험했다. 책은 세상에 있는 많고 다양한 사람들의 심리, 역사, 철학, 예술 등 그들의 삶의 많은 것들을 만날 수 있게 해주었다. 더 넓은 세계를 만날 수 있는 참된 여행이었다.

독서는 익숙한 생각과 환경에서 벗어나게 한다. 독서는 자신이 살고 있는 세상에서 눈을 돌려 넓은 세계를 보게 한다. 나는 책이란 도구를 이용해 이 넓은 세계를 볼 수 있었다. 책을 읽으며 나와 다른 사람들의 문화를 만나고 나와 다른 수많은 생각들과 만났다. 지구 반대편에 있는 사람들은 무엇으로 인해 울고 웃는지 무엇을 위해 삶을 살고 무엇을 생각하고 바라보며 삶을 사는지 책을 보며 알 수 있었다. 넓은 세계를 보니 다양한 세상들이 존재했다. 내가 중요하다고 생각했던 것이 누구에게는 아무것도 아니었고 내가 아무것도 아니라고 생각했던 것이 어떤 사람들에게는 정말 중요한 것이었다. 나는 책을 읽고 내가 중요하다고 그렇게 붙잡아왔던 것들에 대해서도 다시 생각해보게 되었다. 대우그룹 전 회장 고 김우중 회장의 말처럼 세상은 넓고 할 일은 정말 많았다. 나는 책을 통해 이 말을 실감했다.

한국에서만 살다 보니 먹을 것이 없어 죽어가는 사람들이 있다는 사실, 전쟁과 기근과 가난에 찌들어 고통 받는 사람들이 있다는 사실을 알지 못했다. 책을 읽고 다양하고 넓은 세계들을 만나게 되었다. 책을 읽으면서 지구 반대편의 사회와 사람들을 보게 됐다. 책을 읽으면서 전쟁에 의해 죽어가는 사람들, 아파하고 고통 받는 사람들이 보였다. 책을 읽는 시간은 나와 다른 세계들을 경험하는 귀한 시간이었다. 이런 큰 세계를 보면서 나의 생각과 가치관과 뜻이 많이 달라졌다. 나만 바라보고 나만 생각하는 삶에서 이웃을 생각하고 전 인류를 돌아보는 사람이 되었다. 돈만 많이 벌고 싶었던 내가 사람들을 해롭게 하는 사회 질서들을 바꾸고 굶주린 사람들을 살리고 싶어졌다. 나만 잘되고 싶었던 마음이 사라지고 인류 모두가 잘되기를 원하게 됐다. 사람들에게 생명을 나눠주고 싶어졌다! 가난하고 굶주린 자들을 살리고 싶은 꿈이 생겨났다. 넓은 세계를 보니 꿈꾸고 바라는 것들이 확 달라졌다.

책은 내가 보고 느끼는 것보다 더 넓고 큰 것들을 보게 해준다. 책은 넓은 세상을 담고 있기 때문이다. 그렇게 넓은 세상을 만나면 가치관이 완전히 달라진다. 생각하고 꿈꾸는 것이 바뀌지 않을 수가 없다. 자신이 사는 세상을 객관적으로 돌아보게 하고 자기 자신의 내면도 볼 수 있게 해준다. 책을 통해 더 넓은 세계를 볼 때 자신이 앞으로 어떤 삶을 살아야 할지도 알게 된다.

책을 통해 드넓은 세계를 만나자 나라는 사람은 이전과 완전히 바뀌었다. 세계를 무대 삼고 세계를 품게 되었다. 세계 수많은 곳에 선한 영향력 끼치고자 하는 꿈을 꾸기 시작했다. 단순히 내 밥그릇, 내 반찬 개수 늘리기 위해 살아가는 것을 멈추고 이웃과 사회를 품는 사람이 되었다. 가난하고 삶이 힘들었지만 넓은 세계에 어떤 선한 영향력을 끼치면 살 수 있을까 하루하루 고민하게 되었다. 책을 통해 넓은 세계를 품게 된 것이다. 책은 세상을 품게 하고 넓은 세상에서 큰 뜻을 세우는 사람으로 변화시켜준다. 독서하며 내가 사는 작은 우물을 넘어 넓은 세계를 보며 귀한 뜻을 품을 때 당신의 이웃과 동네와 나라와 우주를 생각하며 선한 영향력을 끼치는 삶을 살게 된다.

나는 비록 해외여행은 거의 못 해봤지만 책을 읽으면서 더 넓은 세계를 만났다. 내가 속해 있는 집단을 넘어 내가 살고 있고 보고 있는 세상을 넘어 크고 넓은 세상을 보았다. 책을 읽고 다양하고 넓은 세계를 만났다. 책이 없었다면 나는 우물 안 개구리로 평생을 살아갔을 것이다. 내가 눈으로 보고 느끼고 경험하는 세상이 전부인 줄 알고 좁은 시야를 가지고 좁은 생각만 하며 인생을 살았을 것이다.

책을 읽자! 책은 더 넓은 세계를 볼 수 있는 최고의 여행이다. 책을 통해 세계를 이끌어온 리더들과 현인들과 조우하자. 위대한 사상가들과 세상을 바꾼 사람들을 들여다보자. 넓은 세계를 만나게 되면 더 가치 있는 꿈을 꾸게 되고 넓은 의식과 사고 속에서 세계를 향한 뜻을 품게 된다. 내가 살고 있고 내가 보고 느끼는 세계를 넘어 더 넓은 세상을 만나면 사고의 폭은 넓어지고 세상을 보는 통찰력이 생긴다. 넓은 세계를 만나면 삶을 보는 시야, 세상을 보는 시야, 사람을 보는 시야가 넓어진다. 그렇게 되면 삶이 바뀌지 않을 수가 없다.

책은 무엇보다 시공간을 초월해 넓은 세계를 보여주는 최고의 도구다. 동서고금을 초월하여 수천수만 가지의 세상을 경험할 수 있는 것이 바로 책이다.

독서는 세계를 볼 수 있는 여행 중 진짜 여행이다. 나는 책을 통해 더 넓은 세계를 만났고 남들과 다른 평범한 인생에서 벗어났다. 세상을 보는 넓은 시야를 갖게 됐고 더 큰 꿈을 가지고 세계 무대에 도전하게 되었다. 가치 있고 의미 있는 삶을 살게 되었다. 독서하면 큰 세계를 만날 수 있다. 그러면 당신도 더 크고 넓은 인생을 살아갈 수 있게 된다.

03. 당신 인생의 판을 키워라

> 인생에 있는 큰 비밀은 큰 비밀 따위는 없다는 것이다.
> 당신의 목표가 무엇이든 열심히 할 의지가 있다면 달성할 수 있다.
>
> - 오프라 윈프리

작은 생각, 작은 마음, 작은 세상

중학교 때는 이모네 아파트에서 살았지만 고등학교에 들어가고 나서부터는 서울 끝자락 가난한 동네에 있는 좁은 빌라에 살았다. 형과 나는 한 방을 썼는데 둘이 겨우 발을 뻗을 수 있을 만한 3평 정도의 작은 방이었다. 여름에는 에어컨도 없고 너무 더워서 버스를 타고 책을 읽으며 종점 한 바퀴를 돌기도 했다. 겨울에는 정말 추워 문틈을 이불로 막아놓고 살았다. 외식은 거의 할 수 없었고 여행은 꿈도 못 꾸며 살았다. 맨날 빠듯했고 아버지의 택배일을 도와드리며 힘겹게 좁은 틀 속에서 살았다. 그 당시 나의 꿈은 나의 개인 방이 있는 집으로 이사 가는 것과 평범한 사람들처럼 평범한 월급을 받으며 회사에 다니는 것이었다. 그저 빚 없이 평범한 직장인들처럼 월급을 받으며 밥 굶지 않고 월세 밀리지 않고 작은 차를 사는 것, 그것이 내 꿈이었다. 정말 그렇게만 되면 소원이 없겠다는 마음뿐이었다. 환경과 상황이 어려우니 정말 작은 생각만 하고 작은 마음으로 작은 세상에서 살아갔던 것 같다.

복무 시절 미친 듯이 책을 읽으며 큰 세계를 보게 되자 큰 꿈을 꾸기 시작했다. 국제 구호활동 전문가 한비야, 안랩의 안철수, 인터바스 CEO 박현순 회장, 광고 천재 이제석 등 세계 각 나라를 누비며 멋지게 꿈을 이루며 살아가는 사람들을 보며 큰 자극을 받았다. 내 시야를 세계로 넓혔다. 더 큰 뜻을 품게 되었다. 그들은 내가 생각하고 이루고자 했던 것과는 다른 수준의 것을 생각하고 바라면서 살고 있었다. 자신이 간절히 원하는 것을 하며 세계에서 멋지게 살아가는 그들의 이야기에 충격과 감동을 받으며 많은 자극을 받았다. 나도 그들과 같이 넓은 세계에서 큰일을 하며 살고 싶어졌다. "나도 훗날에는 이들처럼 세계를 누비며 사회에 선한 영향력을 끼치며 멋진 인생을 살아갈 거야!"라며 꿈을 꾸게 됐다. 판이 무지막지하게 커진 것이다. 이전에는 상상할 수 없을 정도로 인생의 판이 커졌다. 수많은 사람들의 책을 읽으며 꿈을 키워나갔다.

넓은 세상을 만나면 큰 꿈을 꾸게 되고 큰 뜻을 품게 된다. 내가 살고 있는 세상을 넘어 책을 통해 더 넓은 세계를 만나면서 나의 생각과 가치관은 정말 많이 바뀌었다. 이전에는 내 차, 내 집, 내 가족, 내 직장만을 생각하는 사람이었다. 좁은 세상 속에서 살다 보니 판이 작은 인생을 살고 있었다. 미친 듯이 책을 읽고 성장하면서 내 옆에 있는 이웃과 세계 수많은 사람들을 생각하게 되었다.

나는 책을 읽으며 용기와 희망을 얻고, 책을 읽으며 삶을 살아갈 힘을 얻은 사람이다. 내가 이렇게 책의 도움을 받고 책에서 빚을 졌으니 가난하고 어려운 아이들에게 나아가 그들도 나와 같이 책을 읽을 수 있도록 도와주고 싶어졌다. 가난한 동네에 도서관을 세울 꿈을 꾸고 계획을 세우기 시작했다. 또 한국만이 아니라 아프리카, 동남아시아의 가난한 지역, 내전이 있는 지역에 도서관을 지을 꿈을 품게 되었다. 나만 알고 나만 위하는 이기적이고 작은 삶에서 이웃을 생각하고 세상을 돌아보는 큰 사람으로 변화됐다. 작디작던 인생의 판에서 이웃을 생각하고 나라와 세계, 지구를 품는 큰 사람으로 성장했다.

꿈이 없는 사람과 꿈이 있는 사람, 꿈이 큰 사람

대부분의 사람들은 '꿈' 없이 인생을 살아간다. 꿈이 있더라도 현실에 맞는 소박한 꿈과 작은 목표들을 가지고 살아간다. 그런데 그런 꿈은 '진정한 꿈'이라고 할 수 없다. 그것은 내가 꿈꾸지 않아도 조금만 열심히 하면 얻을 수 있는 수준의 것들이기 때문이다. 나도 그렇게 내가 처한 현실만을 바라보며 조금만 노력하면 이룰 수 있는 작은 꿈들만 꾸며 살았다. 왜 그랬을까? 낮은 수준의 사고와 의식을 가지고 살았기 때문이다. 생각하고 원하는 것이 거기서 거기였던 것이다. 그렇게 현실에 맞는 작은 꿈을 가지고 사는 사람들은 자신 안에 있는 큰 가능성과 잠재력을 낭비하며 살아가는 것이다. 그렇기에 남들과 같은 평범하고 작은 인생을 살아가게 되는 것이다.

나도 그런 평범하고 작은 인생을 사는 사람 중 한 명이었다. 그저 적당한 수준의 월급을 받으며 망하지 않고 월세 밀리지 않을 정도로만 평범한 인생을 살고자 했었다. 그런데 1년간 목숨 걸고 책을 읽고 나서는 완전히 바뀌었다. 의식과 사고는 폭발적으로 성장했다. 세상을 보는 통찰력이 생기고 삶을 바라보는 시각이 새로워졌다. 미래를 내다볼 수 있는 지혜가 생겨났다. 그렇게 나의 사고와 의식이 커지자 이전에는 상상할 수 없는 꿈들을 꾸기 시작했다. 일반인들은 상상하지도 못할 큰 꿈을 꾸며 도전하는 인생이 되었다. 인생의 판이 커진 것이다.

그렇게 미친 듯이 책을 읽고 생각의 판이 커지자 큰 꿈을 꾸고 그 꿈에 도전하게 됐다. 항상 작고 얕은 꿈만 꾸었던 나는 100평짜리 집에서 사람들과 식탁 교제하기, 전 세계 어려운 동네에 1,000개 도서관 세우기, 멋진 자동차 구입하기, 전 세계 여행하기, 가난하고 열악한 지역에 고아원, 학교, 도서관과 병원 세우기 등 큰 꿈들을 품게 되었다. 전 세계를 돌아다니며 가난하고 굶주린 이들을 살리며 사회를 건강하게 바꾸고자 하는 꿈을 품었고, 전용기를 타고 강연하러 다니고, 세계를 다니며 영혼을 살리는 선교의 꿈을 꾸게 되었다. 또한 글로 사람들의 마음을 흔들고 감동케 하며 용기와 희망을 주는 소망도 품게 됐다. 놀랍게도 그 꿈은 하나씩 이루어지고 있다. 책을 통해 의식과 사고의 판이 무지막지하게 커졌고 그로 인해 크고 가치 있는 꿈을 꾸고 그것을 실현하는 멋진 삶을 살게 된 것이다.

다양한 분야의 양서를 미친 듯이 읽고 나서 세계를 누비며 사람과 세상을 살리는 큰 뜻을 품게 된 나는 가장 친한 친구들에게도 나의 가치 있고 멋진 꿈들을 나누었다. 그런데 그들은 내게 "야! 그런 꿈을 꾼다고 그게 되겠냐? 네가 말하는 꿈은 허황된 거야!"라며 비웃었고 절대 그 꿈들은 이루어질 수 없다고 단언했다. 그들의 부정적인 말 앞에서도 의식과 사고가 비약적으로 커진 나는 내가 말하는 모든 꿈들이 반드시 실현되고 이루어질 것이라고 확신했다. 정말 내가 원하고 바라는 삶이었고 가능하다고 믿었다. 책에서 가난하고 아무것도 아닌 인생들이 독서를 통해 얻은 지혜와 통찰력을 가지고 실천하며 부자가 되고 사람들을 살리고 세상을 이롭게 하는 위대한 인물이 된 것을 봤기 때문이다. 큰 자신감과 용기를 얻어 진짜 나도 그들과 같이 될 수 있다고 믿었다. 책을 읽고 넓은 세계를 경험하고 의식과 사고의 큰 확장을 경험하자 나의 인생의 크기는 무지막지하게 커졌다.

나의 가정 환경과 상황은 내게 이렇게 이야기했다. "적당히 월급 주는 곳 들어가서 생활 유지하며 평범하게 살자…." 미친 듯이 책을 읽기 전에는 그것만 해도 다행이라 생각했다. 내 분야에서 성공하고 세계를 이롭게 하며 사람을 살리는 위대한 삶은 꿈꾸지도 못했다. 그저 좁은 것만 생각하고 좁은 것만 꿈꾸며 사는 작디작은 인생을 살았다. 가난하고 학벌도 없고 똑똑하지도 않았던 내가 어떻게 그런 상황에서 이렇게 큰 꿈을 꾸고 세계를 향한 멋진 뜻을 품을 수 있었을까? 1년 동안의 삶을 건 독서가 나를 그렇게 만들어주었다. 콩알만 한 삶을 판이 큰 인생으로 만들었다. 독서하지 않았다면 나의 생각과 가치관은 낮은 수준에 머물러 있었을 것이다. 좁은 세계 안에서 좁은 생각을 가지고 나만 위해 살고 있었을 것이다.

독서하면 인생의 판이 커진다. 책을 보면 생각이 바뀌고 의식이 커지고 넓은 세계를 보게 된다. 그러면 이웃과 사회 전체를 생각하는 눈이 생긴다. 나는 1년 동안 많은 책을 읽고 난 뒤 생각하고 꿈꾸는 것이 정말 달라졌다. 책을 통해 넓은 세상을 보자 많은 변화들이 일어났다. 단순히 좋은 밥 먹고 좋은 차 타는 것보다 더 귀하고 가치 있는 것을 추구하게 되었다.

좁은 사고에서 탈피하고 넓은 의식과 사고를 가지게 되니 넓은 세계에서 선한 일을 하며 가치 있게 사는 인생을 꿈꾸게 되었다. 누구보다 큰 꿈을 꾸고 가치 있는 뜻을 품게 되었다. 나만 생각하는 탐욕적이고 나만 아는 '판이 작은 인생'에서 책을 읽으면서 인생의 판이 엄청나게 커진 것이다.

비싼 옷을 입고 비싼 밥을 먹는다고 '인생의 판'이 큰 것이 절대 아니다. 자기 자신에게 머물러 있지 않고 세상을 생각하며 이웃을 돌아보는 삶이 정말 큰 인생이다. 나는 앞으로 세상의 부자들과도 선한 일을 하며 함께 살아갈 것이지만, 굶주리고 가난한 자들에게 더 나아갈 것이다. 그들을 살리며 세워주는 삶을 살아갈 것이다. 세계의 리더와 부자들과도 선한 일들을 계획하며 좋은 세상을 만들어갈 것이다. 여러분들이 봐도 나의 인생의 판이 엄청나게 커지지 않았는가? 나만 알고 나만 위하며 내 밥그릇만 챙기려고 살던 내가 이렇게 변화됐다.

미친 듯이 독서하며 '생각의 판'이 커졌다. 더불어 '꿈의 판'도 커졌고 그렇게 꿈의 판을 따라 '인생의 판'이 어마어마하게 커졌다. 내가 1년간의 집중 독서로 인생의 판을 키웠듯이 여러분도 1년간 인생을 걸고 독서해서 인생의 판을 무지막지하게 키웠으면 좋겠다. 단순히 밥상에 반찬 몇 개 늘리고 집에 화장실 개수 늘리는 작은 인생에서 이웃을 생각하고 나라와 전 세계를 생각하며 세상을 이롭게 하는 큰 인생으로 나아가라! 단순히 돈이 아니라 높은 가치를 추구하며 큰 꿈을 꾸는 사람으로 살기를 바란다. 그렇게 존귀하고 판이 큰 인생을 살게 되면 좋은 밥은 물론 그것보다 귀한 여러 가지들이 뒤따라올 것이다. 지금부터 인생의 판을 무지막지하게 키우는 독서에 뛰어들자!

04. 사람은 읽는 만큼 달라진다

내가 책을 읽을 때 눈으로만 읽는 것 같지만 가끔씩 나에게 의미가 있는 대목,
어쩌면 한 구절만이라도 우연히 발견하면 책은 나의 일부가 된다.
- 윌리엄 서머셋 모옴

사람이 바뀌기 어렵다고?

사람은 정말 쉽게 바뀌지 않는 존재다. 진짜 무섭다! 나는 사람이 쉽게 바뀌지 않는 것을 보고 정말 무서웠다. 사람 안에 박힌 패배 의식, 타인으로부터 받은 상처, 피해망상, 가난한 사고, 두려워하는 마음, 낮은 자존감들은 정말 쉽게 바뀌지 않는다. 여기서 깨어나기는 정말 하늘의 별따기다. 낙타가 바늘구멍에 들어가는 정도로 쉽지 않은 일이다. 과장 같지만 과장이 아니다. 정말 이 사실을 몸소 느낀 사람이라면 깊이 공감할 것이다. 돈 조금 쥐어주고 환경을 좀 바꿔줘도 그 내면과 의식은 잘 바뀌지 않

는다. 정말 무서운 사실이다. 잠깐 대화를 나누었던 사람들부터 내 가까이 있는 사람들까지 나는 수많은 사람들을 겪으면서 사람은 정말 쉽게 바뀌지 않는다는 사실을 깨달았다.

　아무리 많은 노력을 들여도, 아무리 많은 지식을 쌓아도, 아무리 많은 돈을 벌게 되어도, 아무리 큰 성공을 한다고 해도, 아무리 높은 지위에 오른다 해도 사람은 잘 바뀌지 않는다. 세상을 향해 비뚤어진 마음과 상황을 탓하고 원망하는 사고방식은 누가 말한다고 바뀌지 않는다. 그런데 이렇게 바뀌지 않는 사람이 자기 자신의 틀을 깨고 바뀔 수 있는 방법이 있다. 사람을 바꾸는 최고의 도구가 바로 책이다. 책을 읽으면 사람이 변한다. 그냥 바뀌는 것도 아니고 완전히 다른 사람으로 바뀐다.
　내가 책을 읽고 이 극적인 변화를 경험했다. 책을 통해 삶을 바꾸는 수많은 사람들을 보고 그 앞에 나를 비췄다. 그들의 아름다운 마음과 수준 높은 생각과 건강한 삶의 자세 앞에 내 자신이 깨어졌다. 독서를 통해 자신에 대해 돌아보고 자신이 누구이며 어떤 사람인지 깨닫게 되면 진짜 변화가 일어날 수 있다. 사람은 책을 읽은 만큼 달라진다.

　사람은 그 사람이 읽은 책만큼이다. 책을 읽지 않는 사람들은 인생의 근원에 대해서, 삶의 의미에 대해서 생각하지 않고 사는 사람이다. 스스로 생각한다고 해도 그 수준은 책을 읽는 사람과 견줄 수 없을 것이다. 정말 낮은 수준의 생각을 가지고 살 것이다. 독서하지 않는다면 평소에 세상과 삶에 대해 생각할 기회가 있겠는가? 책이 아니면 사회가 어떤 곳인지, 사람이 어떤 존재인지 생각해볼 수 있겠는가? 사회가 어떤 상황이며 어떻게 변화되어야 모두가 함께 건강하게 살아갈 수 있을지 생각해볼 수 있겠는가? 나라는 사람은 누구이며 나는 무엇을 원하며 어떤 가치를 실현하며 살아갈지 생각해볼 수 있겠는가?

책을 읽지 않는 사람들은 그냥 흘러가는 인생을 사는 사람들이다. '시간'이란 기회를 그저 흘려보내고 있을 뿐이다. 많은 사람들은 "왜 내게는 기회가 오지 않는 것이지? 세상은 참 불공평해!"라며 불평한다. 하지만 그들은 세상 누구에게나 주어진 시간이 곧 기회라는 사실을 알지 못한다. 자기에게 주어진 시간이 곧 기회이며 이 기회를 어떻게 활용하느냐에 따라 인생이 바뀐다는 사실을 알지 못하는 것이다. 불평만 하며 책을 읽지 않고 삶을 바꾸고자 하지 않는 사람들은 상황과 환경 탓을 하며 세월을 보내는 것이 전부다. 책이 자신과 상황을 객관적으로 파악하게 하고 반성하게 하며 새로운 인생의 길을 밝혀주는 것인데도 불구하고 그들은 소중한 시간들을 TV 시청, 스마트폰, 게임 등으로 낭비하고 있다. 소중한 기회라는 시간 속에서 책을 읽어야 삶이 달라지고 변화가 일어난다.

책을 읽지 않으면 자신이 가지고 있는 생각만이 전부라 생각하며 좁은 사고를 가지고 살게 된다. 자신이 보고 있는 세상이 얼마나 얕고 좁은 것인지 깨달을 수가 없다. 사람은 늘 자기가 사는 세상이 전부이고 자신이 겪고 있는 것이 전부라 생각한다. 자신의 생각의 틀 속에서 벗어나기 정말 힘들다.

책은 세상을 보는 도구다. 사회가 어떤 이치로 돌아가고 사람은 어떤 존재인지 깨달을 수 있는 최고의 도구가 책인데 어떻게 독서하지 않는 사람이 사회와 사람을 알게 되고 깊은 사고를 할 수 있겠는가. 많은 지식을 가지고 깊이 생각하는 현자들의 책을 읽으면 의식과 사고는 크게 성장하고 세상을 바라보는 통찰력과 미래를 내다보는 혜안이 생긴다. 내면의 생각과 가치관이 달라지고 삶을 대하는 자세와 태도가 달라진다. 사람들의 마음을 공감하게 되고 이웃을 돌볼 수 있는 겸손함과 긍휼의 마음을 갖게 된다. 사람은 읽은 만큼 달라진다. 책을 읽는 만큼 사람은 건강한 변화를 경험한다.

미국의 인문학 전도사 얼 쇼리스는 '클레멘트 코스'라는 인문학 강의로 가난하고 소외당하는 사람들에게 희망과 용기를 준 것으로 유명하다. 그는 어느 죄수와의 대화를 통해 사회적 약자들에게 필요한 것이 밥과 돈만이 아니라 의식의 변화임을 알게 되었다. 의식의 변화와 사고의 전환이 시급하다는 사실을 깨닫고 그는 1995년부터 노숙자, 빈민, 마약중독자, 죄수 등을 대상으로 인문학을 가르치는 코스를 개설했다. "임시방편 대신 자기 생활을 반성하고 성찰할 수 있게 되면 삶이 달라진다. 인문학을 통해 다른 삶에 대한 소망을 갖게 하는 것이 바로 클레멘트 코스의 인문학 교육 목표다."라는 말을 하며 사람들을 변화시키는 데 노력을 기울였다. 그의 인문학 강의를 들은 사람들은 의식의 변화를 경험하고 새로운 삶을 살게 되었다. 클레멘트 코스 첫 과정을 이수한 사람 중에는 치과의사, 간호사, 다지이너 등이 나왔고 이 수업을 들은 55%가 사회로 성공적으로 복귀했다. 책을 읽게 함으로써 수많은 사람들의 인생을 바꾸게 도운 것이다. 읽는 만큼 인생이 달라진다는 사실이 입증된 사건이다. 정말 사람은 책을 읽는 만큼 인생이 아름답고 건강하게 바뀐다.

독서는 변함없는 인생에 기회를 준다!

독서는 정말 바뀌지 않을 것 같은 인생에게 기회를 준다. 독서의 시간은 단순히 글자를 읽는 시간이 아니다. 자신을 성찰하며 진실하게 자신의 내면을 볼 수 있는 시간이다. 삶에 대한 통찰들과 시선들을 보고 깊이 사색하고 나를 성찰하는 시간은 인생 어느 시간들보다 값진 시간이다. 그렇기에 독서 시간은 정말 발전적이며 소중한 시간들이다. 책 읽는 시간은 곧 자기 자신을 바꾸는 시간이며 인생을 눈부시고 위대하게 바꾸는 인생 역전의 시간이다. 책을 읽은 만큼 사람은 정말 달라진다. 좁은 의식과 사고를 가지고 있던 사람은 사고의 확장과 의식의 성장을 이룬다. 자신에 대해 부정적이며 자존감이 무너졌던 사람은 책을 통해 긍정을 배우고 내면의 자존감을 회복한다. 독서하며 용기와 자신감을 얻어 다시 힘차게 삶으로 뛰어나가게 한다. 세상을 바라보는 바른 시각은 자연스럽게 얻게 된다. 책을 읽을수록 사람은 건강하고 발전적으로 바뀐다.

사람이 바뀌는 것은 '가슴을 뒤흔드는 깨달음'이 있어야 가능하다. 단순히 누군가가 조언해준다고 바뀌는 것이 아니다. 그 견고한 진을 깨부술 만한 깨달음이 있어야 사람이 바뀐다.

이 깨달음은 책을 읽을 때 쏟아진다. 내가 이것을 실제로 경험했다. 책을 읽으며 깊이 있는 문장들을 보면서 실제로 나의 굳어 있는 생각들이 깨지는 것을 경험했다. 내 안에 자리 잡은 부정적인 사고가 깨지고 긍정적인 사고가 자리 잡는 것을 경험했다. 세상을 원망하고 부자들을 욕하는 나의 피해망상들과 편견들도 좋은 책을 읽고 깨뜨려졌다. 부모와 환경을 탓하며 부정과 원망으로 가득 찬 인생을 살았던 내가 이제는 하나님께 감사하며 내가 살고 있는 세상에 감사하고 나를 나아주신 부모님과 나와 함께해주는 모든 사람들에게 감사하고 있다. 책을 읽으며 내게 주어진 모든 것이 기회이고 축복임을 깨닫고 긍정과 겸손으로 살아가고 있다.

자신감 없이 평생 이렇게 가난하고 평범한 삶을 살 것이라고 생각했던 내가 집중적으로 책을 읽으며 큰 자신감과 소망을 얻고 큰 꿈을 꾸는 사람이 되었다. 나의 눈부신 미래를 확신하며 지금의 삶에 최선을 다하는 사람이 되었다. 책을 읽으며 나의 실상을 발견할 수 있었고 의식과 사고가 완전히 바뀔 수 있었다. 진짜 변화로 나아갈 수 있었다. 수많은 책을 통해 긍정적이고 발전적이고 삶에 대한 깊은 통찰들을 볼 때 생각은 정말 달라진다. 책을 통해 자기를 반성하고 성찰할 수 있기에 읽을수록 삶은 달라진다.

세상을 부정적으로만 보고 편협한 사고로 가득 찬 사람이 책을 깊이 만나게 되면 세상을 바로 보게 되고 삶을 긍정하게 된다. 독서는 삐뚤어진 자아를 발견하게 하고 인생을 올바로 살 수 있는 새로운 시각을 제공한다. 이렇게 사람을 바꾸는 힘은 독서로부터 나온다. 읽는 만큼 사람이 달라진다. 독서는 불평과 원망을 버리고 매사에 감사하는 마음을 갖게 한다. 세상이 나를 괴롭히고 나를 아프게만 하는 것이란 생각을 버리게 한다. 나를 향해 기도하고 나를 위해 피 흘리며 희생한 사람들을 보게 한다. 세상은 거짓된 사람만 가득하다는 편견에서 세상에는 아름다운 사람들도 많다는 것을 보게 한다. 자신이 겪은 것만이 세상의 전부라는 편협한 틀을 버리게 한다. 책이 사람을 바꾼다.

나는 이 책을 읽고 이 책에 담긴 내용대로 '1년의 집중 독서'를 실천하는 당신의 삶이 1년 후에는 얼마나 달라질지 너무 기대된다. 당신의 생각과 가치관이 바뀌고 당신의 성품이 얼마나 성장하고 아름답게 바뀔지 기대가 된다. 읽는 만큼 인생은 바뀌기 때문이다.

독일의 철학자 쇼펜하우어는 이렇게 말했다.

"오늘날 우리의 모습은 우리가 읽은 것의 결과다. 우리가 읽은 그 모든 책은 우리들의 기억 속에 스며들어 우리가 세상을 보는 법, 느끼는 법, 생각하는 법에 영향을 미친다."

사람은 그 사람이 읽은 책만큼이다. 책을 읽은 만큼 세상을 보는 법이고, 책을 읽은 만큼 생각하고 꿈꾼다. 내가 그랬고 가난하고 꿈 없이 그저 평범하게 살다가 책을 읽고 인생을 바꾼 수많은 위인들이 그랬다. 사람은 읽는 만큼 달라진다. 평범한 당신의 삶을 비범한 삶으로 이끌 책을 붙잡아라!

05. 독서는 삶을 바꾸는 최고의 수단이다

한 문장이라도 매일 조금씩 읽기로 결심하라.
하루 15분씩 시간을 내면 연말에는 변화가 느껴질 것이다.
- 호러스 맨

불안하고 막막한 이 삶, 어떻게 살아갈까?

'88만 원 세대, 삼포 세대, 실신 시대' 등 이 시대를 지칭하는 많은 단어들이 나왔다. 지금의 현 세대를 어떤 세대라고 지칭하는지 아는가? 사람들은 지금의 세대를 'N포 세대'라고 말한다. 기존에는 연애, 결혼, 출산을 포기해야 한다는 의미에서 현 세대를 3포 세대라고 지칭했었다. 그런데 사회가 더 어려워지자 3포 세대에 추가로 내 집 마련과 인간관계까지 포기해야 하는 5포 세대라는 말이 나왔다. 나아가 최근에는 포기해야 할 특정 숫자가 정해지지 않고 삶의 모든 것을 포기해야 하는 세대라는 의미에서 'N포 세대'라는 말이 나왔다. 지금 세대를 N포 세대라고 부른다. 청년들과 사회 초년생들이 삶의 모든 것을 포기해야 하는 각박하고 암울한 시대가 왔다.

청년 실업은 하늘 높은 줄 모르고 치솟고 있고 물가 상승은 엄청난 속도로 올라가고 있다. 대학 4년 동안 높은 대학 등록금을 대출로 막아왔기 때문에 수많은 청년들이 빚더미에 앉아 졸업을 하게 된다. 그렇다고 마땅한 직장에 취업을 하기도 쉽지 않다. 부모님의 은퇴 시기는 다가오는데 취업은 쉽사리 되지 않고 속만 타들어간다. 이러한 어렵고 막막한 현실이 청년들에게만 해당되는 것일까? 그렇지 않다. 직장에 취업한 직장인들은 더 막막하다. 집에는 생활비를 갖다줘야 하는데 물가는 계속 상승하는데도 월급은 생각만큼 오르지 않는다. 부모님께 용돈을 드리기는커녕 집안에 있는 아이들을 생각할 때 막막함은 배가 된다. 밑에서는 신입사원들이 올라와 회사생활이 점점 더 힘들어진다. 그것뿐인가. 각박한 사회 속에서 바쁘게 살아가면서 삶의 의미와 목적도 뭔지 모르겠고 앞으로 어떤 인생을 살아가야 할지 혼란스럽기만 한다. 무엇을 위해 이렇게 열심히 달려가야 할지 모르겠고 미래는 막막하기만 하다.

무엇으로 이 불안하고 막막한 인생을 돌파할 수 있을까? 불안하고 막막한 시대를 뚫고 나갈 최고의 돌파구는 바로 독서다. 1년간의 집중 독서가 불안한 당신의 삶을 바꿔줄 것이다. 지금과는 수준이 다른 삶으로 이끌 것이다. 세계에서 제일 큰 도시락 회사를 만든 김승호 회장은 『생각의 비밀』이라는 책에서 이렇게 말하며 독서의 중요성을 강조했다.

"성공하는 사람들은 성공할 수밖에 없는 배경을 가지고 있다. 이 배경에 흔히 빽이라고 불리는 부모의 자산 등은 포함되지 않는다. 대부분의 성공한 사람들의 유사점은 놀랍도록 일치한다. 성공한 사람들의 가장 일반적인 습관은 독서다. 무려 88% 이상이 하루에 30분 이상의 독서를 즐긴다. 반면 가난한 사람들은 2%만이 독서를 즐긴다."

가난하고 누구도 알아주지 않는 실패자와 같은 인생에서 성공자, 세상이 알아주는 사람, 존경받는 위대한 인물로 인생을 바꾼 사람들 모두에게는 독서 습관이 있었다. 그들의 남루한 인생들을 눈부시게 바꿔준 최고의 도구는 다름 아닌 독서였다.

나는 인생을 바꾸는 가장 빠르고 정직한 길은 '독서'라고 믿는다. 인생을 바꾸고 싶은 사람들에게 단연코 '독서'를 추천하고 싶다. 내가 독서로 인해 인생을 바꾼 장본인이기 때문이다. 독서는 나의 인생을 변화시킨 최고의 도구였다. 독서하면 기본적으로 많은 지식들이 쌓인다. 많은 지식들이 계속해서 쌓이면 서로 연결이 되고 빠른 판단력이 생긴다. 거기서 책을 더 읽으면 많은 지식들을 융합할 능력이 생기고 엄청난 통찰과 지혜들이 생겨난다. 이런 방대한 지식과 통찰력과 지혜를 가지고 삶을 살아간다면 삶의 내용들이 정말 남다르게 바뀌게 될 것이다.

독서하면 세상을 읽게 된다. 세상만이 아니라 나 자신도 알게 된다. 지금 사회가 어떤 상황이며 그 안에 사는 나의 상황은 어떠하고 나라는 사람은 어떤 존재인지 발견하게 된다. 흔들리는 인생에서 나만의 생각과 가치관이 뚜렷한 견고한 인생으로 바꿔준다. 삶의 행복과 의미를 찾게 되어 누구보다 즐겁고 확신에 찬 인생을 살게 된다. 책은 이렇게 삶의 엄청난 변화를 가져온다. 책만큼 삶을 변화시키는 도구는 없다.

당신의 인생을 가장 짧은 시간에 위대하게 바꿀 방법, 독서!

성공하고 시대를 이끌고 사회를 변화시키며 인류에 기여하며 눈부신 인생을 산 우리의 선배들은 모두 독서를 통해 그러한 인생을 만들었다. 생각의 크기가 작거나 세상을 보는 눈 없이는 세상에서 성공하지도 못하고 시대를 건강하게 바꾸거나 새롭게 바꿀 수 없다. 아니, 나 자신도 변화시킬 수 없다. 나를 변화시킬 뿐만 아니라 시대를 이끌고 변화시킬 수 있는 인물로 서기 위해서는 시대를 꿰뚫어 볼 수 있는 통찰력과 혜안이 있어야 하고 무엇보다 남다른 의식과 사고를 가지고 있어야 한다. 이것은 전부 독서를 통해서 가능하다. 나 말고도 세상에 당신이 알 만한 수많은 성공자들이

'독서'를 통해 이러한 진짜 스펙을 쌓았다.

"당신의 인생을 가장 짧은 시간에 가장 위대하게 바꿔줄 방법은 무엇인가? 만약 당신이 독서보다 더 좋은 방법을 알고 있다면 그 방법을 따르기 바란다. 그러나 인류가 현재까지 발견한 방법 가운데서만 찾는다면 당신은 결코 독서보다 더 좋은 방법을 찾을 수 없을 것이다."

세계 최고의 투자가이며 세계에서 2대 부자라고 불리는 워렌 버핏의 말이다. 독서야말로 그 어느 것보다 인생을 빠르게 또 위대하게 바꾸는 힘이다. 우리의 삶을 짧은 시간에 위대하게 바꾸는 가장 좋은 도구인 것이다. 수많은 위인들과 성공자들이 이것을 고백하고 있다. 역사가 증명하는 사실이다. 평범하고 실패하는 삶에서 자신만의 재능과 가능성을 살리고 성공하며 의미 있게 살아가게 하는 도구가 책이라는 것이다.

요즘 같은 어려운 시대에는 '인생 역전'을 할 수 있는 기회가 거의 없다시피 하다. 로또 복권에 당첨되거나 막대한 유산을 물려받지 않는 이상 인생을 역전시킬 도구는 거의 없다. 이러한 세상에서 삶을 완전히 바꿔줄 수단이 있는데 그것은 독서다. 나는 태어나서 로또 복권을 딱 1번 샀다. 그리고 다시는 로또를 사지 않는다. 친구들이 너는 왜 로또를 사지 않느냐고 물으면 나는 자신 있게 대답한다. "로또 맞는 것보다 내가 버는 것이 빨라!" 사람들에게 어떻게 이렇게 자신 있게 이야기할 수 있을까? 내 곁에 책이 있기 때문이다. 나는 로또 사는 돈으로 열심히 책을 사왔고 미친 듯이 독서하며 성찰하고 고민과 사색의 시간을 거쳤다. 앞으로도 배워야 할 것들이 너무나 많지만 일반인들과는 다른 강한 독서력을 갖게 되었다.

역사가 증명하고 수많은 성공자들이 증명하는 인생 역전의 도구는 단연 책이다. 책이 다양한 지식과 통찰력을 주어 성공하며 의미 있는 인생을 살게 할 것이고 세계를 누비며 세상과 사람을 이롭게 하는 눈부신 인생을 살게 할 것이다. 내게 책이 있는 한 내 인생은 날마다 새롭고 더 건강할 것이고 날마다 의미 있게 성장할 것이다.

교보문고를 세운 신용호 회장은 "돈벌이가 우리 회사의 목적이라면 이 자리에는 돈 되는 상가를 만들어야 한다."라고 말하며 사람들의 반대를 무릅쓰고 서울 한복판 노른자 땅에 누구나 책을 사지 않아도 읽을 수 있는 교보문고를 들였다. 독서의 중요성을 누구보다 잘 알고 있었던 신용호 회장은 서울 한복판에 돈 되는 입주자를 포기하고 서점을 연 것이다. 독서를 통해 사람들이 배움과 깨달음을 얻고 살아날 것임을 확신했기에 이러한 일을 할 수 있었다. 그는 독서가 사람을 만드는 도구이며 인생을 위대하게 바꾸는 최고의 도구임을 알고 있었던 것이다. 독서로 사람이 건강하게 바뀌면 나라가 바뀔 것이고 좋은 세상이 만들어질 것이라 확신했기에 나라와 사회의 먼 미래를 보고 투자할 수 있었던 것이다.

1년간의 집중 독서를 하면 다양한 분야의 방대한 지식을 쌓게 되고 그 지식들이 연결되어 큰 힘을 발휘하기 시작한다. 생각은 커지고 의식은 폭발적으로 확장된다. 세상을 보는 통찰력과 미래를 준비할 수 있는 혜안을 얻게 된다. 어느 시대보다 창의력이 인정받는 시대에서 1년간의 집중 독서는 상상력을 남다르게 키워주고 수많은 영감을 준다. 인생이 바뀌지 않을 수가 없다.

지금과는 다른 비범한 인생, 위대한 인생, 성공하는 인생을 살고 싶다면 인생을 바꿔주는 책을 붙잡아라! 당신의 의식과 사고의 크기를 확장시키며 당신만의 꿈을 꾸고 미래를 설계할 수 있게 하는 최고의 도구는 독서뿐이다. 독서를 통해 지금까지와는 완전히 다른 수준의 생각과 의식을 가지고 새로운 인생을 맞이할 수 있다. 독서만이 깊이 박혀 있는 부정적인 의식과 실패자의 생각들을 버리게 하고 내 안에 긍정의 에너지를 채워주고 귀한 가치를 바라보며 살게 할 것이다. 독서가 당신의 인생의 수준을 높여줄 해답이라는 사실을 깨닫고 독서에 매진하길 바란다.

가난할수록 학력이 낮을수록 삶이 고단하고 힘들수록 목숨 걸고 책을 읽어야 한다. 다른 것이 아니라 독서해야 인생이 바뀐다. 삶을 빠르게 효과적으로 바꾸는 최고의 도구가 책이라는 사실을 잊지 마라. 인생을 바꾸는 최고의 도구 책을 1년 동안만이라도 굳게 붙잡자! 인생이 바뀌는 것을 경험하게 될 것이다. 책은 당신의 인생을 눈부시게 만들어줄 최고의 도구 이다.

06. 책은 인생을 바꾸는 힘이다

가난한 사람은 책으로 인해 부자가 되고, 부자는 책으로 인해 존귀하게 된다.
- 『고문진보』 중에서

독서는 삶을 바꾸는 가장 빠른 길

독서야말로 그 어느 것보다 인생을 빠르게 또 위대하게 바꾸는 길이다. 나는 자신 있게 말한다. 우리의 삶을 짧은 시간 안에 위대하게 바꾸는 방법 중에 책보다 좋은 방법은 없다. 시대를 빛낸 사람들, 위인들, 성공자들은 어떻게 그러한 삶을 살 수 있었을까? 그러한 성공하고 위대한 인생을 사는 비결은 바로 '독서'였다. 독서가 가난하고 학벌도 좋지 않던 사람들을 세계를 이끄는 리더, 위인, 세계적인 성공자로 만든 것이다. 수많은 위인들과 성공자들이 이것을 고백하고 있다. 역사가 증명하는 사실이다.

"책은 인생을 바꾸는 힘이다." 나는 이 문장을 볼 때마다 가슴이 뛴다. 실제 내가 느끼고 경험했기 때문이다. 먼저 나는 책을 읽으며 책이 인생을 바꾼다는 사실을 깊이 깨달았다. 도서관은 가난하고 자유롭지 못하고 실패하고 무너진 삶에서 책을 읽고 생각을 바꾸고 자신감과 용기를 얻어 자신이 원하는 꿈을 이루며 성공한 사람들의 고백으로 가득 차 있었다. 아브라함 링컨, 정약용, 나폴레옹, 헬렌 켈러, 세종, 에디슨 등 세상에서 존경받고 큰 성공을 거두고 세상을 이롭게 하는 위대한 사람들은 모두가 책을 통해 삶을 바꾼 사람들이었다. 보잘것없고 존재감 없는 사람들이 책을 가까이 하고 미친 듯이 독서하면서 참된 성장을 경험하고 인생이 놀랍게 바뀌는 경험을 한 것이다. 책은 이들의 인생뿐만 아니라 나 같은 사람도 크게 바꿔놓았다. 책을 읽기 전의 삶이 어떤 수준이었는지 기억도 못할 만큼 내 자신이 바뀌었다.

책이 사람의 의식과 사고를 변화시켜 이전과 다른 인생을 살게 한다. 책은 사람을 깨우쳐 생각의 변화를 일으킨다. 생각이 바뀌면 행동이 바뀌고 행동이 바뀌면 운명이 바뀐다. 나의 존재가 생각이기 때문이다. 생각은 행동이 되고 그 행동은 삶이 되기 때문이다. 우리는 사회 속에서 사회가 만들어 놓은 제도 속에서 살아간다. 일정 나이가 되면 학교에 들어가고, 일정 나이가 되면 회사에 들어가고 일정 나이가 되면 결혼을 한다. 사회가 정해놓은 틀 속에서 삶을 살아간다. 이러한 제도와 사회적 틀 속에서 살면서 대부분의 사람들은 틀에 박힌 생각을 하게 된다. 사회가 만들어놓은 가치가 전부인 줄 알고 그 속에서 크게 벗어나지 않으며 비슷한 가치를 추구하며 인생을 살게 된다. 이러한 시대 속에서 책을 읽는다는 것은 굉장한 일이다. 책이 사회의 제도와 틀을 객관적인 눈으로 보게 하고 그것을 분별하고 자신만의 생각을 가지고 살아가게 돕기 때문이다. 사회와 사람의 본질을 보는 통찰력을 주어 자신이 주도하는 인생을 살게 한다. 삶을 건 독서는 보통 사람과는 다른 생각을 하도록 만든다. 사고의 수준은 남달라진다. 판단력과 문제의 본질을 볼 수 있는 눈이 생긴다. 진정한 나만의 꿈을 꾸게 하고 귀한 가치를 추구하게 만든다.

책을 쓴 저자들은 인생에 대한 성찰과 고민을 깊이 한 사람들이다. 이런 사람들의 생각을 많이 접하게 되면 우리의 생각의 수준은 남다르게 발전하고 성장하게 된다. 책을 통해 많은 사람들의 가치관과 생각들을 경험하게 되면 공교육에서 가르치는 것 이상의 것을 생각하게 된다. 사고와 의식의 수준은 크고 넓어지게 되어 있다. 평범한 사람들이 추구하는 것과는 다른 가치를 추구하게 되고 창의적이며 색다른 생각을 품게 된다. 삶을 대하는 건강하고 바른 자세를 갖게 한다. 이러한 남다른 생각과 삶의 자세는 인생을 바꾸는 힘이 되어 실제로 삶을 바꾼다. 누구나 하는 똑같은 생각을 하며 사람들의 기대와 세상의 흐름에 끌려 다니는 평범한 인생에서 자신만의 꿈을 꾸게 되고 행복하고 성공하는 비범한 인생으로 삶을 바꿔준다.

책은 인생을 살면서 만나게 되는 시련과 고난에 대해 새로운 시각을 준다. 그래서 그 역경을 통해 성장하고 눈부신 미래를 열도록 이끈다. 집이 사기를 맞아 오랜 시간 가난했던 나는 이러한 고난과 시련이 내 인생을 망가뜨린다고만 생각했었다. 그런데 집중적인 독서를 실천하자 나의 의식이 커지고 사고가 확장되어 삶의 시련과 고통을 보는 내 관점이 완전히 달라졌다. 새로운 시각으로 시련과 고난을 보니 그것들은 나를 단단하게 만들고 나를 성장시키는 축복이었다. 나의 참된 성장을 돕는 훈련이었다.

나는 20대 시절 아버지를 따라 좁은 동네를 돌아다니며 택배 배달을 해야 했다. 내가 원하는 일이 아니었기에 불만으로 일을 했었다. 그런데 책을 읽고 고난과 시련에 대한 시각이 완전히 달라지자 불평과 불만보다는 감사로 일하게 되었다. 이 고통과 같은 시간들이 반드시 나의 눈부신 미래의 뿌리와 초석이 될 것이라 확신하게 되었고 이것을 통해 무엇을 배울 수 있을지 계속 생각하며 모든 일에 성실히 임할 수 있었다. 생각의 전환이 오자 맡겨진 일에 최선을 다하게 되고 무엇 하나라도 배우려고 노력하는 사람이 되었다. 얼굴은 밝아지고 자신감은 넘쳐흘렀다.

책을 읽기 전에는 왜 이런 고통과 역경이 찾아오나 하나님을 원망하고 환경에 불평했지만 하나님이 나를 멋지게 조각하시기 위해 허락하신 시련과 고난이라면 어서 내가 변화되어 통과하자는 마음으로 생각이 바뀌었다. 나는 이렇게 책을 통해 고통과 시련에 대한 시각을 바꾸며 역경과 시련을 이겨낼 수 있었다. 역경과 시련이 내 눈부신 미래의 초석이 될 것이라 생각했다. 그렇게 고난과 시련을 이기는 힘을 책에서 얻고 내 삶은 점점 나아지기 시작했다. 책을 읽고 의식과 사고가 확장되지 않았다면 부모와 사회를 원망하며 좌절 속에서 평생 그저 그런 인생을 살았을 것이다.

시련 속에서 버티는 힘은 어디에서 나오는가?

이 어려운 시대, 혼란과 다툼과 어려움의 시대에 수많은 사람들이 고난과 시련 앞에 무너지는 것을 쉽게 볼 수 있다. 어려운 환경과 상황들은 사람의 정신과 마음을 피폐하게 하고 어그러진 시각과 생각을 갖게 한다. 사람과 사회로 인한 상처는 쉽게 회복되지 않고 사람을 옭아매고 혼란 가운데 살아가게 만든다. 책은 이런 인생을 건강한 삶으로 변화시키는 최고의 도구다. 책이 사람을 위로하고 부정적이고 어그러진 생각들을 바로 잡게 만든다. 용기를 내어 삶을 뛰어갈 수 있도록 돕는다. 상처를 치유하고 회복하여 상처받은 사람들을 돕는 사람으로 거듭나게 한다. 책이 그렇게 삶을 변화시킨다.

"시련과 역경은 변형된 축복이다."라는 말이 있다. 그런데 나는 이렇게 이야기하고 싶다. "독서하는 사람들에게 시련과 역경은 축복이 된다." 고통과 시련이 누구에게나 축복이 되는 것이 아니다. 삶을 사는 누구에게나 고난과 시련이 있지만 그것을 어떻게 해석하고 대하는지에 따라 시련이

걸려 넘어지게 하는 걸림돌이 되기도 하고 눈부신 미래를 향해 빠르게 달려갈 수 있게 하는 디딤돌이 되기도 하는 것이다. 끊임없는 집중 독서를 통해 의식과 사고가 새로워지는 사람에게만 고난과 시련은 축복이 된다. 역경을 이기고 성공하고 위대한 인생을 살고 싶다면 독서해야 한다. 책이 그 힘을 제공해준다.

일본 최고의 부자, 지금의 손정의를 만든 것은 바로 집중적인 독서였다. 3년 동안 손정의는 병실에서 4천 권의 책을 독파했다. 그 4천 권의 독서는 손정의로 하여금 먼 미래를 내다보게 했고 사업의 방향을 설정할 수 있게 했다. 집중적인 독서로 사업과 인생을 바꾼 것이다. 독서를 통해 지혜와 혜안을 얻어 소프트뱅크를 엄청난 기업으로 성장시켰다. 그 외로운 병실에서 그저 절망하며 의미 없이 시간을 보냈다면 지금의 손정의의 삶과 성공은 없었을 것이다. 책에 미친 시간이 있었기에 지금의 손정의가 있는 것이다.

책은 나의 좁은 의식을 성장시켰고 사고를 폭발적으로 성장시켰다. 남들이 하지 못하는 생각을 하게 되었고 남들이 꾸지 못하는 나만의 큰 꿈들을 꾸게 되었다. 인생의 방향을 발견하게 해주고 삶에 대한 깊은 깨달음과 세상의 이치를 깨닫게 해주었다. 또한 시련과 역경을 바라보는 새로운 시각을 주고 용기를 주어 그 모든 것을 이기게 해주었다. 책은 세상과 가정을 원망하며 살았던 내가 살아 있음에 감사하며 세상과 나를 나아주신 부모님 또 지금의 나를 있게 한 수많은 사람들에게 감사하는 사람으로 변화시켰다.

　1년간의 깊은 독서는 건강한 생각과 마음을 심어주고 나만을 위한 이기적인 삶이 아니라 이웃과 세상을 위해 사는 인생으로 나를 바꿔주었다. 다른 이들을 위한 섬김과 희생을 꿈꾸며 실천하는 사람으로 만들어줬다. 남들이 하라는 일만 하며 세상의 기준과 원칙에 맞춰 살아오던 내가 책을 통해 내가 가장 원하고 좋아하는 것이 무엇인지 찾고 그것에 전념하게 되었다. 내 가슴을 뛰게 하는 일을 찾아 용기를 내어 그것에 도전할 수 있게 해주었다. 그렇게 눈부신 인생으로 책이 나를 바꿔놓았다. 1년의 집중 독서로 내 삶의 엄청난 변화들이 일어났다. 책은 정말 혁명이었다. 독서하지 않았다면 택배 하며 수없이 올랐던 계단은 내게 무의미한 것이 됐을 것이다. 책을 만났고 목숨 걸고 독서했기에 내가 어둔 계단에서 흘렸던 많은 땀들이 내 인생의 큰 자산이 된 것이다. 미친 듯이 독서했기에 힘겹게 올랐던 수많은 계단들은 가치 있고 의미 있는 삶으로 나아가는 데 디딤돌이 되었다.

　역사적 위인들과 성공자들도 마찬가지다. 역사의 위인들과 시대적인 성공자들이 책을 읽지 않았다면 어떻게 되었을까? 현대그룹 정주영 회장은 평범한 노동자로 살았을 것이고, 나폴레옹은 섬에서 평범하게 살고 있었을 것이고, 링컨은 평범한 농부로 남았을 것이다. 이들이 지금 우리가 기억할 만한 부자, 위대한 인물이 될 수 있었던 것은 모두 책 덕분이다.

미친 독서는 부모나 집안, 배경, 학교 성적 등 이 모든 것을 다 뛰어넘어 인생을 바꾼다. 링컨, 워렌 버핏, 스티브 잡스 등의 위대한 성공자들이 학력이 좋고 집안이 좋아서 그 자리에 오르게 된 것일까? 절대 아니다. 사회의 기준으로 볼 때 그들은 모두 실패자, 패배자였다. 아무것도 아닌 존재들이었다. 그들은 모두 '독서'를 통해 눈부시게 인생을 바꾼 사람들이다. 독서력이 그들을 위인, 세계 최대 부자, 세계 리더가 되게 한 것이다. 책의 위력이 얼마나 대단한가! 책은 인생을 바꾸는 힘이다.

07. 1년만 미치면 인생이 바뀐다

자신이 성공하는 내면의 그림을 마음속에 명확히
그리고 지울 수 없게 각인시켜라. 이 그림을 끈질기게 간직하라.
절대 희미해지도록 내버려두지 마라.
그대의 마음이 이 그림을 실현하기 위해 노력할 것이다.
당신의 상상 속에 어떠한 장애물도 두지 마라.
– 노먼 빈센트 필

당신은 지금 삶에 만족하는가?

내 친구들 중에는 수능시험을 보고도 만족하지 못해 재수한 친구들이
꽤 있다. 재수도 만족하지 못해 3수 4수까지 한 친구들도 있다. 항상 고생
하는 그들을 볼 때면 정말 안쓰러웠다. 나는 그들의 노력과 도전에 대해서
절대 평가 절하할 마음은 없다. 그들의 수년 동안의 고뇌와 도전과 피나는
노력은 정말 박수쳐줄 만한 것이라 생각한다. 그런데 그렇게 좋은 대학에
입학하기 위해 최소 1년에서 4년이라는 시간을 쏟으면 인생이 바뀌는가?
아니다. 좋은 대학에 가서 결국 대기업에 간다고 인생이 크게 바뀌지 않는

다. 일반 직장인들보다 돈 조금 더 버는 것이 전부다. 회사가 정한 날짜에 일하고 회사가 정해준 장소에서 회사가 정해준 일만 하며 자유롭지 못하게 살아갈 뿐이다. 삶은 크게 바뀌지 않는다.

많은 사람들이 책 읽는 시간을 아까워한다. 책 읽는 시간에 다른 일을 하는 것이 더 좋아 보인다. 책은 시간적으로 경제적으로 여유 있는 사람들만 읽는 것으로 착각한다. 책 읽는 시간에 다른 것을 하는 편이 더 낫다고 착각한다. 수년의 시간들은 이러한 대학에 들어가기 위해 쏟으면서 인생을 진정 바꿀 수 있는 책에는 왜 1년이라는 시간을 아까워하는가? 나는 자신 있게 이야기할 수 있다. 그런 서울의 유수 대학교에 들어가는 것보다 1년 동안 책에 미쳐서 얻는 유익이 훨씬 크다. 1년 동안 독서에 전념한다면 단순히 대학교 학위 받는 정도가 아니라 인생이 획기적으로 바뀌게 될 것이다.

독서하는 시간은 더 효율적인 시간이며 인생을 송두리째 바꿔놓을 수 있는 인생 역전의 시간이다. 1년의 집중 독서가 자신과 세상을 보는 눈을 확연히 달라지게 만들 것이다. 이전과는 다른 넓이와 깊이로 세상을 해석하고 남다른 통찰력으로 세상의 본질을 읽게 될 것이다. 세상에 사는 보통의 평범한 사람들과는 다른 생각을 하며 인생을 살게 될 것이다. 남들과는 다른 것을 꿈꾸고 자신만의 멋진 인생을 살게 할 것이다. '1년'이면 내 남은 60~70년의 인생이 완전히 바뀌는데 정말 해볼 만한 게임 아닌가?

많은 사람들이 내게 이런 말을 했다.

"야! 무슨 소리냐. 책을 만 권 읽으면 인생이 바뀌냐? 헛소리하지 말고 일이나 해라."

제일 가까운 가족인 친형은 내게 이런 말을 했다.

"미친 소리 그만해라. 무슨 책 읽는다고 인생이 바뀌냐? 정신 좀 차려."

한 시간이라도 일을 해야지 무슨 책이냐고 비난했던 사람들의 말을 무시하고 책이 내 삶을 바꿀 수 있다 믿으며 인생을 걸고 독서에 매진했다. 그저 독서가 나의 삶을 바꿔줄 거라 믿고 미친 듯이 독서에 몰두했다. 그 결과 나는 책이 인생을 바꾸는 강력한 힘이라는 것을 증명해냈다. 책을 읽으며 삶의 지혜를 얻고 세상을 보는 시야를 넓혔다. 삶의 원칙을 세우고 정직과 성실을 지킬 힘을 얻게 되었다. 외적인 것들도 내 삶을 따라왔고 더 따라오고 있다.

책이 무슨 인생을 바꾸냐고 말했던 그들은 책을 1,000권 아니 100권도 읽지 않아서 그 얘기를 하고 있는 것이다. 지금의 나는 책을 1년에 한 권도 읽을까 말까 한 그들과는 다른 수준의 생각을 하며 다른 것들을 보고 다른 것들을 꿈꾸며 살아간다. 나는 내 인생을 걸고 말할 수 있다. "1년만

목숨 걸고 책을 읽으면 인생은 바뀐다." 이전의 인생을 생각할 수 없을 정
도로 삶의 모든 면에서 획기적인 변화가 일어난다.

나에게 책이 무슨 인생을 바꾸냐고 비난했던 말이 얼마나 건방진 것인
지 모른다. 내 주장은 단순히 나의 고집스런 개인적 의견이 아니다. 정말
수많은 사람들이 책을 읽으며 인생을 바꿨다. 역사적 사실이다. 삼성 그
룹을 세운 이병철은 어릴 때부터 고전 교육을 받고 고전을 달달 외울 만큼
책을 읽었다. 현대 그룹 정주영은 소학교에 들어가기 전 동양 고전을 3년
동안 미친 듯이 읽고 달달 외운 사람이었다. 마이크로소프트 창업자 빌 게
이츠, 애플의 잡스, 워런 버핏, 이들 같은 성공자들뿐만 아니라 세종대왕,
나폴레옹, 안중근 의사 등의 시대를 깨우고 세계를 이끌었던 사람들은 모
두 독서로 인생을 바꾼 사람들이다. 그들은 입이 닳도록 독서가 자신의 삶
을 위대하게 만들었다고 이야기한다. 그들에게 책이 없었다면 지금의 그
들은 있을 수 없다. 이러한 인생을 바꾸는 강력한 힘인 책을 1년간 미친
듯이 읽는다면 삶은 달라지지 않을 수 없다.

한 번 강연에 8억 원을 받는 세계 최고의 성공학 강연가 브라이언 트레
이시는 『백만불짜리 습관』이라는 책에서 "나는 지구상 어느 곳에서도 매
일 독서하는 습관으로 자신의 삶을 변화시키지 못한 사람을 만난 적이 없
다."라고 말했다. 인생을 걸고 독서하는 사람 중에 삶을 변화시키지 못한

사람이 없다. 책만큼 나의 의식과 사고를 폭발적으로 성장시켜주는 것도 없었다. 책에 길이 있고 인생의 답이 있고 성공이 있고 부와 명예가 있었다. 열정적으로 독서하는 사람에게만이 미래가 있고, 눈부신 인생이 있고, 성공이 있다. 인생을 건 몰입 독서가 이전과 차원이 다른 생각을 품게 하고 완전히 다른 것들을 보게 할 것이다. 당신이 자신만의 꿈을 꾸게 할 것이고 행동하게 할 것이다. 1년간의 인생을 건 독서가 당신의 삶을 상상 이상으로 바꿔줄 것이다! 이 글을 읽는 모두가 꼭 도전하자! 인생은 너무나 값지고 소중하기 때문이다. 누구나 자신이 원하고 바라는 최고의 인생을 살 수 있다.

나는 책을 읽고 바뀌었다!

미친 듯이 책을 잡고 나서부터 내 인생은 엄청나게 달라졌다. 책을 읽으며 정말 힘들었던 고난의 시간들을 이겨냈고 인생의 목적과 방향을 발견하여 참된 삶을 살 수 있었으며 세상을 보는 건강한 시각들과 깊은 통찰력, 지혜들을 얻을 수 있었다. 자신감과 용기는 흘러넘치게 채워졌고 의식과 사고는 비약적으로 성장했다. 나로 하여금 크고 가치 있는 꿈들을 꾸게 했고 내가 가장 좋아하는 일과 가슴 뛰는 일들을 찾아 그것에 매진할 수 있게 해주었다.

내가 책을 미친 듯이 읽지 않았다면 평생 꿈도 소망도 없이 하기 싫은 일을 억지로 하며 낮과 밤을 쉬지 않고 힘들게 일하며 살고 있을 것이다.

내 환경과 상황을 보면 그렇게 사는 것이 당연했다. 남 밑에서 무거운 박스만 나르고 배달만 해야 했던 나는 이제는 작가, 독서 컨설턴트, 강연가, 창업가로 멋진 인생을 살고 있다. 그것뿐인가? 1년 동안의 독서는 나를 세상과 이웃을 위해 일하는 사람으로 바꿔놓았다. 이웃을 섬기며 헌신하는 삶으로 바꿔놓았다. 이제 계속 책을 쓰면서 가난하고 어려운 지역에 학교, 도서관, 병원, 고아원 등을 세우고 사람들의 의식을 깨우고 좌절과 절망 가운데 있는 사람들을 살릴 것이다. 이런 생명의 삶, 눈부신 삶은 1년간 책에 미쳤기에 가능했다. 1년 동안의 목숨을 건 독서가 나로 하여금 이러한 삶으로 인도해준 것이다.

내가 책을 만나지 않았다면 이렇게 책을 쓰며 좋은 생각을 나누고 사람들에게 희망과 용기, 성공하는 방법들을 전하고 있지도 못할 것이고 독서 커뮤니티도 만들지 못했을 것이다. 나만의 꿈을 이루고 내가 하고 싶은 일을 하며 즐겁게 돈을 벌 수도 없었을 것이다! 독서함으로써 의식과 사고는 엄청나게 커졌고 내게 엄청난 기회들이 찾아왔다. 앞으로는 더 많은 좋은 기회들과 사람들이 함께하게 될 것이고 사회와 사람을 살리는 일들을 계속해나갈 것이다. 독서는 내 인생의 기적이다! 독서는 아무것도 아닌 내 인생에 기적을 일으켰다!

책 읽지 않는 사람들의 미래는 뻔하다! 대부분의 평범하고 존재감 없는 사람들은 1년에 책 1권 읽지 않는다. 그런데 1년이란 시간에 100권을 돌파하면 어떻게 되겠는가? 그들과는 비교할 수 없는 의식과 사고를 가지게 될 것이다. 평범한 사람들이 넘볼 수 없는 지혜와 통찰력을 가지게 되며 세상이 보이고 삶의 길이 보이게 될 것이다. 평범한 사람이 넘볼 수 없는 수준의 인생을 살게 될 것이다.

어떤 힘든 일을 하며 살아가더라도 1년만 독서에 미치자! 나는 비 오듯 땀 흘리며 택배일을 하고 녹초가 되는 삶 가운데서도 책을 읽었다. 군 복무하면서 책을 들었고 가난할 때에 책을 읽었다. 책은 어떠한 인생이라도 바꾸는 강력한 힘이다. 힘들고 아프고 가난하고 앞이 안 보일수록, 삶이 고단할수록 책을 붙잡아야 한다. 이전과는 완전히 달라진 당신의 생각과 의식이 당신을 새로운 삶으로 이끌 것이다. 당신으로 하여금 이전과는 다른 것들을 보게 하고 다른 것을 꿈꾸게 할 것이다.

지금부터 1년 동안 목숨 걸어 책을 읽고 인생을 눈부시게 바꾸자! 독서력이 인생을 위대하고 눈부시게 바꾼다는 것은 분명한 사실이다! 이제 선택은 당신에게 달려 있다! 1년 동안만 인생을 걸고 책 읽기에 도전하여 눈부시게 자신의 삶을 바꿔보지 않겠는가? 딱 1년간만 독서에 미쳐보자! 누구나 1년만 책에 미친다면 삶이 바뀌는 기적을 경험할 수 있다.

책을 마무리하고 있는 지금 가슴이 두근거린다. 이 책을 읽고 '1년간 100권 책 읽기'에 도전하여 얼마나 많은 사람들이 인생을 눈부시게 바꿀

지 기대되기 때문이다. 얼마나 많은 사람들이 1년간 독서에 빠져들며 위대한 인물들로 거듭나게 될지, 얼마나 많은 사람들이 비범한 삶으로 변화될지 너무 기대된다. 세상과 사람을 살리고 자신만의 눈부신 인생을 살아가는 그런 위대하고 비범한 사람들을 일으키는 데 이 책이 좋은 통로가 됐으면 좋겠다.

그대의 현실이 깜깜한 밤처럼 느껴질수록 자신만의 진정한 꿈을 꾸고, 꿈을 위한 독서를 해야 한다. 그래야 생각과 마음의 실질적인 변화가 일어나고 삶에 다양한 기회들이 생긴다. 진정한 변화와 인생의 반전은 독서하는 자들에게서 일어난다. 용기를 주고 꿈을 꾸게 하고 꿈에 한 발짝 다가갈 수 있도록 책이 당신을 이끌 것이다. 내일이 기다려지는 그런 가슴 뛰는 일을 하며 살아가도록 책이 당신 안에 있는 모든 가능성들을 흔들어 깨워줄 것이다.

성공하고 위대한 삶을 산 사람들 모두는 책을 통해 인생을 바꾼 사람들이다. 세계적인 성공자와 리더, 또 위인들은 모두 독서광이었다. 이 책을 읽고 1년간 포기하지 않고 집중적인 독서를 한 사람은 반드시 평범한 사람들이 넘보지 못할 크고 가치 있는 인생을 살게 될 것이다. 3년도 아니고 5년도 아니다. 딱 1년이다. 나와 함께 가보자! 1년 동안 목숨을 건 독서로 눈부신 미래를 열어보자!

"1년만 독서에 미치면 인생이 바뀐다."

양변기와 춤추는 CEO
박현순, 더클, 2016

"폼생폼사" 저자의 인생의 모토이자 지금의 그를 있게 한 인생의 철학이다. 그는 폼생폼사, 이왕이면 멋지게 살고 싶다는 생각으로 수많은 어려움을 이겨냈다. 학창 시절 세 번의 퇴학 통지서를 받았지만 자신이 진정으로 원하는 일에 몰두하며 욕실 위생도기 분야에서 세계적인 기업 '인터바스'를 세운 그의 뜨거운 열정과 삶의 이야기를 담은 책이다.

"이렇게 세 번이나 퇴학 예정 통지서를 받은 내가 '인터바스'를 일궈가게 될 거라고 누가 상상이나 했겠는가. 물론 그 통지서를 받고도 나는 나의 성공을 예감하고 있었다."

이 구절을 보고 얼마나 소름이 끼쳤는지 모른다. CEO 박현순의 꿈을 향한 도전과 투지가 나의 의식을 일깨웠다. 상황과 환경에 집중하며 풀이 죽어 있던 나에게 뒤통수를 때리며 일어나 뛰라고, 도전하라고 외치는 그런 책이었다.

나는 책을 추천해달라고 하는 사람들에게 이 책을 꼭 추천한다. 일단 제목부터가 언제 읽어도 내 마음을 뛰게 하고, 또 이 책을 통해 내가 다시 살아갈 용기와 희망을 얻었기 때문이다. 나같은 사람도 얼마든지 내가 원하는 일을 하며 성공하고 이웃과 함께 하는 삶을 살 수 있다고 깨닫게 해준 책이기 때문이다.

그의 폼생폼사 인생 이야기를 들으며 나도 이왕이면 멋지게 살아보자고 다짐했다. 남들과는 다르게 나만이 할 수 있는 즐거운 일을 하며 기쁨 가운데 살아가도록 이끌어주었다. 자신이 정말 간절히 원하는 일을 해야 한다는 그의 가르침을 들으며 내가 정말 무엇을 원하고 어떤 일을 하면 행복한지 찾는 삶을 살게 되었다. 기업을 운영하지 않는 사람이라도 꼭 읽어봤으면 좋겠다.

지금,
독서로 인생 바꾸기를 시작하라

가난하고 아무것도 아닌 시절 우연히 책을 만나고 너무나 많은 변화들이 내게 찾아왔다. 어려운 가정 환경과 힘든 상황들로 좌절하며 낙심될 때 우연히 책을 만나게 되었고 책은 내 인생을 변화시켰다.

초등학교 때 아버지께서 사기를 당한 뒤 우리 가족은 빚으로 허덕이는 삶을 살았다. 아무리 열심히 뛰는 인생을 살아도 앞이 보이지 않았고 좌절과 고통만 있었다. 시련과 역경이 너무 써서 피하고 싶었지만 무슨 수를 써도 고통의 시간은 피해갈 수 없었다. 그렇게 힘든 현실 가운데 좌절하고 아파하고 지쳐 있을 무렵 군대에 들어갔고 우연하게 책을 만나게 되었다. 책을 그냥 읽었던 것이 아니라 인생을 걸고 읽었다. 삶을 바꾸기 위해 간절히 읽었다. 책은 내 삶의 위로였고 나의 즐거움이었고 선생이었고 친구였고 멘토였다.

책을 읽으면 읽을수록 책이 주는 삶의 유익과 즐거움을 더 절감하게 되었다. 그럴수록 이렇게 좋은 책을 나만 읽지 말고 나와 같이 힘들어하고 인생에서 방황하는 사람들에게 책을 붙잡을 수 있도록 돕고 싶은 마음이 들었다. 책의 엄청난 유익과 중요성에 대해서 알려주고 싶었다. 삶이 고단하고 막막하면서도 독서하지 않는 사람들이 너무 안타까웠다. 사람들과 대화하고 지내다보면서 그들의 얕은 의식과 사고의 수준을 보고서 사람들에게 독서가 얼마나 중요한지 왜 책을 읽어야 하며 책을 읽으면 삶에 어떤 실제적인 변화들이 일어나는지 말해주고 싶었다. 그래서 그들도 나와 같이 독서를 통해 삶의 획기적인 변화를 경험하길 원하는 긍휼한 마음을 글로 표현한 것이다.

이 책이 지금 작은 방에서 좌절하고 근심하며 혼란스러워하고 있는 청소년들, 청년들, 어른들에게 전달되었으면 좋겠다. 그래서 누구나 자신이 원한다면 책을 통해 사고와 의식을 바꾸며 꿈을 꾸고 도전하여 눈부신 삶 살 수 있다는 사실을 깨닫게 해주고 싶다. 어떤 삶이든 책을 통해 인생을 새롭게 바꿀 수 있다는 사실을 이 책을 통해 깨닫길 바란다.

다시 대한민국에 '독서 붐'이 일어나길 간절히 소망한다. 지하철, 버스, 벤치 어디서든 스마트폰에 빠진 사람들이 아니라 독서에 빠진 이들을 보고 싶다. TV 방송에도 실없이 웃기만 하는 프로그램들이 아니라 사람들의 삶에 유익과 변화 또 즐거움을 줄 수 있는 책에 관련된 '독서 TV 프로그램'이 만들어졌으면 좋겠다. 책을 다루는 라디오 방송이 많이 생겨나고 북콘서트와 같은 독서 행사들이 더욱 많아졌으면 좋겠다. 도서관에는 아이들과 어른들로 붐비게 됐으면 좋겠다. 이렇게 책 읽는 분위기가 조성되고 실제 책 읽는 사회로 변화됐으면 좋겠다. 그로 인해 일어나는 많은 건강한 변화들을 보고 싶다.

그대의 현실이 깜깜한 밤처럼 느껴질수록 꿈을 꾸고 꿈을 위한 독서를 해야 한다. 그래야 인생에 실질적인 변화가 일어나고 삶에 다양한 기회가 생긴다. 진정한 변화와 인생의 반전은 독서하는 자들에게서 일어난다. 1년간 미친 사람처럼 독서에 빠지면 이전과는 다른 것을 보게 되고 다른 것을 꿈꾸고 생각하며 다른 인생을 설계하며 살아가게 될 것이다. 책이 당신에게 용기를 주고 꿈을 꾸게 하고 꿈에 한 발짝 다가갈 수 있도록 이끌 것이다. 내일이 기다려지는 그런 가슴 뛰는 일을 하며 행복하게 살 수 있도록 책이 당신을 이끌 것이다.

그대의 멋진 삶을 위해 독서하기로 선택하라! 취미로 하라는 말이 아니다. 인생을 바꾸는 1년간의 미친 독서에 뛰어들어야 한다. 독서는 수많은 성공자들과 세상을 바꾼 위대한 인물들이 증명하고 있는 삶을 바꾸는 가장 강력한 도구이기 때문이다. 미친 듯이 읽고 실제 삶으로 작을지라도 하나하나씩 실천하여 나간다면 인생은 새롭고 눈부시게 달라질 것이다. 독서하지 않는 캄캄한 이 시대 책을 붙잡는다면 어둔 밤에 별과같이 빛나는 인생을 살아가게 될 것이다.

나는 지금 글을 마무리하면서 너무나 가슴이 떨린다. 나의 삶이 담긴 이야기를 듣고 1년간의 미친 독서를 실천하여 인생을 놀랍도록 바꾼 사람들이 생겨날 것을 생각하면 가슴이 떨린다. 삶의 실제적인 다양한 변화들을 경험한 수많은 사람들이 생겨나고 나에게 연락이 오고 그것을 나눌 생각을 하면 가슴이 떨린다. 사람들의 삶이 얼마나 놀랍도록 바뀌고 변화될지 생생하게 꿈꿔지고 그려진다. 이 책을 통해 사람들이 독서의 필요성을 절감하고, 인생을 바꾸고 삶의 수많은 변화들을 일으키는 책을 읽기 시작했으면 좋겠다. 1년간 독서에 미친 사람의 인생은 확실하게 바뀐다. 당신의 바뀐 마음과 생각과 자세가 상상하지 못한 삶으로 나아가게 할 것이다. 1년간의 미친 독서를 통해 새로운 인생을 열어보자!

어떤 책이든 독서를 지금 당장 시작하자! 철학이든 자기계발서든 심리든 성공 스토리든 역사든 자기가 관심 있고 흥미 있는 분야의 책부터 시작해보자. 1년 100권의 계획을 세우고 도전해보자! 갈수록 지식과 지혜는 쌓이고 세상을 보는 시각이 달라질 것이다. 희망과 용기를 얻고 자신감은 흘러넘치게 될 것이다. 주어진 일에 정직하며 겸손히 최선을 다하는 사람으로 바뀔 것이다. 이런 큰 변화들이 찾아오면 인생은 바뀌지 않을 수가 없다. 반드시 삶의 닫혀 있던 문들이 열리기 시작할 것이다. 믿고 인생 바꾸기에 도전하자!

이 책을 통해 한 사람이라도 책의 위력을 깨닫고, 독서의 중요성을 느껴 미친 독서에 빠지고 삶이 바뀐다면 하나님 앞에 또 나를 도와주고 응원해준 사람들 앞에 부끄러움이 없을 것 같다. 그렇게 독서를 통해 삶을 풍요롭게 하고 인생을 확 바꾸는 그 한 사람이 당신이 됐으면 참 좋겠다. 그 한 사람을 기대하며 이 글을 마친다.